"十二五"职业教育国家规划教材

经全国职业教育教材审定委员会审定

U0749328

物业会计

（第二版）

主编◇陈雪飞

华东师范大学出版社

·上海·

图书在版编目(CIP)数据

物业会计/陈雪飞主编. —2 版. —上海:华东师范大学
出版社,2014.1
ISBN 978 - 7 - 5675 - 1645 - 8

Ⅰ.①物… Ⅱ.①陈… Ⅲ.①物业管理—会计—高等
职业教育—教材 Ⅳ.①F293.33

中国版本图书馆 CIP 数据核字(2014)第 015707 号

物业会计(第二版)

主　　编　陈雪飞
项目编辑　蒋　将
审读编辑　邢　静
责任校对　高士吟
版式设计　卢晓红
封面设计　孔薇薇

出版发行　华东师范大学出版社
社　　址　上海市中山北路 3663 号　邮编 200062
网　　址　www.ecnupress.com.cn
电　　话　021 - 60821666　行政传真 021 - 62572105
客服电话　021 - 62865537　门市(邮购)电话 021 - 62869887
地　　址　上海市中山北路 3663 号华东师范大学校内先锋路口
网　　店　http://hdsdcbs.tmall.com

印 刷 者　常熟高专印刷有限公司
开　　本　787×1092　16 开
印　　张　17.25
字　　数　382 千字
版　　次　2014 年 8 月第 2 版
印　　次　2022 年 8 月第 3 次
书　　号　ISBN 978-7-5675-1645-8/F·239
定　　价　35.00 元

出 版 人　王　焰

前言

物业服务业作为一个新兴的第三产业,在我国发展迅猛。行业发展的需要决定了物业服务企业必须不断提高自身的管理水平,要求它们拥有统一、规范的物业会计核算体系。随着物业服务企业业务的不断拓展和变化,物业服务企业的会计核算出现许多新问题。为此,我们精心编写了这本《物业会计》,以满足物业服务企业会计核算和高职教育物业管理人才培养的需要。

本次修订在第一版的基础上,根据新颁发的《企业会计准则》和《企业会计准则应用指南》,以及《物权法》的有关规定,针对相关人才培养规格以及学生认知的特点编写而成。在修订过程中,我们走访了许多物业服务企业,收集了大量的物业服务企业会计实践中的第一手资料,结合我国物业服务企业融服务、管理、经营于一体的特点,力求使教材反映物业服务企业会计的新理论、新技术和新方法,注重凸显物业类职业教育的特点。

本教材在介绍物业服务企业会计的基本理论、基本方法以及操作程序的基础上,对物业服务企业的货币资金、应收及预付款项、存货、金融资产、长期股权投资、固定资产、无形资产、负债、所有者权益、成本、收入、费用和利润的核算以及财务会计报告的编制作了详尽的介绍。特别地,本次修订增加了各章末的精选练习题,利于学生自查。本书既可作为高职院校物业统计课程的教学参考书,也可以作为物业服务企业相关人员业务学习和培训用书。

本教材由陈雪飞担任主编,负责拟定全书提纲并对全书进行了修改、总纂和定稿。全书共十二章,其中第一章、第二章、第六章、第七章、第十一章、第十二章由陈雪飞编写,第三章、第五章、第八章、第十章由褚小囡编写,第四章、第九章由袁媛编写。

本教材的课时参考如下表所示。

课时分配表

章节	内容	学时
第一章	总论	4
第二章	会计核算基础	4
第三章	货币资金	4
第四章	应收及预付款项	6

章节	内容	学时
第五章	存货	6
第六章	金融资产	6
第七章	长期股权投资	4
第八章	固定资产、无形资产和其他资产	6
第九章	负债	6
第十章	所有者权益	4
第十一章	收入、费用和利润	6
第十二章	财务会计报告	4
	合计	60

　　本教材在编写过程中参考了有关的资料、教材及有关专家、学者的论著,得到了许多物业服务企业员工的支持与帮助,在此一并表示衷心的感谢!

　　由于编者水平有限,本书疏漏之处恳请广大读者批评指正。

编者

2014 年 6 月

目录

第一章
总　论

本章导学

一、学习目标与要求

　　通过本章的学习,应了解会计的概念,熟悉会计的职能和目标,掌握会计核算的基本前提和基础,掌握会计信息质量要求特征,掌握会计对象与会计要素,了解会计计量属性。

二、重点与难点

- 会计核算的基本前提。
- 会计信息质量要求。
- 六项会计要素。

第一节　会 计 概 述

一、会计的概念

　　会计最初表现为人类对经济活动的计量与记录行为,例如我国在原始社会末期的"结绳记事"、"刻石计数"等计量、记录的方法,就是我国会计的萌芽。但是,最初的会计只是生产职能的附带部分。随着社会经济的不断发展、生产力的不断提高、剩余产品的大量出现,会计作为生产经营过程的附带职能逐步独立出来,成为独立的职能。会计逐步由简单的计量与记录行为,发展成为以货币单位综合反映和监督经济活动过程的一种经济管理活动。所以说,会计是社会生产力和生产关系发展到一定阶段的产物,是基于管理经济活动的客观需要而产生的,并随着生产力和管理科学的发展而发展。

　　现在,会计是以货币为主要计量单位,以提高经济效益为主要目标,运用专门方法对企业、机关、事业单位和其他组织的经济活动进行全面、综合、连续、系统的核算和监督,提供会计信息,并随着社会经济的日益发展,逐步开展预测、决策、控制和分析的一种经济管理活动。

　　物业会计,就是对物业服务企业的维修、管理、服务和其他业务活动的全过程进行全面、综合、连续、系统的核算和监督的一种经济管理工作。

二、会计的职能

　　会计的职能是指会计本身在经济管理中具有的功能。会计的基本职能是核算和监督,随着经济的不断发展,它还不断开拓新的领域,包括预测、决策、控制和分析等。

(一)会计的核算职能

　　核算职能也叫反映职能,是指会计通过确认、计量、记录和报告,从数量上反映特定主体已经发生或完成的经济活动,为经营管理提供所需的信息。

　　核算职能是会计最基本的职能,包括记账、算账和报账。记账就是把一个特定主体发生的所有经济业务运用一定的记账方法在账簿上记录。算账是在记账的基础上,计算反映特定主体的经营活动和成果。报账是在记账和算账的基础上,将特定主体的财务状况、经营成果和现金流量情况,通过编制财务会计报告的形式向有关部门和利害关系各方进行报告。

(二)会计的监督职能

　　监督职能是指会计人员在进行会计核算的过程中对经济活动的合法性、真实性、准确性、完整性进行审查。

　　合法性,指会计确认经济业务或生成会计资料的程序必须符合会计法律、法规和其他相关法律、法规的规定;真实性,指会计计量、记录的经济业务必须是实际发生或按规定生成的会计资料,避免会计资料因人为因素而失真;准确性,指生产经营过程中产生的各种会计资料所记录的会计数据之间应当相互吻合;完整性,指在会计核算过程中形成和提供的各种会计资料应当齐全。

会计的核算职能和监督职能是相辅相成、不可分割的。会计核算是会计监督的基础，没有会计核算提供的会计资料，会计监督就失去了依据；会计监督是会计核算质量的保证，没有会计监督，就无法保证会计核算资料的真实性、完整性。

三、会计的目标

会计目标是指会计工作要达到的目的，它体现了会计信息的使用者对现代会计的要求。会计目标所要解决的问题是向谁提供信息和提供什么样的信息。我国《企业会计准则》规定：企业应当编制财务会计报告。财务会计报告的目标是向财务会计报告使用者提供与企业财务状况、经营成果和现金流量等有关的会计信息，反映企业管理层受托责任履行情况，有助于财务会计报告使用者作出经济决策。

财务会计报告使用者包括投资者、债权人、政府及其有关部门和社会公众等。

第二节 会计核算的基本前提和基础

一、会计核算的基本前提

会计核算的基本前提也称会计假设，是指为了保证会计工作正常进行和会计信息的质量，对会计核算的范围、内容、基本程序和方法所作的限定，是进行会计核算的前提条件。会计核算的四个基本前提是：会计主体、持续经营、会计分期、货币计量。

（一）会计主体

会计主体又称会计实体、会计个体，是指会计信息所反映的特定单位或者组织。它明确了会计工作的空间范围。

在会计主体前提下，企业作为一个会计主体，其会计核算应以其发生的各项业务为对象，记录和反映企业本身的各项经营活动，而不能核算、反映企业投资者或者其他经济主体的经济活动。

会计主体不同于法律主体，一般来说，法律主体必然是会计主体，会计主体不一定是法律主体。法律主体是指在政府部门注册登记、有独立的财产、能够承担民事责任的法律实体，它强调企业与各方面的经济法律关系。会计主体则是按照正确处理所有者与企业的关系，以及正确处理企业内部关系的要求而设立的。尽管所有经营法人都是会计主体，但有些会计主体不一定是法人。

（二）持续经营

持续经营是指在可以预见的将来，企业将会按照当前的规模和状态继续经营下去，不会停业，也不会大规模削减业务。它明确了会计工作的时间范围。

在持续经营前提下，会计核算应当以企业持续、正常的生产经营活动为前提。例如，企业的固定资产可以在一个较长的时期内发挥作用，如果可以判断该企业会持续经营，就可以对资产按照历史成本计价和计提折旧；费用能够定期进行分配；负债能够按期偿还，否则正常的核算就无法进行下去。

(三) 会计分期

会计分期又称会计期间,是指将会计主体持续不断的经营过程划分为一个个连续的、长短相同的期间,以便分期结算账目和编制财务会计报告。它是对会计工作时间范围的具体划分。

我国会计期间分为年度、半年度、季度和月度。年度、半年度、季度和月度均按公历起讫日期确定。半年度、季度和月度均称为会计中期。

(四) 货币计量

货币计量是指会计主体在会计核算过程中采用货币作为主要计量单位,计量、记录和报告会计主体的生产经营活动。

我国企业的会计核算以人民币为记账本位币。业务收支以人民币以外的货币为主的企业,可以选定其中一种货币作为记账本位币,但是编报的财务会计报告应当折算为人民币。在境外设立的中国企业向国内报送的财务会计报告,应当折算为人民币。

二、会计核算的基础

企业应当以权责发生制为基础进行会计确认、计量和报告。

权责发生制又称应收应付制或应计制,凡是当期已经实现的收入和已经发生或应当负担的费用,不论款项是否收付,都应当作为当期的收入和费用;凡是不属于当期的收入和费用,即使款项已在当期收付,也不应当作为当期的收入和费用。

有时,企业发生的货币收支业务与交易或事项本身在时间上并不完全一致。例如,款项已经收到,但销售并未实现;或者款项已经支付,但并不是为本期生产经营活动而发生的。为了明确会计核算的确认基础,更真实地反映特定会计期间的财务状况和经营成果,就要求企业在会计核算过程中应当以权责发生制为基础。

收付实现制是与权责发生制相对应的一种确认基础,又称现金收付制或现金制,它以收到或支付现金作为确认收入和费用的依据。目前,我国的行政单位采用收付实现制,事业单位除经营业务采用权责发生制外,其他业务也采用收付实现制。

第三节　会计信息质量要求

企业为了向财务会计报告使用者提供与企业财务状况、经营成果和现金流量等有关的会计信息,必然对会计信息提出一系列质量要求。会计信息质量要求主要包括以下几个方面。

一、客观性

客观性要求企业应当以实际发生的交易或者事项为依据进行会计确认、计量和报告,如实反映符合确认和计量要求的各项会计要素及其他相关信息,保证会计信息真实可靠、内容完整。

客观性包括真实性和可靠性两方面的意义。真实性要求会计反映的各项经济活动是真实、客观存在的,并且核算的结果与企业实际的财务状况和经营成果相一致;可靠性要求对于经济业务的记录和报告做到不偏不倚,以客观的事实为依据,不受会计人员主观意志的左右,避免错误并减少偏差。

二、相关性

相关性要求企业提供的会计信息应当与财务会计报告使用者的经济决策需要相关,有助于财务会计报告使用者对企业过去、现在或者未来的情况作出评价或者预测。

会计信息的有用程度一方面取决于会计信息本身是否真实可靠,另一方面取决于会计信息与会计信息使用者特定的决策是否相关。相关的会计信息有助于会计信息使用者评价过去的决策,证实或修正某些预测,从而具有反馈价值;也有助于会计信息使用者预测未来,把握可能的结果,改善当前的决策,从而具有预测价值。在会计工作中坚持相关性原则,就要求在收集、加工、处理和提供会计信息的过程中,充分考虑会计信息使用者的信息需求。

三、明晰性

明晰性要求企业提供的会计信息应当清晰明了,便于财务会计报告使用者理解和使用。

提供会计信息的目的在于使用,要使用会计信息首先必须了解会计信息的内涵,弄懂会计信息的内容,这就要求会计核算和财务会计报告必须清晰明了,使具备一定知识而且也愿意花费一定时间与精力分析会计信息的使用者能够了解企业的财务状况、经营成果和现金流量情况。在会计核算工作中坚持明晰性要求,也就是要求会计记录应当准确、清晰,填制会计凭证、登记会计账簿必须做到依据合法、账户对应关系清楚、文字摘要完整;在编制财务会计报告时,必须做到项目钩稽关系清楚、项目完整、数字准确。

四、可比性

可比性要求企业提供的会计信息应当具有可比性。

同一企业不同时期发生的相同或者相似的交易或者事项,应当采用一致的会计政策,不得随意变更。确需变更的,应当在附注中说明。

不同企业发生的相同或者相似的交易或者事项,应当采用规定的会计政策,确保会计信息口径一致、相互可比。

坚持可比性要求并不意味着企业的会计处理方法在任何情况下都不允许变更。如果实际情况发生变化,原有的会计处理方法明显不再适合实际情况,可以在遵循会计准则、符合会计制度的前提下,改变具体的会计处理方法;但应当将变更的内容、变更的原因及其对企业财务状况和经营成果的影响,在财务会计报告中予以说明。

五、实质重于形式

实质重于形式要求企业应当按照交易或者事项的经济实质进行会计确认、计量和报告,不应仅以交易或者事项的法律形式为依据。

在实际工作中,交易或事项的外在法律形式并不总能完全反映其实质内容。所以,会计信息要想反映其所拟反映的交易或事项,就必须根据交易或事项的实质和经济现实,而不能仅仅根据它们的法律形式进行核算。

例如,以融资租赁方式租入的资产,虽然从法律形式来讲承租企业并不拥有其所有权,但是由于租赁合同中规定的租赁期相当长,接近于该资产的使用寿命;租赁期结束时承租企业有优先购买该资产的选择权;在租赁期内承租企业有权支配该资产并从中受益,从其经济实质来看,企业能够控制其创造的未来经济利益。所以,会计核算上应将以融资租赁方式租入的资产视为承租企业的资产。

六、重要性

重要性要求企业提供的会计信息应当反映与企业财务状况、经营成果和现金流量等有关的所有重要交易或者事项。

在会计核算过程中对交易或事项应当区别其重要程度,采用不同的核算方式。对资产、负债、损益等有较大影响,并进而影响财务会计报告使用者据以作出合理判断的重要会计事项,必须按照规定的会计方法和程序进行处理,并在财务会计报告中予以充分、准确地披露;对于次要的会计事项,在不影响会计信息真实性和不至于误导财务会计报告使用者作出正确判断的前提下,可适当简化处理。

七、谨慎性

谨慎性要求企业对交易或者事项进行会计确认、计量和报告应当保持应有的谨慎,不应高估资产或者收益、低估负债或者费用。

企业的经营活动充满着风险和不确定性,在会计核算工作中坚持谨慎性,要求企业在面临不确定因素的情况下作出职业判断时,应当保持必要的谨慎,充分估计到各种风险和损失,既不高估资产或收益,也不低估负债或费用。例如,要求企业定期或者至少于每年年度终了时对可能发生的各项资产损失计提资产减值准备,固定资产折旧采用加速折旧方法等。

需要注意的是,要防止滥用或歪曲使用谨慎性要求来设置秘密准备、过分提取准备、故意压低资产或收益、故意抬高负债或费用。

八、及时性

及时性要求企业对于已经发生的交易或者事项,应当及时进行会计确认、计量和报告,不得提前或者延后。

会计信息的价值会随着时间的流逝而逐步减低,会计核算必须及时进行,以便会计信息使用者及时地使用。市场经济风云变幻,会计信息使用者对会计信息的及时性要求越来越高。在会计核算中坚持及时性要求:(1)及时收集会计信息;(2)及时对所收集到的会计信息进行加工和处理;(3)及时将会计信息传递给会计信息使用者以便供其决策之用。

第四节　会计对象与会计要素

一、会计对象

会计对象指会计所要核算和监督的内容。前已述及,会计需要以货币为主要计量单位,对一定主体的经济活动进行核算与监督。也就是说,会计所要核算和监督的只是能用货币表现的那些经济活动内容。企业的经济活动内容虽各有不同,但它们所有的财产物资都是以货币形式表现出来的,这些财产物资的货币表现以及货币本身称为资金,资金在生产经营和收支活动中不断发生变化,构成了资金运动。因此,概括地说,会计的对象就是资金运动及其所反映的经济活动。

二、会计要素

会计对象的内容繁多,涉及面广。为了便于会计核算,必须对其作进一步的分类,这样不仅有利于对不同经济类别进行确认和计量、记录和报告,而且还可以为建立会计科目和设计会计报表提供依据。这种分类的类别,在会计上称为会计要素。概括地说,所谓会计要素,就是对会计对象按其经济特征所作的进一步分类。它是会计对象的基本组成部分。

企业的会计要素分为资产、负债、所有者权益、收入、费用和利润六项。其中前三项反映了企业在一定时点上的资金运动静态表现;后三项反映了企业在一定期间的资金运动动态表现。

(一) 资产

1. 资产的定义

资产指企业过去的交易或者事项形成的、由企业拥有或者控制的、预期会给企业带来经济利益的资源。资产具有以下基本特征:

(1) 资产是由于过去的交易或者事项所形成的。过去的交易或者事项包括购买、生产、建造行为或其他交易或者事项。预期在未来发生的交易或者事项不形成资产。

(2) 资产是企业拥有或者控制的。拥有或者控制,是指企业享有某项资源的所有权,或者虽然不享有某项资源的所有权,但该资源能被企业所控制(如融资租入固定资产)。

(3) 资产预期会给企业带来经济利益。预期会给企业带来经济利益是指直接或者间接导致现金和现金等价物流入企业的潜力。如果预期不能带来经济利益,就不能确认为企业的资产。

2. 资产的确认条件

将一项资源确认为资产,首先应符合资产的定义,同时还需满足以下两个条件:

(1) 与该资源有关的经济利益很可能流入企业。

(2) 该资源的成本或者价值能够可靠地计量。

3. 资产的分类

在资产负债表中资产分为流动资产和非流动资产。

流动资产主要包括货币资金、交易性金融资产、应收票据、应收账款、预付账款、应收利息、应收股利、其他应收款、存货等。

资产满足下列条件之一的,应当归类为流动资产:

(1) 预计在一个正常营业周期中变现、出售或耗用。

(2) 主要为交易目的而持有。

(3) 预计在资产负债表日起 1 年内(含 1 年,下同)变现。

(4) 自资产负债表日起 1 年内,交换其他资产或清偿负债的能力不受限制的现金或现金等价物。

流动资产以外的资产应当归类为非流动资产,主要包括可供出售金融资产、持有至到期投资、长期应收款、长期股权投资、投资性房地产、固定资产、在建工程、生物资产、无形资产、商誉、递延所得税资产等。

(二) 负债

1. 负债的定义

负债指企业过去的交易或者事项形成的、预期会导致经济利益流出企业的现时义务。负债具有以下基本特征:

(1) 负债是由于过去的交易或事项所形成的。也就是说,企业预期在将来要发生的交易或事项可能产生的债务,不能作为会计上的负债处理。

(2) 负债的清偿会导致经济利益流出企业。偿债的形式可以是货币资金,也可以是非货币资金或提供劳务等形式。无论形式如何,最终都会导致经济利益流出企业。

(3) 负债是企业承担的现时义务。现时义务是指企业已经承担的义务,未来发生的交易或事项将会形成的义务,不是现时义务,不应当确认为负债。

2. 负债的确认条件

将一项现时义务确认为负债,首先应符合负债的定义,同时还需满足以下两个条件:

(1) 与该义务有关的经济利益很可能流出企业。

(2) 未来流出的经济利益的金额能够可靠地计量。

3. 负债的分类

在资产负债表中负债分为流动负债和非流动负债。

流动负债主要包括短期借款、交易性金融负债、应付票据、应付账款、预收账款、应付职工薪酬、应交税费、应付利息、应付股利、其他应付款等。

负债满足下列条件之一的,应当归类为流动负债:

(1) 预计在一个正常营业周期中清偿。

(2) 主要为交易目的而持有。

(3) 自资产负债表日起 1 年内到期应予以清偿。

(4) 企业无权自主地将清偿推迟至资产负债表日后 1 年以上。

流动负债以外的负债应当归类为非流动负债,主要包括长期借款、应付债券、长期应付款、预计负债、递延所得税负债等。

（三）所有者权益

1. 所有者权益的定义

所有者权益指企业资产扣除负债后由所有者享有的剩余权益。公司的所有者权益又称为股东权益。

所有者权益具有以下基本特征:

(1) 除非发生减资、清算,企业不需要偿还所有者权益。

(2) 企业清算时,只有在清偿所有的负债后,所有者权益才返还给所有者。

(3) 所有者凭借所有者权益能够参与利润的分配。

2. 所有者权益的来源

所有者权益的来源包括所有者投入的资本、直接计入所有者权益的利得和损失、留存收益等,具体为:

(1) 所有者投入的资本既包括构成企业注册资本或者股本部分的金额,也包括投入资本超过注册资本或者股本部分的金额,即资本溢价或股本溢价。

(2) 直接计入所有者权益的利得和损失,包括不应计入当期损益、会导致所有者权益发生增减变动的、与所有者投入资本或者向所有者分配利润无关的利得或者损失。这里的利得指由企业非日常活动所形成的、会导致所有者权益增加的、与所有者投入资本无关的经济利益的流入;损失指由企业非日常活动所发生的、会导致所有者权益减少的、与向所有者分配利润无关的经济利益的流出。

(3) 留存收益是企业历年实现的净利润留存于企业的部分,主要包括计提的盈余公积和未分配利润。

3. 所有者权益的确认条件

由于所有者权益体现的是所有者在企业中的剩余权益,因此,所有者权益的确认主要依赖于其他会计要素,尤其是资产和负债的确认;所有者权益金额的确定也主要取决于资产和负债的计量。

（四）收入

1. 收入的定义

收入指企业在日常活动中形成的、会导致所有者权益增加的、与所有者投入资本无关的经济利益的总流入。收入具有以下基本特征:

(1) 收入是从企业的日常活动中形成的,不是从偶发的交易或事项中产生的。

(2) 收入会导致经济利益的流入,该流入不包括所有者投入的资本。收入可能表现为企业资产的增加,或负债的减少,或二者兼而有之。

(3) 收入最终能引起企业所有者权益的增加。

2. 收入的确认条件

收入的确认除了应当符合定义外,同时还需满足以下三个条件:

(1) 与收入相关的经济利益很可能流入企业。

(2) 经济利益流入企业的结果会导致企业资产的增加或者负债的减少。

（3）经济利益的流入额能够可靠地计量。

3. 收入的分类

按企业经营业务的主次分类,收入可以分为主营业务收入和其他业务收入。其中,主营业务收入是企业为完成其经营目标而从事主要经营活动所取得的收入,其他业务收入是企业从事主营业务以外的其他业务活动取得的收入。

在物业服务企业,主营业务收入是指物业服务企业在从事物业管理活动中,为物业产权人、使用人提供维修、管理和服务取得的收入,包括物业管理收入、物业经营收入和物业大修收入。其他业务收入是指物业服务企业从事主营业务以外的其他业务活动取得的收入,包括房屋中介代销手续费收入、材料物资销售收入、废品回收收入、商品用房经营收入及无形资产使用权转让收入等。

（五）费用

1. 费用的定义

费用指企业在日常活动中发生的、会导致所有者权益减少的、与向所有者分配利润无关的经济利益的总流出。费用具有以下基本特征:

（1）费用是企业在日常活动中发生的,而不是在偶发的交易或事项中发生的。

（2）费用会导致经济利益的流出,该流出不包括向所有者分配的利润。费用可能表现为资产的减少,或负债的增加,或二者兼而有之。

（3）费用最终将引起所有者权益的减少。

2. 费用的确认条件

费用的确认除了应当符合定义外,同时还需满足以下三个条件:

（1）与费用相关的经济利益很可能流出企业。

（2）经济利益流出企业的结果会导致企业资产的减少或者负债的增加。

（3）经济利益的流出额能够可靠地计量。

3. 费用的分类

物业服务企业的费用,是指物业服务企业在从事物业管理活动中,为物业产权人、使用人提供维修、管理、服务等过程中发生的各项支出。包括从事物业管理活动中发生的营业成本和期间费用。

（六）利润

1. 利润的定义

利润指企业在一定会计期间的经营成果。

2. 利润的构成

利润包括收入减去费用后的净额、直接计入当期利润的利得和损失等。

直接计入当期利润的利得和损失,是指应当计入当期损益、会导致所有者权益发生增减变动的、与所有者投入资本或者向所有者分配利润无关的利得或者损失。

3. 利润的确认条件

利润反映的是收入减去费用、利得减去损失后的净额,因此,利润的确认主要依赖于收入和费用以及利得和损失的确认,其金额的确定也主要取决于收入、费用、利得、损失金额的计量。

第五节 会 计 计 量

会计计量,是为了将符合确认条件的会计要素登记入账,并列报于财务报表而确定其金额的过程。企业应当按照规定的会计计量属性进行计量,确定相关金额。

计量属性指计量客体的特征或外在表现形式。不同的计量属性,会使相同的会计要素表现为不同的货币数量,从而使会计信息反映的财务状况和经营成果建立在不同的计量基础上。会计计量属性主要包括历史成本、重置成本、可变现净值、现值和公允价值等。

一、历史成本

在历史成本计量下,资产按照购置时支付的现金或者现金等价物的金额,或者按照购置资产时所付出的对价的公允价值计量。负债按照因承担现时义务而实际收到的款项或者资产的金额,或者承担现时义务的合同金额,或者按照日常活动中为偿还负债预期需要支付的现金或者现金等价物的金额计量。

历史成本具有可靠性,采用历史成本计量具有丰富的实践经验和理论基础。但是在物价变动明显时,其可比性、相关性下降,收入与费用的配比缺乏逻辑统一性,经营业绩和持有收益不能分清,非货币性资产和负债被低估或高估,难以真实揭示企业的财务状况。

二、重置成本

在重置成本计量下,资产按照现在购买相同或者相似资产所需支付的现金或者现金等价物的金额计量。负债按照现在偿付该项债务所需支付的现金或者现金等价物的金额计量。

重置成本计量能反映企业真实的财务状况,但是确定重置成本较困难,无法与原持有资产完全吻合,从而影响信息的可靠性。同时,它仍然不能消除货币购买力变动的影响,也无法以持有资本的形式解决资本保值问题,使以后的生产能力难以得到补偿。

三、可变现净值

在可变现净值计量下,资产按照其正常对外销售所能收到现金或者现金等价物的金额扣减该资产至完工时估计将要发生的成本、估计的销售费用以及相关税费后的金额计量。

这种计量属性能反映预期变现能力,体现了谨慎性要求,但它仅适用于计划将来销售的资产,并不适用于所有资产的计量。

四、现值

在现值计量下,资产按照预计从其持续使用和最终处置中所产生的未来净现金流入量的折现金额计量。负债按照预计期限内需要偿还的未来净现金流出量的折现金额计量。

这种计量属性考虑了资金时间价值,所产生的会计信息与决策的相关性最强,但其未来现金流量现值是不确定的,可靠性较差。

五、公允价值

在公允价值计量下,资产和负债按照在公平交易中,熟悉情况的交易双方自愿进行资产交换或者债务清偿的金额计量。

由于目前我国的产权、生产要素市场还不很活跃,使用公允价值这一计量属性还存在一定的难度;相关的公允价值又难以取得,从而给一些企业利用公允价值计量操纵利润留下了一定的空间,也对会计信息的客观性、相关性提出了挑战。

企业在对会计要素进行计量时,一般应当采用历史成本,采用重置成本、可变现净值、现值、公允价值计量的,应当保证所确定的会计要素金额能够取得并可靠计量。

★★★★★ 练习题 ★★★★★

一、单项选择题

1. 会计的基本职能是(　　)。

    A. 反映与分析   B. 核算与监督

    C. 反映与核算   D. 控制与监督

2. 确定会计核算工作空间范围的前提条件是(　　)。

    A. 会计主体   B. 持续经营

    C. 会计分期   D. 货币计量

3. 进行会计核算提供的信息应当以实际发生的经济业务为依据,如实反映财务状况和经营成果,这符合(　　)要求。

    A. 客观性   B. 相关性   C. 重要性   D. 可比性

4. 会计信息的相关性要求的核心是(　　)。

    A. 可靠性   B. 及时性   C. 对决策有用   D. 与企业相关

5. 会计信息的明晰性要求会计信息必须(　　)。

    A. 清晰易懂   B. 真实可靠   C. 及时提供   D. 简化缩略

6. 各企业单位处理会计业务的方法和程序在不同会计期间要保持前后一致,不得随意变更,这符合(　　)要求。

    A. 相关性   B. 可比性   C. 谨慎性   D. 重要性

7. 企业将融资租入的固定资产视同自有固定资产核算,所体现的会计信息质量要求是(　　)。

    A. 可靠性   B. 及时性

    C. 可比性   D. 实质重于形式

8. 下列会计要素中,反映企业财务状况的要素是(　　)。
    A. 资产　　　　　　B. 收入　　　　　　C. 费用　　　　　　D. 利润
9. 下列会计要素中,不属于反映企业经营成果的要素是(　　)。
    A. 收入　　　　　　B. 费用　　　　　　C. 负债　　　　　　D. 利润
10. 下列项目中不属于企业流动资产的是(　　)。
    A. 存货　　　　　　B. 应收账款　　　　C. 库存现金　　　　D. 长期股权投资
11. 下列项目中不属于企业流动负债的是(　　)。
    A. 应付账款　　　　B. 应付债券　　　　C. 预收账款　　　　D. 其他应付款
12. 所有者权益是由企业所有者享有的剩余权益,在数量上等于(　　)。
    A. 企业的新增利润　　　　　　　　　B. 全部资产减去流动负债
    C. 全部资产减去全部负债　　　　　　D. 全部资产减去全部所有者权益

二、多项选择题

1. 会计核算的基本前提包括(　　)。
    A. 会计主体　　　B. 持续经营　　　C. 会计分期　　　D. 货币计量
    E. 历史成本计量
2. 会计期间分为(　　)。
    A. 年度　　　　　B. 半年度　　　　C. 季度　　　　　D. 月度
    E. 旬
3. 以下属于反映财务状况的会计要素有(　　)。
    A. 收入　　　　　B. 费用　　　　　C. 所有者权益　　D. 资产
    E. 利润
4. 资产的特征包括(　　)。
    A. 必须是能为企业提供未来经济利益的经济资源
    B. 必须是企业拥有或者控制的
    C. 必须是企业拥有和控制的
    D. 必须是企业过去的交易或事项形成的
    E. 必须是具有实物形态的
5. 下列内容属于资产要素的是(　　)。
    A. 应收账款　　　B. 预付账款　　　C. 无形资产　　　D. 预收账款
    E. 实收资本
6. 下列内容属于负债要素的是(　　)。
    A. 应付账款　　　B. 预付账款　　　C. 应收账款　　　D. 预收账款
    E. 资本公积
7. 下列关于收入的描述,正确的是(　　)。
    A. 会引起资产的增加或负债的清偿
    B. 所有的现金流入都是收入
    C. 并非所有的现金流入都是收入
    D. 会引起所有者权益的增加

　　E．会引起银行存款的增加

三、判断题

　　1．法律主体必定是会计主体,会计主体也必定是法律主体。　　　　　（　　）

　　2．会计信息质量特征的可比性要求企业对会计方法或原则的选用应慎重,一旦选中就不得再变动。　　　　　　　　　　　　　　　　　　　　　　　　　　　（　　）

　　3．某一财产物资要成为企业的资产,其所有权必须是属于企业的。　　（　　）

　　4．如果某项资产不能再为企业带来经济利益,即使是由企业拥有或者控制的,也不能作为企业的资产在资产负债表中列示。　　　　　　　　　　　　　　　　　（　　）

　　5．根据会计主体假设,会计反映包括它所在的特定单位的经济活动和企业所有者的经济活动。　　　　　　　　　　　　　　　　　　　　　　　　　　　　　　　（　　）

　　6．重要性要求企业在会计确认、计量过程中对交易或事项应当区别其重要程度,采用不同的核算方式。　　　　　　　　　　　　　　　　　　　　　　　　　　　（　　）

　　7．收入不包括为第三方或客户代收的款项。　　　　　　　　　　　（　　）

　　8．如果企业一定期间内发生亏损,则其所有者权益必定减少。　　　　（　　）

　　9．我国规定以日历年作为企业的会计年度,即以公历 1 月 1 日至 12 月 31 日为一个会计年度。　　　　　　　　　　　　　　　　　　　　　　　　　　　　　　（　　）

　　10．业务收支以人民币以外的货币为主的企业,可以选定其中一种货币作为记账本位币,但是编报的财务会计报告应当折算为人民币。　　　　　　　　　　　　　（　　）

第二章
会计核算基础

本章导学

一、学习目标与要求

　　会计核算基础是会计核算的基础理论部分,是企业进行会计核算的必备前提和理论指导。通过本章的学习,应了解会计核算的基本方法,熟悉会计科目和账户,掌握借贷记账法,熟悉会计循环和财产清查方法。

二、重点与难点

- 借贷记账法的账户结构。
- 借贷记账法的记账规则。
- 借贷记账法的应用。

第一节 会计核算的基本方法

会计方法是核算与监督会计对象、完成会计任务的手段。会计方法包括会计核算方法、会计分析方法和会计检查方法。其中,会计核算方法是对经济业务进行完整、连续和系统的记录和计算,为经营管理提供必要的信息所应用的方法,一般包括以下几个方面。

一、设置会计科目和账户

设置会计科目和账户是对会计对象的具体内容分类进行核算的方法。有了会计科目和账户,就可以有序地、分类地将各项经济业务的数据记入账户,从而分门别类地取得各种数据和信息,提供给信息使用者。

二、复式记账

复式记账是对每一项经济业务都以相等的金额,同时记入两个或两个以上相互联系的账户,以此了解每项经济业务的来龙去脉,并通过账户平衡关系,检查有关业务的记录是否正确。

三、填制和审核会计凭证

会计凭证是登记账户的依据,也是记录经济业务、明确经济责任的书面证明。每一项经济业务发生,都应填制会计凭证,并经有关部门和人员审核确认无误后作为记账的依据。这也是实施会计监督的一个重要方面。

四、登记账簿

登记账簿是根据会计凭证,在账簿上连续地、系统地、完整地记录交易或事项的一种专门方法。按照记账的方法和程序登记账簿并定期进行对账、结账,为编制会计报表和经营管理提供所需要的会计数据。

五、成本计算

成本计算是指在会计核算中按照一定的对象归集和分配费用,以计算确定该对象的总成本和单位成本。通过准确计算成本可以掌握成本构成情况,考核成本计划的完成情况,了解生产经营活动的成果,促使企业加强核算,节约支出,提高经济效益。

六、财产清查

财产清查包括盘点实物和核对账目,以确定账实是否相符。如有不符,须调整账簿记录。通过财产清查,可以查明各项财产物资、债权债务、所有者权益情况,加强物资管理,监督财产是否完整,并为正确核算损益提供正确的资料。

七、编制财务会计报告

编制财务会计报告是定期总括地反映财务状况和经营成果的一种专门方法。编制财务会计报告可以为信息使用者集中提供主要会计信息,有利于改善企业生产经营管理,并为有关单位提供投资的决策依据。

八、会计资料分析利用

对会计资料的分析利用是对会计资料所反映的各项经济指标进行分析对比,以便挖掘潜力,厉行节约,扩大经营成果。

就会计核算的工作过程来说,主要体现为三个环节:填制和审核凭证、登记账簿、编制财务会计报告。为了完成这三个环节的工作,必须要借助于其他的会计核算方法。所以,以上的会计核算方法相互联系,形成一个完整的会计核算方法体系,实际运用时必须密切配合,以达到会计核算的最终目的。

会计核算工作的程序如图 2-1 所示。

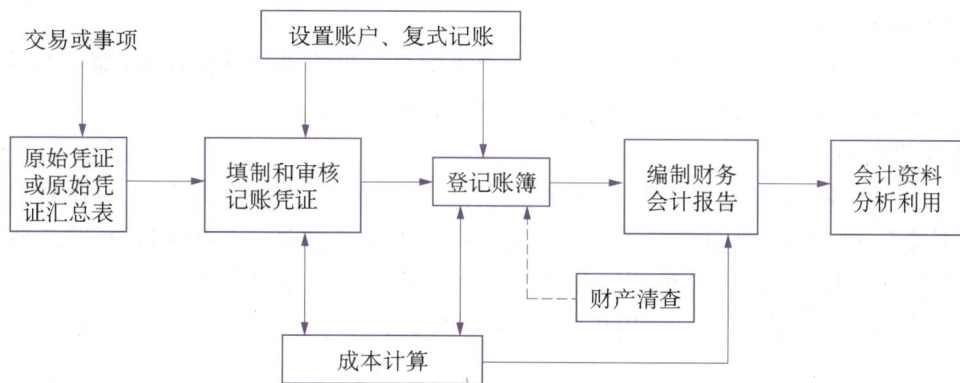

图 2-1　会计核算工作程序图

第二节 会计科目与会计账户

一、会计科目

(一) 会计科目的概念

把会计对象分为六个会计要素,是对会计对象的第一次分类,也是最基本的分类。但是,为了满足会计信息使用者进行决策和管理经济的需要,除了提供各个会计要素增减变化及其结果的总括资料外,还需要提供详细的资料。例如,固定资产和原材料,虽然都属于资产,但两者的经济内容、在生产经营中的周转方式及作用都不同。因此,为了满足管理要求,在会计核算中,对于性质、内容不同的各个会计要素项目,必须分门别类地进行核算和监督,也就是需要设置会计科目。

会计科目是对会计要素进行分类的项目,也就是对各项会计要素在科学分类的基础上所赋予的名称。

会计科目必须根据《企业会计准则》和国家统一会计制度的规定设置和使用。

(二)会计科目的分类

1. 按反映的经济内容分类

会计科目按其反映的经济内容不同,可分为:

(1)资产类科目;

(2)负债类科目;

(3)所有者权益类科目;

(4)成本类科目;

(5)损益类科目。

其中,成本类科目也属于资产要素类科目;损益类科目包括了收入和费用两个会计要素类科目;利润要素类科目归入了所有者权益类,因为利润属于所有者权益。

2. 按隶属关系分类

(1)总分类科目

总分类科目又称一级科目,它是对会计要素的具体内容进行总括分类,提供总括信息的会计科目,如"固定资产"、"应收账款"、"原材料"等。

(2)明细分类科目

明细分类科目是对总分类科目包含的内容作进一步分类,提供更详细、具体信息的会计科目,如"应收账款"总分类科目下进一步按债务人的名称设置明细科目,反映应收哪一单位的款项。明细分类科目又可分为二级明细科目、三级明细科目等。

我国《企业会计准则——应用指南》中设置的基本会计科目,如表2-1所示。

表2-1　会计科目表(部分)

顺序号	编号	名　称	顺序号	编号	名　称
		一、资产类	12	1401	材料采购
1	1001	库存现金	13	1402	在途物资
2	1002	银行存款	14	1403	原材料
3	1012	其他货币资金	15	1404	材料成本差异
4	1101	交易性金融资产	16	1405	库存商品
5	1121	应收票据	17	1406	发出商品
6	1122	应收账款	18	1407	商品进销差价
7	1123	预付账款	19	1408	委托加工物资
8	1131	应收股利	20	1411	周转材料
9	1132	应收利息	21	1461	融资租赁资产
10	1221	其他应收款	22	1471	存货跌价准备
11	1231	坏账准备	23	1501	持有至到期投资

顺序号	编号	名 称	顺序号	编号	名 称
24	1502	持有至到期投资减值准备	55	2701	长期应付款
25	1503	可供出售金融资产	56	2702	未确认融资费用
26	1511	长期股权投资	57	2801	预计负债
27	1512	长期股权投资减值准备	58	2901	递延所得税负债
28	1521	投资性房地产			三、所有者权益类
29	1531	长期应收款	59	4001	实收资本(或股本)
30	1601	固定资产	60	4002	资本公积
31	1602	累计折旧	61	4101	盈余公积
32	1603	固定资产减值准备	62	4103	本年利润
33	1604	在建工程	63	4104	利润分配
34	1605	工程物资			四、成本类
35	1606	固定资产清理	64	5001	生产成本
36	1701	无形资产	65	5201	劳务成本
37	1702	累计摊销	66	5301	研发支出
38	1703	无形资产减值准备			五、损益类
39	1711	商誉	67	6001	主营业务收入
40	1801	长期待摊费用	68	6051	其他业务收入
41	1811	递延所得税资产	69	6061	汇兑损益
42	1901	待处理财产损溢	70	6101	公允价值变动损益
		二、负债类	71	6111	投资收益
43	2001	短期借款	72	6301	营业外收入
44	2010	交易性金融负债	73	6401	主营业务成本
45	2201	应付票据	74	6402	其他业务成本
46	2202	应付账款	75	6403	营业税金及附加
47	2203	预收账款	76	6601	销售费用
48	2211	应付职工薪酬	77	6602	管理费用
49	2221	应交税费	78	6603	财务费用
50	2231	应付利息	79	6701	资产减值损失
51	2232	应付股利	80	6711	营业外支出
52	2241	其他应付款	81	6801	所得税费用
53	2501	长期借款	82	6901	以前年度损益调整
54	2502	应付债券			

二、会计账户

(一) 会计账户的概念

会计科目将会计要素作了进一步的分类,但会计科目本身仅界定了其反映经济内容的具体范围,无法反映经济内容的数量变化及其结果,而这些数量变化及结果却是会计信息的主要内容。为此,要设置会计账户来解决这一问题。

会计账户是根据会计科目开设的,具有一定的结构,用来记录会计科目所反映的经济内容增减变化及其结果的户头。会计账户的设置要与会计科目相适应。会计科目有总分类科目和明细分类科目,会计账户也要相应地分为总分类账户(一级账户)和明细分类账户(二级、三级账户)。

(二)会计账户的基本结构

经济业务的发生所引起会计要素的变动,从数量上来看,不外乎是增加和减少两种情况。例如,有关现金的收支业务,是出纳人员所经管的库存现金的增加和减少。因此,账户在结构上应相应地分为两个基本部分,用以分别记录增加和减少。账户的基本结构分为左右两方,一方登记增加,另一方登记减少。至于账户左右两方的名称,用哪一方登记增加,用哪一方登记减少,则取决于经济业务的内容和记账方法。

借贷记账法(详见本章第三节)下账户的基本结构可用"T"形表示,见表2-2所示。

表2-2　账户的基本结构

借方	账户名称(会计科目)	贷方

上列账户左右两方,用来记录增加额和减少额。增减额相抵后的差额,叫做账户余额。余额按其表现的不同时间,分为期初余额和期末余额。因此通过账户记录的数额,可提供期初余额、本期增加额、本期减少额和期末余额四个核算指标。

本期增加额,就是在一定时期内账户所登记的增加额的合计数,也叫本期增加发生额;本期减少额,就是在一定时期内账户所登记的减少额的合计数,也叫本期减少发生额。本期发生额是一个动态指标,它说明资金的增减变动情况。

本期增加发生额与本期减少发生额相抵后的差额,再加期初余额,就叫期末余额。余额是一个静态指标,它说明资金在某一时日增减变化的结果。本期期末余额就是下期的期初余额。账户期末余额的计算公式如下:

$$期末余额＝期初余额＋本期增加发生额－本期减少发生额$$

账户余额、本期增加发生额和本期减少发生额是记在左方或右方,要根据不同的账户性质和记账方法来确定。

三、会计科目和会计账户的关系

会计科目与会计账户是两个既有联系,又有区别的概念。联系在于,会计账户是根据会计科目设置的,两者在经济内容上完全相同。正因为如此,在两者表示经济内容时,往往不加区别,科目即是账户,账户即是科目。区别在于,会计科目仅仅是账户的名称,它仅仅规定账户的经济内容,而账户除了要有账户名称外,更主要的还要有一定的结构,以便反映账户经济内容的增减变化及其结果,因此,账户比科目分类更为明细,内容也更为丰富。

第三节 借贷记账法

一、借贷记账法的概念

借贷记账法是以"借"、"贷"作为记账符号,反映会计要素增减变化及其结果的复式记账法。而所谓"复式记账法"是指对每项经济业务都必须用相等的金额,在两个或两个以上相互联系的账户中进行全面登记的一种记账方法。

例如,用银行存款购买原材料 1 000 元,在记账时,既要登记原材料增加了 1 000 元,又要登记银行存款减少了 1 000 元。这样,根据账户记录,就能全面反映经济活动的来龙去脉,从而使账簿记录能较完整、系统地反映各项经济活动的发生过程和结果。同时,通过账户的对应关系,检查各项经济业务是否合法、合理,充分发挥会计核算、监督的作用。

二、借贷记账法的内容

(一) 借贷记账法的记账符号

借贷记账法以"借"、"贷"为记账符号,分别作为账户的左方和右方。这里的"借"、"贷"已失去其原有的含义,变成了纯粹的记账符号。至于"借方"表示增加还是"贷方"表示增加,则取决于账户的性质和结构。

(二) 借贷记账法的账户结构

在借贷记账法下,任何账户都分为借方和贷方两个基本部分。左方为借方,右方为贷方,其中一方记录数额的增加,另一方记录数额的减少。

1. 资产类账户、负债类账户和所有者权益类账户的结构

反映资产的账户称为资产类账户,反映负债和所有者权益的账户则分别称为负债类账户和所有者权益类账户。从会计等式来分析,这三类账户中,资产类账户和负债、所有者权益类账户的性质根本不同,因而要用它们的借方登记增加还是减少,抑或要用它们的贷方登记增加还是减少,也有很大的区别。

在资产类账户中,借方登记期初余额和本期增加数,贷方登记本期减少数。在正常情况下,资产类账户的期末余额总是在借方。资产类账户的结构见表 2 - 3 所示。

表 2 - 3 资产类账户的结构

借方		资产类账户	贷方
期初余额	×××		
本期增加数	×××	本期减少数	×××
本期发生额	×××	本期发生额	×××
期末余额	×××		

在负债类账户和所有者权益类账户(合称为权益类账户)中,贷方登记期初余额和本

期增加数,借方登记本期减少数。在正常情况下,权益类账户的期末余额总是在贷方。权益类账户的结构见表2-4所示。

表2-4　权益类账户的结构

借方		负债或所有者权益类账户	贷方
本期减少数	×××	期初余额 本期增加数	××× ×××
本期发生额	×××	本期发生额 期末余额	××× ×××

　　各项经济业务在登入各账户之前,如果有期初余额应先将期初余额登入账内。由于会计是连续、系统、综合地反映资金的增减变化,因此,本期末从账户内结算出来的结余额,必须转入下期。本期期初余额即是该账户上期的期末余额。正如账户的基本结构所述,借方合计即为借方本期发生额,贷方合计即为贷方本期发生额,期末余额反映某账户在本期增减变动后的结果。

　　资产类账户的期末余额可根据以下公式计算:

$$\text{期末余额(借方)} = \text{期初余额(借方)} + \text{借方本期发生额} - \text{贷方本期发生额}$$

　　权益类账户的期末余额可根据以下公式计算:

$$\text{期末余额(贷方)} = \text{期初余额(贷方)} + \text{贷方本期发生额} - \text{借方本期发生额}$$

　　2. 成本类账户和损益类账户的结构

　　企业在生产经营过程中,除发生资产和权益的增减变动外,还不断发生各种成本和费用,取得各种收入和利润。为此,还必须设置成本类账户和损益类账户。

　　成本类账户与资产类账户的性质相似,结构基本相同。这是因为企业在生产经营过程中发生的成本费用,可以用来抵消收入,实质上是一种资产形态。因此,成本类账户借方登记增加数,贷方登记减少数或转销数,一般没有期末余额。如果有余额,必定为借方余额,表示为资产额。成本类账户的结构见表2-5所示。

表2-5　成本类账户的结构

借方		成本类账户	贷方
成本增加数	×××	成本减少数或转销数	×××
本期发生额	×××	本期发生额	×××

　　损益类账户,又可以分为收入(包括利得)类账户和费用(包括损失)类账户。收入类账户与权益类账户性质相似,结构基本相同。这是因为企业在生产经营中取得的各项收入,必将使企业权益增加,并作为企业各种资金耗费(即费用成本)的补偿来源。因此收入

类账户的贷方登记增加数,借方登记减少数或转销数。期末时,本期收入增加数减去本期收入减少数、转销数后的差额,应转入"本年利润"账户,所以期末没有余额。费用类账户与收入类账户结构相反,期末也没有余额。损益类账户的结构见表2-6、表2-7所示。

表2-6 收入类账户的结构

借方	收入类账户			贷方
收入减少数或转销数	×××	收入增加数		×××
本期发生额	×××	本期发生额		×××

表2-7 费用类账户的结构

借方	费用类账户			贷方
费用增加数	×××	费用减少数或转销数		×××
本期发生额	×××	本期发生额		×××

为了便于掌握和使用不同的账户,上述各类账户的结构,可归纳如表2-8所示。

表2-8 借贷记账法的账户结构

账户类别	账 户		
	借 方	贷 方	余 额
资产类账户	+	−	在借方
负债、所有者权益类账户	−	+	在贷方
成本类账户	+	−	一般无余额,若有在借方
收入类账户	−	+	无余额
费用类账户	+	−	无余额

以上都是以 T 字形账户来说明账户结构的。在实际工作中,账户格式一般使用三栏式,如表2-9所示。

表2-9 三栏式的账户结构
账户名称(会计科目)

20××年		凭证号数	摘 要	过账	借 方	贷 方	借或贷	余 额
月	日							

(三)借贷记账法的记账规则

会计要素有资产、负债、所有者权益、收入、费用、利润这六项,但从账户结构角度可将它们归纳为两类,资产类属性的会计要素和权益类属性的会计要素。资产类属性会计要素包括资产、费用(含成本),权益类属性会计要素包括负债、所有者权益、收入、利润。两类会计要素在数量上还具有恒等的关系:

$$资产＝权益$$

各种经济业务对两类会计要素的影响可以概括为以下四种类型:

第一种类型:资产、权益同时增加,金额相等为 A。记账时,资产增加登记在资产账户的借方,权益增加登记在权益账户的贷方。

【例 2 - 1】 某物业服务企业购入原材料 1 200 元,已验收入库,货款未付。见表 2 - 10 所示。

表 2 - 10

借方	原材料	贷方	借方	应付账款	贷方
① 1 200					① 1 200

第二种类型:资产、权益同时减少,金额相等为 B。记账时,资产减少登记在资产账户的贷方,权益减少登记在权益账户的借方。

【例 2 - 2】 某物业服务企业以银行存款 840 元上交欠交的税金。见表 2 - 11 所示。

表 2 - 11

借方	银行存款	贷方	借方	应交税费	贷方
		② 840	② 840		

第三种类型:资产内部一增一减,金额相等为 C。记账时,资产增加登记在资产账户的借方,资产减少登记在资产账户的贷方。

【例 2 - 3】 某物业服务企业从银行提取现金 720 元。见表 2 - 12 所示。

表 2 - 12

借方	银行存款	贷方	借方	库存现金	贷方
		③ 720	③ 720		

第四种类型:权益内部一增一减,金额相等为 D。记账时,权益增加登记在权益账户的贷方,权益减少登记在权益账户的借方。

【例 2 - 4】 某物业服务企业按规定将资本公积 6 000 元转为企业的资本。见表 2 - 13 所示。

表 2 - 13

借方	实收资本	贷方	借方	资本公积	贷方
		④ 6 000	④ 6 000		

经济业务从其引起的会计要素的变化来看,只有以上四种类型,不可能出现资产同增、同减,权益同增、同减这些违背会计恒等式的变化类型。

综上所述,尽管经济业务千变万化,但从会计要素属性看,却只有四种类型,并且,每一类型在记账时,总遵循一方或几方记入借方,另一方或几方记入贷方,借贷双方金额相等的规律,于是,可总结出借贷复式记账法的记账规则:有借必有贷、借贷必相等。

三、借贷记账法的应用

(一) 确定会计分录

在实际中,经济业务并不是直接记入各有关账户的。由于同一笔经济业务的内容分别记录在两个或多个账户中,而每一账户各为一页,当业务数量繁多时,记账时必定前后翻阅,容易发生漏记、重记等记账错误,事后检查也很不方便。为了保证账户记录的正确性,在把经济业务记入账户之前,先要编制会计分录。编制会计分录是借贷记账法的运用之一。

会计分录简称分录,是对每笔经济业务列示其应借记和应贷记的账户名称及其金额的一种记录。会计分录在经济业务发生时,根据原始凭证(详见本章第四节)编制,是账户记录的依据。每笔会计分录都必须包括:会计科目、记账符号、变动金额三个要素。

会计分录可分为简单会计分录和复合会计分录。当一笔经济业务只涉及两个账户发生增减变化时,编制的一借一贷的会计分录称为简单会计分录;当一笔经济业务引起两个以上账户发生增减变化时,编制的一借多贷、多借一贷、多借多贷的会计分录称为复合会计分录。为易于了解经济业务的来龙去脉,一般不宜把不同类型的经济业务合并在一起编制多借多贷的复合会计分录。

会计分录可在有专用格式的记账凭证或普通日记账上编制。教学中用到的格式为:先列示借方、后列示贷方,每一个会计科目及相应金额占一行,借方与贷方错位表示,以便醒目、清晰。

【例2-5】 某物业服务企业购入原材料1 200元,已验收入库,货款未付。编制会计分录如下:

借:原材料　　　　　　　　　　　　　　　　　　　1 200
　贷:应付账款　　　　　　　　　　　　　　　　　　1 200

【例2-6】 某物业服务企业以银行存款840元上交欠交的税金。编制会计分录如下:

借:应交税费　　　　　　　　　　　　　　　　　　840
　贷:银行存款　　　　　　　　　　　　　　　　　　840

【例2-7】 某物业服务企业从银行提取现金720元。编制会计分录如下:

借:库存现金　　　　　　　　　　　　　　　　　　720
　贷:银行存款　　　　　　　　　　　　　　　　　　720

【例2-8】 某物业服务企业按规定将资本公积6 000元转为企业的资本。编制会计分录如下:

借:资本公积　　　　　　　　　　　　　　　　　　6 000
　贷:实收资本　　　　　　　　　　　　　　　　　　6 000

【例 2-9】 某物业服务企业收到投资人投入的现金 12 000 元存入银行,收到投入的设备价值 24 000 元。编制会计分录如下:

借:银行存款　　　　　　　　　　　　　　　　　　12 000
　固定资产　　　　　　　　　　　　　　　　　　24 000
　贷:实收资本　　　　　　　　　　　　　　　　　　　36 000

【例 2-10】 某物业服务企业以银行存款 5 400 元、现金 600 元偿付应付账款。编制会计分录如下:

借:应付账款　　　　　　　　　　　　　　　　　　6 000
　贷:银行存款　　　　　　　　　　　　　　　　　　　5 400
　　库存现金　　　　　　　　　　　　　　　　　　　　600

(二) 登记账户

根据各项经济业务编制会计分录以后应登记有关账户,期末要结出每个账户的本期发生额和期末余额。

【例 2-11】 某物业服务企业各总分类账户的月初余额如表 2-14 所示。

表 2-14　各总分类账户的月初余额　　　　　　　单位:元

会计账户	借方余额	会计账户	贷方金额
库存现金	1 240	应付账款	9 120
银行存款	8 160	应交税费	1 080
原材料	15 040	实收资本	30 600
固定资产	25 360	资本公积	9 000
合　计	49 800	合　计	49 800

根据本月发生的经济业务编制的会计分录见上述例 2-5 至例 2-10。

根据会计分录登记账户如表 2-15 所示。

表 2-15　登记账户举例

借方	库存现金	贷方		借方	应付账款	贷方	
期初余额	1 240	⑥	600	⑥	6 000	期初余额	9 120
③	720					①	1 200
本期发生额	720	本期发生额	600	本期发生额	6 000	本期发生额	1 200
期末余额	1 360					期末余额	4 320
借方	银行存款	贷方		借方	应交税费	贷方	
期初余额	8 160	②	840	②	840	期初余额	1 080
⑤	12 000	③	720				
		⑥	5 400				
本期发生额	12 000	本期发生额	6 960	本期发生额	840	本期发生额	—
期末余额	13 200					期末余额	240

借方	原材料	贷方
期初余额 15 040		
① 1 200		
本期发生额 1 200	本期发生额 —	
期末余额 16 240		

借方	实收资本	贷方
	期初余额 30 600	
	④ 6 000	
	⑤ 36 000	
本期发生额 —	本期发生额 42 000	
	期末余额 72 600	

借方	固定资产	贷方
期初余额 25 360		
⑤ 24 000		
本期发生额 24 000	本期发生额 —	
期末余额 49 360		

借方	资本公积	贷方
④ 6 000	期初余额 9 000	
本期发生额 6 000	本期发生额 —	
	期末余额 3 000	

从以上举例可以看出,运用借贷记账法记账时,在有关账户之间都会形成应借、应贷的相互关系。这种关系称为账户对应关系,发生对应关系的账户称为对应账户。

（三）试算平衡

把一定时期例如一个月的会计分录全部登记到账户中后,各账户就已经记录和反映了当期的经济业务。于是,就可以根据分类账各个账户的资料,结计本期利润,编制会计报表。然而,会计人员总要对各分类账的登记和过账的正确性确有把握,才能着手结计本期利润,并编制会计报表。那么,怎样才能有把握地认为各账户登记正确呢？

如前所述,根据借贷记账法"有借必有贷,借贷必相等"的记账规则,任何一笔会计分录都要有等额的借项与贷项,这必然形成了全部总分类账户借贷两方的本期发生额的总数以及借贷两方余额的总数的平衡关系。所以,登账以后,两者相等,便可以认为各账户的登记是基本正确的。试算平衡就是运用上述原理来检查和验证账户记录正确与否的一种方法。

试算平衡的方法有两种:发生额平衡和余额平衡。试算平衡的公式是:

1. 所有账户期初借方余额合计＝所有账户期初贷方余额合计
2. 所有账户本期借方发生额合计＝所有账户本期贷方发生额合计
3. 所有账户期末借方余额合计＝所有账户期末贷方余额合计

试算平衡通常是通过编制试算平衡表来进行的,六栏式的试算平衡表分别列示期初余额、本期发生额和期末余额的借、贷方金额。

【例2-12】　根据上述例2-5至例2-11的资料编制的试算平衡表,如表2-16所示。

表2-16　试算平衡表

单位:元

会计账户	期初余额		本期发生额		期末余额	
	借方	贷方	借方	贷方	借方	贷方
库存现金	1 240		720	600	1 360	
银行存款	8 160		12 000	6 960	13 200	

续　表

会计账户	期初余额		本期发生额		期末余额	
	借方	贷方	借方	贷方	借方	贷方
原材料	15 040		1 200		16 240	
固定资产	25 360		24 000		49 360	
应付账款		9 120	6 000	1 200		4 320
应交税费		1 080	840			240
实收资本		30 600		42 000		72 600
资本公积		9 000	6 000			3 000
合　计	49 800	49 800	50 760	50 760	80 160	80 160

从表 2－16 可以看出，期初余额、本期发生额、期末余额的借方合计数与贷方合计数都相等，说明账户记录是基本正确的。之所以说基本正确，是因为有些错误不能通过试算平衡检查出来。例如，漏记某个会计分录，重记某个会计分录，错记了会计分录所确定的应借、应贷账户，金额错记但偶然一多一少恰好互相抵消等。

如果试算平衡表借贷方不相等，则说明肯定存在错误，应当予以查明纠正。

第四节　会 计 循 环

会计循环指企业在一个会计期间内，必须根据原始凭证填制记账凭证，根据记账凭证登记账簿并进行试算平衡，经过调整结清各账户的记录，最后编制出会计报表的程序。会计核算总是按照这个基本程序有步骤地、连续不断地、周而复始地进行。

一、审核和填制会计凭证

会计凭证指记录经济业务的发生情况，明确经济责任，并作为记账依据的书面证明。正确填制和审核会计凭证是会计工作的起点和基础。在会计核算中，处理任何一项经济业务都必须以处理经济业务相关人员和会计人员填制的会计凭证为依据。会计人员必须对一切会计凭证的真实性、正确性、合法性以及手续的完备性予以严格的审核、确认，会计凭证在审核无误后才能作为经济业务的证明和登记账簿的依据。

会计凭证按其填制程序和用途不同，可以分为原始凭证和记账凭证两大类。

(一) 原始凭证

1. 原始凭证的概念

原始凭证又称单据，是在经济业务发生或完成时取得或填制的，用来记载经济业务的具体内容、发生或完成情况，明确经济责任、具有法律效力的书面证明。它是组织会计核算的原始资料和重要依据。

2. 原始凭证的基本内容

由于经济业务的内容多种多样，从而各个原始凭证的名称、格式和内容也是多种多样的。但是不管怎样,所有的原始凭证,都必须详细载明有关经济业务的发生或完成情况,必须明确经办单位和人员的经济责任。因此,各种原始凭证都应具备一些共同的基本内容。原始凭证的基本内容主要包括:

(1) 原始凭证的名称;

(2) 原始凭证的编号及填制日期;

(3) 接受凭证单位的名称(俗称抬头);

(4) 经济业务的内容摘要;

(5) 经济业务所涉及的财物数量和金额;

(6) 填制单位的名称及经办人员的签名或盖章。

为了满足经营管理的需要,除上述内容外,还可有必要的补充内容,以使原始凭证能够发挥多方面的作用。

3. 原始凭证的种类

原始凭证按其来源不同,分为外来原始凭证和自制原始凭证两种。

外来原始凭证是指经济业务发生或完成时从其他单位或个人取得的原始凭证。如购货时由销货单位开给的增值税专用发票,付款时由收款方开给的收据,购买车船票时由运输单位提供的车票、船票等。

自制原始凭证是指经济业务发生或完成时由本单位内部经办业务的部门或人员自行填制的凭证。如仓库保管员填制的收料单、用料部门向仓库领用材料时填制的领料单,发放职工工资时编制的工资单等。

原始凭证作为经济业务的书面证明,其填制必须符合真实、完整、清晰、正确、及时的要求。

4. 原始凭证的审核

原始凭证的审核,是保证会计记录真实和正确,充分发挥会计监督作用的重要环节。原始凭证的审核,主要包括合法性、合规性、合理性审核,完整性审核以及正确性审核。

(二) 记账凭证

1. 记账凭证的概念

记账凭证是会计人员根据审核无误的原始凭证或原始凭证汇总表编制的,用来确定会计分录,作为记账直接依据的会计凭证。

2. 记账凭证的内容

由于记账凭证所反映的经济业务不同,因而记账凭证的具体格式也各异。但是,作为记账的直接依据都必须满足记账的需要,其基本内容一般应包含以下几方面:

(1) 记账凭证的名称;

(2) 记账凭证的编号及填制日期;

(3) 经济业务的内容摘要;

(4) 应借、应贷会计账户(包括一级账户和明细账户)的名称和金额;

(5) 所附原始凭证的张数;

(6) 填制、审核、记账、会计主管等有关人员签名或盖章;收付款凭证还应有出纳人员的签名或盖章。

(7) 记账备注。

3. 记账凭证的种类

记账凭证按其所反映的经济业务与货币资金有无联系分为收款凭证、付款凭证和转账凭证。

收款凭证是用来反映现金与银行存款收入业务的记账凭证,又可分为现金收款凭证和银行存款收款凭证,它们是根据现金或银行存款收入的原始凭证填制的。收款凭证的一般格式见表2-17所示。

表 2-17

收 款 凭 证 　　　　　　　银收字第001号
×年1月23日

借方科目银行存款

摘　要	贷方科目		金　额
	总账科目	明细科目	
物业管理收入	主营业务收入		40 000
合　计			40 000

会计主管　　　　记账　　　　出纳　　　　审核　　　　填制

附单据1张

付款凭证是用来反映现金与银行存款支出业务的记账凭证,又可分为现金付款凭证和银行存款付款凭证。它们是根据现金或银行存款付出的原始凭证填制的。付款凭证的一般格式见表2-18所示。

表 2-18

付 款 凭 证 　　　　　　　现付字第001号
×年1月23日

贷方科目库存现金

摘　要	借方科目		金　额
	总账科目	明细科目	
偿还借款利息	财务费用		800
合　计			800

会计主管　　　　记账　　　　出纳　　　　审核　　　　填制

附单据1张

转账凭证是用来记录那些不涉及货币资金的转账业务的记账凭证,它是根据有关转账业务的原始凭证填制的。转账凭证的一般格式见表2-19所示。

表 2-19

转 账 凭 证 　　　　　　　转字第001号
×年1月4日

摘　要	总账科目	明细科目	借方金额	贷方金额
收到外商投资	固定资产		200 000	
	实收资本			200 000
合　计			200 000	200 000

会计主管　　　　记账　　　　出纳　　　　审核　　　　填制

附单据2张

需要注意的是:现金与银行存款之间的相互划转业务,如从银行提取现金,或将现金存入银行,通常只填制付款凭证,以避免重复记账。

4. 记账凭证的审核

为确保账簿记录的正确性,在记账前必须对记账凭证进行审核。审核的主要内容有:(1)是否附有原始凭证,所附原始凭证的内容与张数是否与记账凭证相符;(2)应借、应贷的账户名称和金额是否正确,账户对应关系是否清晰;(3)有关项目是否填写齐全、有关人员是否签名或盖章。

二、登记会计账簿

(一) 会计账簿的概念

会计账簿是由具有一定格式、互相联系的账页所组成,以会计凭证为依据,用来序时地、分类地记录反映各项经济业务的会计簿籍。

(二) 会计账簿的种类和登记方法

1. 按用途的分类和登记方法

会计账簿按其用途分类,可分为序时账、分类账和备查账。

(1) 序时账

序时账又称日记账,是按照经济业务完成的时间先后顺序逐日逐笔地顺序登记的账簿。序时账有两种形式:一种是把全部经济业务的会计分录都按照时间顺序记录在账中,称为分录簿或普通日记账;另一种是把性质相同的经济业务分别登记下来,称为特种日记账。比如,常用的现金和银行存款因收付频繁,所以企业通常设置现金日记账和银行存款日记账以便加强对货币资金的管理。现金日记账和银行存款日记账是由出纳人员根据审核后的收、付款凭证逐日逐笔顺序登记的。此外,还有转账日记账等。

(2) 分类账

分类账是对全部经济业务进行分类登记的账簿。根据分类概括程度的不同,按照总分类科目设置和登记的账簿称为总分类账户,简称总账;按照明细分类科目设置和登记的账簿称为明细分类账户,简称明细账。

总分类账的登记也就是过账。最基本的过账方法是逐笔过账法,即根据记账凭证逐笔过入各账户的方法。明细分类账根据记账凭证和原始凭证的内容登记入账。

(3) 备查账

备查账是对某些在序时账和分类账中未能记载的事项进行补充登记的账簿。如租入固定资产登记簿、受托加工材料登记簿等。备查账只是对某些经济业务的内容提供必要的参考资料,所以又称辅助登记簿,其与其他账簿之间不存在严密的依存、勾稽关系。

2. 按形式的分类和登记方法

会计账簿按其外表形式分类,可分为订本账、活页账和卡片账。

(1) 订本账

订本账是在启用前就把若干具有一定格式的账页加以顺序编号,并固定装订成册的会计账簿。其优点是可避免账页的散失,防止账页被人抽换。其缺点是账页固定后,不利于记账分工,而且账页不能随意增减,多则浪费,少则影响账户连续登记。这种账簿主要适用于重要的会计记录,如现金日记账、银行存款日记账和总分类账户。

（2）活页账

活页账是将一定数量的账页用账夹固定,且账页可根据记账内容随时增减的账簿。其优点是使用灵活,便于记账分工。其缺点是账页容易散失和被抽换,因此在使用时必须将空白账页和账卡连续编号,使用后应在期末装订成册或扎封保管。这种账簿主要适用于一般的明细分类账户。

（3）卡片账

卡片账是用卡片作为账页,将其插在专设的卡片箱里保管的账簿。其优缺点与活页账相同,但卡片账可跨年度使用,不一定每年更换新账。这种账簿主要适用于一些财产物资的明细核算,如固定资产明细账、低值易耗品明细账等。

（三）总分类账户和明细分类账户的平行登记

总分类账户和明细分类账户,两者登记的经济业务内容相同,仅是详简程度不一样。因而两者的关系,从提供的会计核算资料的角度看,存在着统驭和从属关系;从数量上看,存在着平衡关系。因此,在核算中对两者采用平行登记的方法。所谓平行登记,就是凡涉及明细账户的同一笔经济业务要在总分类账户和所属的明细分类账户中同时、同向、等额地进行登记。

1. 登记的要点

平行登记的要点可以概括如下:

（1）同时期登记。对同一笔经济业务,登记总分类账户及其所属明细分类账户的会计期间应一致。

（2）同方向登记。对同一笔经济业务,在总分类账户及其所属明细分类账户中登记的方向必须相同。这里所指的方向是增减变动的方向,而不一定是指账户的借贷方向。总分类账户如登记增加额,明细分类账户也应登记增加额;总分类账户如登记减少额,明细分类账户也应登记减少额。

（3）同金额登记。即记入总分类账户的金额必须与记入所属明细分类账户的金额相等。若一笔经济业务涉及到一个总分类账户下的几个明细分类账户时,则记入总分类账户的金额,应与记入几个明细分类账户的金额之和相等。

2. 登记实例

下面以"原材料"账户为例,说明总分类账户和明细分类账户的平行登记方法。

【例 2 - 13】　某物业服务企业"原材料"账户期初余额为 400 000 元,由下列明细数组成:

甲材料	300 千克	每千克 800 元	总额 240 000 元
乙材料	50 立方米	每立方米 2 400 元	总额 120 000 元
丙材料	200 米	每米 200 元	总额 40 000 元

本期购入原材料 292 000 元,货款尚未支付。材料由以下品种组成:

| 甲材料 | 250 千克 | 每千克 800 元 | 总额 200 000 元 |
| 乙材料 | 30 立方米 | 每立方米 2 400 元 | 总额 72 000 元 |

丙材料	100 米	每米 200 元	总额 20 000 元

本期提供公共性服务领用原材料为 514 000 元,其中:

甲材料	400 千克	每千克 800 元	总额 320 000 元
乙材料	60 立方米	每立方米 2 400 元	总额 144 000 元
丙材料	250 米	每米 200 元	总额 50 000 元

根据上述经济业务,编制会计分录如下:

购入原材料时:

借:原材料——甲材料		200 000
——乙材料		72 000
——丙材料		20 000
贷:应付账款		292 000

提供公共性服务领用原材料时:

借:主营业务成本		514 000
贷:原材料——甲材料		320 000
——乙材料		144 000
——丙材料		50 000

根据上述资料,在原材料总分类账户及其所属的明细分类账户中进行平行登记,登记的结果见表 2-20 所示。

表 2-20

借方	原材料		贷方	借方	原材料——甲材料		贷方
期初余额	400 000	②	514 000	期初余额	240 000	②	320 000
①	292 000			①	200 000		
本期发生额	292 000	本期发生额	514 000	本期发生额	200 000	本期发生额	320 000
期末余额	178 000			期末余额	120 000		

借方	原材料——乙材料		贷方	借方	原材料——丙材料		贷方
期初余额	120 000	②	144 000	期初余额	40 000	②	50 000
①	72 000			①	20 000		
本期发生额	72 000	本期发生额	144 000	本期发生额	20 000	本期发生额	50 000
期末余额	48 000			期末余额	10 000		

从上例可以看出,平行登记的结果,"原材料"总分类账户的期初余额、借方本期发生额、贷方本期发生额和期末余额,分别与其所属的三个明细分类账户的期初余额之和、借方本期发生额之和、贷方本期发生额之和以及期末余额之和相等。这样不仅可以起到提供总括与详细指标的作用,而且可以利用相互核对的方法来检查核算资料是否正确、完整。

三、试算平衡

试算平衡的内容见本章第三节所述。

四、调整、对账和结账

账簿的日常记录,由于多种原因,可能产生账实不符的情况;或者由于其他原因,致使账簿日常记录不能确切反映本期的收入和费用。由此,在编制会计报表前,应对总分类账户的某些记录作必要调整,将已发生而且应由本期成本负担的费用全部计入本期成本,如预提借款利息等;并将已发生而且应归属于本期的收入全部计入本期收入,如应收存款利息等。把本期发生的实际成本与本期获得的实际收入加以配比,正确确定本期损益。

为了保证编制的会计报表数据准确、内容真实,在调整有关账户之后,还必须对账簿记录进行核对,这就是对账工作,具体包括账证核对、账账核对和账实核对。完成对账工作后,即可结转有关账户,结束各账户的日常记录。

五、编制财务会计报告

结账以后就可以编制财务会计报告,以总结反映企业财务状况、经营成果和现金流量。财务会计报告的编制详见本书第十三章。

至此,一次会计循环终止。但是,会计处理工作是依次继起,周而复始的,下一次会计循环又在此循环的基础上继续进行。

第五节 财 产 清 查

一、财产清查概述

(一) 财产清查的概念

财产清查是指通过对各项财产物资和库存现金的实地盘点,以及对银行存款和债权债务的询证核对,来查明各项财产物资、货币资金和债权债务的实有数和账面数是否相一致的一种会计方法。

企业各项财产物资、债权债务的日常增减变动及其结果都通过会计凭证及时地反映在账簿记录中,但在实际工作中还可能产生账实不符。其原因概括起来有以下两个方面:一是客观原因,包括气候影响使某些财产物资自然挥发或增重、发生自然灾害造成损失,以及由于机械操作、切割等技术原因造成某些财产物资发生一定的损耗。二是主观原因,包括有关人员在工作中的收发计量差错或核算不准等失误,以及因管理制度不严发生贪污、盗窃等造成的账实不符。

因此,运用财产清查这一会计核算的专门方法对各项财产进行定期或不定期的清查,对于加强企业经营管理、充分发挥会计的监督作用,具有重要的意义。

（二）财产清查的种类

1. 按照财产清查的范围,可分为全面清查和局部清查

全面清查指对所有财产进行盘点和核对。全面清查范围广、内容多,一般在年终决算前、单位撤消合并或改变隶属关系时、企业转制或合资前、单位主要领导调离工作时以及开展清产核资时,都要进行全面清查。

局部清查指根据需要对一部分财产所进行的清查。局部清查的对象主要是流动性较大的或较贵重的资产,主要有:库存现金每日清点一次;银行存款和银行借款每月至少核对一次;流动性较大或容易短缺损耗的存货年内应轮流盘点或重点抽查;贵重物资每月盘点一次;各项债权、债务每年至少核对一至两次。在实物保管人办理交接或财产遭受自然灾害或意外损失时,也需要进行局部清查。

2. 按照财产清查的时间,可分为定期清查和不定期清查

定期清查指按计划安排的时间对财产所进行的清查,一般在年度、半年度、季度、月度结账时进行。年末清查一般是全面清查,半年末、季末、月末清查一般是局部清查。

不定期清查指根据实际需要而进行的临时性的清查。例如,更换财产保管人、发生自然灾害和意外事故、上级或其他有关部门对本单位进行检查、国家对商品或产品进行统一价格调整、企业关停并转时所进行的清查,都是不定期清查。

定期清查和不定期清查的对象不同,它们可以是局部清查,也可以是全面清查,具体根据实际需要决定。

二、财产清查的方法

（一）财产物资的清查方法

财产物资清查包括对原材料、在产品、产成品及固定资产等财产物资的清查。对这些物资的清查,不仅要从数量上核对账面与实物是否相符,而且要查明实物的质量是否完好,查明是否有毁损、变质等情况。其清查盘点方法如下:

1. 确定财产物资账面结存数的方法

在会计核算中,确定财产物资账面结存数有实地盘存制和永续盘存制两种方法。

（1）实地盘存制

实地盘存制是指平时对各项财产物资只在账簿中登记增加数,不登记减少数,期末通过对实物的实地盘点来确定财产物资的结余数,然后倒挤出本期减少数的盘存制度。其计算公式为:

$$期初结存数＋本期增加数－期末实存数＝本期减少数$$

采用实地盘存制,由于平时只登记增加数、不登记减少数,因此,核算比较简便。但是,正因为如此,使各项财产物资的减少没有严密的手续。这样,因管理不善等原因造成的财产物资的短缺与损失都被本期成本所掩盖,不利于对财产物资的实物管理。同时,也不能从账面上随时反映财产物资的收、发、存动态信息。因此,这种方法只适用于品种多、价值低、进出频繁的财产物资。

（2）永续盘存制

永续盘存制是指对各项财产物资的增加和减少的数量和金额都必须根据原始凭证和

记账凭证在有关账簿中登记,并随时结出库存账面余额的一种盘存制度。其计算公式为:

$$期初结存数+本期增加数-本期减少数=期末结存数$$

在永续盘存制下,财产物资仍需要进行定期或不定期的实地盘点,将实存数与账存数进行核对,以查明账实是否相符。采用这种方法,可以从账面上随时反映各种财产物资的收、发、存数量,通过账实核对,及时发现溢缺,以便分析原因,采取措施,加强对财产物资的管理。但是,永续盘存制与实地盘存制相比,日常的核算工作量较大。由于永续盘存制对财产收发都有严密的手续,便于加强会计监督,因此,在实际工作中,除了特殊情况外,一般都采用永续盘存制。

由于在实地盘存制下进行财产清查的目的主要是确定存货的数量,从而计算本期成本,它并不具备账实核对的作用,因此,下面所介绍的财产清查方法及清查结果的账务处理都是在采用永续盘存制下进行的。

2. 确定财产物资实物数量的方法

由于实物的形态、体积、重量、堆放方式等不同,采用的清查方法也不相同。主要有以下两种:

(1)实地盘点法

实地盘点法指对实物逐一清点数量或用计量器具确定财产物资实存数的方法。采用这种方法清点工作量较大,但确定实存数准确、可靠,适用于大多数财产物资的清点。

(2)技术推算法

技术推算法指通过量方、计尺等技术来推算财产物资实存数的方法。采用这种方法工作量较小,但确定实存数的准确性差,因此,只适用于大量成堆、难以逐一清点的财产物资。

对实地盘点的结果应填制"盘存单"(见表2-21),并与账存数核对。确认盘点盈亏数后,再填制"实存账存对比表"(见表2-22),作为调整账面的原始凭证,进行财产清查后的有关账务处理。具体会计处理在相关章节中进行详细介绍。

表2-21 盘存单

单位名称: 盘点时间:
财产类别: 存放地点: 编号:

序号	名称	计量单位	数量	单价	金额	备注

盘点人   实物保管人

表2-22 实存账存对比表

单位名称: 年   月   日

序号	类别及名称	计量单位	单价	实存		账存		差异				备注
								盘盈		盘亏		
				数量	金额	数量	金额	数量	金额	数量	金额	

（二）货币资金的清查方法

1. 库存现金的清查

库存现金清查的基本方法是实地盘点。每日工作终了,出纳员应清点现金的实存数,并将实存数与现金日记账的当天余额核对相符。发现账实不符,应填制"现金盘点报告表"（见表2-23),并据以调整现金日记账的账面记录,同时查明原因,加以处理。

表2-23 现金盘点报告表

单位名称：　　　　　　　　　年 月 日

实存金额	账存金额	实存账存对比		备注
		盘盈	盘亏	

盘点人　　　　　　　　出纳员

2. 银行存款的清查

银行存款的清查是采用与开户银行核对账目的方法进行的。即把银行存款日记账与银行定期发来的对账单进行核对,以查明银行存款的实存数与账存数是否相符。银行存款日记账与银行对账单结存数发生不符有两个原因：一是企业单位或银行某一方或双方记账发生差错,二是企业单位与银行由于结算凭证在传递上的时间差异而存在着未达账项。对于未达账项,应通过编制"银行存款余额调节表"进行调整,具体方法在第三章中进行详细介绍。

（三）往来款项的清查方法

对各种往来款项的清查,可采用函证核对法,即通过发函与对方单位查询核对,以确定其实际数额与本单位账面记录是否相符的方法。采用这种方法应在保证本单位往来账目正确、完整的基础上,向往来单位发出"往来款项对账单"（见表2-24）。对方核对相符后,在回联单上加盖公章退回。如果核对不符,则对方在回联单上注明不符情况,或者另外说明情况,退回本单位,作为进一步核对的依据。

表2-24

函 证 信

××公司：

本公司与贵单位的业务往来款项有下列各项,为了清对账目,特函请查证,是否相符,请在回联单中注明后盖章寄回。此致敬礼。

往来款项对账单

单位_____ 地址_____ 编号_____

账户名称	截止日期	经济事项摘要	账面余额

××公司（公章）

年 月 日

收到回联单后,应编制"往来款项清查表"(见表 2-25)。

表 2-25　往来款项清查表

年　月　日

单位:元

总分类账户		明细分类账户		清查结果		核对不符单位原因及分析	备注
名称	金额	名称	金额	核对相符金额	核对不符金额		

记账员　　　　　　　　　　清查人员

在往来款项核对过程中,如发现未达账项,双方都应采用调节账面余额的方法核对是否相符。通过清查,对双方有争议的款项,以及无法收回的或无须支付的款项,应及时采取措施,加以处理,避免或减少坏账损失。

★★★★★　练习题　★★★★★

一、单项选择题

1. 会计账户的设置依据是(　　　)。
   A. 会计对象　　　　B. 会计要素　　　　C. 会计科目　　　　D. 会计方法
2. 复式记账法对每项经济业务都以相等的金额在(　　　)。
   A. 一个账户中进行登记　　　　　　B. 两个账户中进行登记
   C. 全部账户中进行登记　　　　　　D. 两个或两个以上账户中进行登记
3. 在借贷记账法下,贷方表示(　　　)。
   A. 收入的增加和负债的减少　　　　B. 收入的减少和所有者权益的增加
   C. 资产的增加和负债的减少　　　　D. 负债的增加和资产的减少
4. 在借贷记账法下,借方表示(　　　)。
   A. 收入的增加和负债的减少　　　　B. 利润和所有者权益的增加
   C. 资产的增加和负债的减少　　　　D. 负债的增加和资产的减少
5. 资产类账户的期末余额一般在(　　　)。
   A. 借方　　　　B. 借方或贷方　　　　C. 贷方　　　　D. 借方和贷方
6. 负债与所有者权益类账户的期末余额一般在(　　　)。
   A. 借方　　　　B. 借方或贷方　　　　C. 贷方　　　　D. 借方和贷方
7. 借贷记账法的记账符号"借"对下列账户表示减少的是(　　　)。
   A. "短期借款"账户　　　　　　　　B. "固定资产"账户
   C. "应收账款"账户　　　　　　　　D. "管理费用"账户
8. 借贷记账法的记账符号"贷"对下列账户表示减少的是(　　　)。
   A. "短期借款"账户　　　　　　　　B. "应付账款"账户

C．"应收账款"账户　　　　　　　　　D．"实收资本"账户

9．下列业务中,引起资产和权益同时增加的有(　　)。

　　A．从银行提取现金　　　　　　　　　B．将借款存入银行

　　C．用银行存款上缴税金　　　　　　　D．用银行存款支付前欠购货款

10．下列业务中,引起所有者权益总额增加的是(　　)。

　　A．资产与负债同增　　　　　　　　　B．资产与负债同减

　　C．资产增加、负债减少　　　　　　　D．资产减少、负债增加

11．企业用借入的短期借款归还应付账款,会引起该企业(　　)。

　　A．资产项目和权益项目同金额增加

　　B．资产项目和权益项目同金额减少

　　C．资产项目之间有增有减,增减金额相等

　　D．权益项目之间有增有减,增减金额相等

12．"应收账款"账户的期初余额为 40 000 元,本期借方发生额为 10 000 元,本期贷方发生额为 20 000 元,则该账户的期末余额为(　　)。

　　A．10 000 元　　　　B．30 000 元　　　　C．50 000 元　　　　D．70 000 元

13．"短期借款"账户的期初余额为 80 000 元,本期借方发生额为 50 000 元,本期贷方发生额为 60 000 元,则该账户的期末余额为(　　)。

　　A．70 000 元　　　　B．80 000 元　　　　C．90 000 元　　　　D．19 000 元

14．在借贷记账法下,为保持账户之间清晰的对应关系,不宜编制(　　)。

　　A．一借一贷的会计分录　　　　　　　B．多借一贷的会计分录

　　C．一借多贷的会计分录　　　　　　　D．多借多贷的会计分录

15．下列错误中,可以通过试算平衡发现的是(　　)。

　　A．借贷双方同时少记了相等的金额

　　B．会计人员漏记了一笔分录

　　C．有笔分录,只登记了借方发生额,未登记贷方发生额

　　D．会计人员将一笔分录的借贷方向记反

16．记账凭证的填制是由(　　)完成的。

　　A．出纳人员　　　B．会计人员　　　C．经办人员　　　D．主管人员

17．下列项目中,属于自制原始凭证的是(　　)。

　　A．领料单　　　B．购料发票　　　C．运输发票　　　D．银行对账单

18．租入固定资产登记簿按用途分类属于(　　)。

　　A．分类账　　　B．序时账　　　C．备查账　　　D．专用日记账

19．固定资产明细账的外表形式一般采用(　　)。

　　A．订本账　　　B．活页账　　　C．卡片账　　　D．随便哪一种

20．单位撤销、合并或改变隶属关系时,要进行财产的(　　)。

　　A．全面清查　　　B．局部清查　　　C．实地盘点　　　D．定期清查

二、多项选择题

1．在借贷记账法下,期末结账后,一般有余额的账户有(　　)。

A. 资产类账户   B. 收入类账户

C. 负债类账户   D. 费用类账户

E. 所有者权益类账户

2. 借贷记账法下账户借方登记的内容有(   )。

A. 资产的增加   B. 费用的减少

C. 负债的减少   D. 所有者权益的减少

E. 利润的增加

3. 借贷记账法下账户贷方登记的内容有(   )。

A. 收入的增加   B. 负债的减少

C. 费用的减少   D. 所有者权益的增加

E. 成本的增加

4. 下列说法中,对于成本类账户的表述正确的是(   )。

A. 其增加额记入账户的借方   B. 其减少额记入账户的贷方

C. 期末一般没有余额   D. 如有期末余额,必定为贷方余额

E. 如有期末余额,必定为借方余额

5. 若一项经济业务发生后引起银行存款减少 10 000 元,那么相应地有可能引起(   )。

A. 无形资产增加 10 000 元   B. 短期借款增加 10 000 元

C. 应付账款减少 10 000 元   D. 经批准减少注册资本 10 000 元

E. 原材料增加 10 000 元

6. 下列引起会计等式两边会计要素都发生变动的经济业务有(   )。

A. 以银行存款支付材料货款 10 000 元

B. 以银行存款偿还前欠货款 20 000 元

C. 收回某单位前欠款项 50 000 元并存入银行

D. 收到投资者投来的设备价值 100 000 元

E. 将应付账款转签商业汇票

7. 下列各项记账差错中,运用试算平衡法可查出其错误的有(   )。

A. 在过账时误将借方数额过入贷方

B. 一笔业务的记录全部被漏记

C. 一笔业务的记录借贷双方金额发生同样的错误

D. 某一账户借方或贷方本期发生额的计算有误

E. 过账时误将某账户发生额过入另一账户的同一方向

8. 会计凭证按用途和填制程序分为(   )。

A. 原始凭证   B. 累计凭证   C. 记账凭证   D. 转账凭证

E. 付款凭证

9. 对账的具体内容包括(   )。

A. 账证核对   B. 账账核对   C. 账表核对   D. 账实核对

E. 账内核对

10. 下列情况中,应进行财产的不定期清查的是(   )。

A．更换出纳人员 B．企业关停并转

C．发生自然灾害 D．单位主要负责人调离工作

E．年末结账时

三、判断题

1．所有的账户都是根据会计科目开设的。 （ ）

2．损益类账户期末一般无余额。 （ ）

3．所有者权益账户的结构应与资产类账户的结构一致。 （ ）

4．所有经济业务的发生，都会引起会计等式两边要素发生变化。 （ ）

5．某笔经济业务的借贷方向记反了，可以通过试算平衡查找出来。 （ ）

6．如果编制试算平衡表后发现借贷是平衡的，可以肯定记账没有错误。 （ ）

7．现金日记账和银行存款日记账，必须采用订本式账簿。 （ ）

8．财产的定期清查一般在期末结账时进行，可以是全面清查也可以是局部清查。

（ ）

四、实训题

习题一

（一）目的：了解资产、负债、所有者权益的内容。

（二）资料：某物业服务企业 2013 年 12 月 31 日的资产、负债、所有者权益的状况如下：

序号	项　目	金　额
1	投资人投入的资本	1 380 820
2	库存各种材料	152 900
3	尚未交纳的税金	19 776
4	向银行借入的短期借款	148 460
5	物业服务用的机器设备	960 000
6	财会部门库存现金	782
7	应付购入材料款	111 800
8	办公室用的小轿车	230 000
9	应收取的材料销售款	73 740
10	工作人员暂借差旅费	2 400
11	保洁用的拖把等用具	1 234
12	存在银行的款项	107 200
13	办公楼	800 000
14	向业主收取的装修保证金	12 000
15	预付材料采购款	20 000
16	累计未分配的利润	675 400

（三）要求：

1. 根据上述资料,区分哪些属于资产,哪些属于负债,哪些属于所有者权益。

2. 根据各项目内容确定所属的会计科目,填入下表内。

3. 将各会计科目的有关金额分别填入下表内各相应栏内,加计合计数,并验算合计数是否平衡。

序号	会计科目	资产金额	负债金额	所有者权益金额
1				
2				
3				
4				
5				
6				
7				
8				
9				
10				
11				
12				
13				
14				
15				
16				
合　计				

习题二

（一）目的:熟悉各账户的结构。

（二）资料:某物业服务企业 2014 年 3 月份部分账户资料如下所示(单位:元)。

账户名称	期初余额	本期借方发生额	本期贷方发生额	期末余额
应收账款		4 850	5 370	1 400
实收资本	35 000		3 800	32 500
应付票据	6 700	5 900		7 500
固定资产	28 400		12 000	31 500
银行存款	16 800	2 670	8 470	

续　表

账户名称	期初余额	本期借方发生额	本期贷方发生额	期末余额
原材料	8 950	7 350		6 440
应付账款	13 400		9 790	9 990
短期借款		50 000	45 000	38 000

（三）要求：根据各类账户的结构，计算并在上列表格的空格里填上数字。

习题三

（一）目的：练习借贷记账法。

（二）资料：某物业服务企业 2014 年 3 月 1 日各账户期初余额如下（单位：元）。

资　产		权　益	
账户名称	金　额	账户名称	金　额
库存现金	4 000	短期借款	60 000
银行存款	90 000	应付账款	12 000
原材料	20 000	应交税费	20 000
固定资产	60 000	实收资本	100 000
应收账款	16 000	资本公积	10 000
应收票据	10 000		
其他应收款	2 000		
资产合计	202 000	权益合计	202 000

3 月该公司发生以下经济业务：

1. 2 日，从银行提取现金 4 000 元，以备零用。

2. 5 日，投资人投入资金 100 000 元，存入银行。

3. 10 日，以银行存款 4 000 元，交纳应交税金。

4. 12 日，购买材料一批 10 000 元，货款暂欠。

5. 15 日，以银行存款偿还前欠货款 12 000 元。

6. 18 日，一张不带息的商业汇票到期，面值 10 000 元存入银行。

7. 21 日，从银行取得临时借款 40 000 元，存入银行。

8. 26 日，以银行存款 20 000 元购买设备一台。

9. 28 日，副总经理出差，预借差旅费 2 000 元，以现金付讫。

10. 30 日，将资本公积 8 000 元转增资本。

（三）要求：

1. 采用借贷记账法编制会计分录。

2. 开设有关账户，对上述分录登记入账。

3. 编制试算平衡表。

第三章
货币资金

本章导学

一、学习目标与要求

通过本章的学习,要求了解货币资金的内容,熟悉库存现金、银行存款的管理规定,掌握库存现金、银行存款的核算,熟悉其他货币资金的核算,掌握库存现金和银行存款的清查。

二、重点与难点

- 现金清查结果的会计处理。
- 银行存款调节表的编制。

货币资金指企业在经营活动中处于货币形态的那一部分资金。货币资金是企业资产的重要组成部分,也是企业资产中流动性较强的一种资产。货币资金按存放地点和用途的不同,可以分为库存现金、银行存款和其他货币资金。

第一节 库 存 现 金

一、库存现金管理规定

现金指存放在企业财会部门由出纳人员经管的货币资金。现金是流动性最强的一种资产。企业应严格遵守国家有关现金管理的制度,正确进行现金收支的核算,监督现金使用的合法性与合理性。

(一) 库存现金的使用范围

根据《现金管理暂行条例》的规定,企业发生的经济往来,可以使用库存现金结算的范围有:

(1) 职工工资、津贴;

(2) 个人劳务报酬;

(3) 根据国家规定颁发给个人的科学技术、文化艺术、体育等各种奖金;

(4) 各种劳保、福利费用以及国家规定的对个人的其他支出;

(5) 向个人收购农副产品和其他物资的款项;

(6) 出差人员必须随身携带的差旅费;

(7) 结算起点(1 000 元)以下的零星支出;

(8) 中国人民银行确定需要支付现金的其他支出。

企业与其他单位或个人的经济往来,除上述规定的范围可以使用现金外,其他款项的支付应通过开户银行办理转账结算。

(二) 库存现金的限额

为了满足企业日常零星开支的需要,企业可以根据国家规定保留一定数额的库存现金。企业库存现金的限额由开户银行根据企业的实际需要核定,一般为企业 3~5 天的日常零星开支需要量。边远地区和交通不便地区的企业,库存现金的限额可以多于 5 天,但不能超出 15 天的日常零星开支所需现金量。企业由于业务的发展和变化需要调整库存现金限额的,可以向开户银行提出申请,经批准后进行调整。企业必须严格遵守核定的库存现金限额,超过限额的现金,必须及时送存银行。

(三) 有关库存现金收支的规定

企业在经营活动中发生的现金收入,应及时送存银行。企业支付现金,可以从本单位库存现金限额中支付或从开户银行提取,不得从本单位的现金收入中直接支付,即不得"坐支"现金,因特殊情况需要坐支现金的,应当事先报经开户银行审查批准,由开户银行核定坐支范围和限额。

此外,出纳人员在现金收付工作中,不准用不符合财务制度的凭证顶替库存现金,即不得"白条抵库";不准谎报用途套取现金;不准用银行账户代其他单位和个人存入或支取现金;不准将单位收入的现金以个人名义存储;不准挪用现金;不准单位之间套换现金;不准保留账外现金;不得私设"小金库"等。

二、库存现金的核算

(一) 库存现金收支的总分类核算

为了核算和监督库存现金的收入、支出和结余情况,企业应设置"库存现金"账户。该账户属于资产类账户,借方登记库存现金的收入金额,贷方登记库存现金的支出金额,期末余额在借方,反映企业库存现金的结余数。"库存现金"总账应由不从事出纳工作的会计人员负责登记。企业发生现金收入和现金支出业务后,会计人员都必须根据审核无误的原始凭证,编制记账凭证后据以登记"库存现金"账户。"库存现金"账户的登记可以根据现金收付款凭证或银行存款付款凭证直接登记,如果企业日常现金收支业务量较大,为简化核算工作,也可以根据汇总记账凭证或科目汇总表定期或月终登记"库存现金"账户。

企业从银行提取现金和取得其他各种现金收入时,应借记"库存现金"账户,贷记有关账户。企业将现金存入银行和支付各种现金支出时,应借记有关账户,贷记"库存现金"账户。

【例3-1】 2013年7月1日,某物业服务企业开出现金支票一张,从开户银行提取现金6 000元,补足库存现金限额。编制会计分录如下:

借:库存现金   6 000
  贷:银行存款   6 000

【例3-2】 2013年7月1日,某物业服务企业收到业主李某交来的第三季度物业管理费396元。编制会计分录如下:

借:库存现金   396
  贷:主营业务收入   396

【例3-3】 2013年7月1日,某物业服务企业购买办公用品一批,价款总计为625元,以现金支付。编制会计分录如下:

借:管理费用   625
  贷:库存现金   625

【例3-4】 2013年7月1日,某物业服务企业管理部门职工张某出差,预借差旅费5 000元,以现金支付。编制会计分录如下:

借:其他应收款——张某   5 000
  贷:库存现金   5 000

【例3-5】 承例3-4,2013年7月12日,职工张某出差回来,报销差旅费4 800元,并交回现金余额200元。编制会计分录如下:

借:管理费用   4 800
   库存现金   200
  贷:其他应收款——张某   5 000

(二)库存现金收支的序时核算

库存现金收支的序时核算又称库存现金收支的明细分类核算。为了加强对库存现金的管理,随时掌握库存现金的收入、支出和结余的详细情况,企业应设置"库存现金日记账"进行序时核算。

"库存现金日记账"为订本式账簿,一般采用收入、支出和结余三栏式格式,见表3-1所示。由出纳人员根据审核无误的收款凭证和付款凭证,按照现金收付业务发生的先后顺序,逐日逐笔登记。"库存现金日记账"应做到日清月结,账款相符,账账相符。每日终了,应计算当日的现金收入合计数、现金支出合计数和结余数,并将账面结余数额与库存现金的实有数额进行核对,做到账款相符。月份终了,应结出全月的现金收入和支出发生额,计算出月末库存现金余额,并将"库存现金日记账"的余额与"库存现金总账"的余额进行核对,做到账账相符。

有外币现金的企业,应分别人民币和各种外币设置"库存现金日记账"进行序时核算。

根据【例3-1】、【例3-2】、【例3-3】、【例3-4】这4笔经济业务,登记"库存现金日记账",见表3-1所示。

表3-1 库存现金日记账 单位:元

2013 月	日	凭证字号	摘要	对方科目	收入	付出	结余
7	1		期初余额				560
	1	银付01	提取现金	银行存款	6 000		
	1	现收01	收到物业费收入	主营业务收入	396		
	1	现付01	购买办公用品	管理费用		625	
	1	现付02	预借差旅费	其他应收款		5 000	
			本日合计		6 396	5 625	1 331
7	31		本期发生额及余额		50 200	47 082	3 678

(三)库存现金清查的核算

现金清查指对库存现金的盘点与核对,包括出纳人员每日营业终了前进行的现金账款核对和清查小组的定期或不定期的现金盘点、核对。清查结束后,应根据清查盘点的结果,填制"现金盘点报告单",填写现金实存数、账存数和盈亏情况。对于清查中发现的挪用现金、白条抵库等情况,应及时予以纠正;对于超限额留存的现金,应及时送存开户银行。

为了核算各种财产物资的盘盈、盘亏和毁损的发生和处理情况,企业应设置"待处理财产损溢"账户。该账户的借方登记发生的各种财产物资的盘亏、毁损金额和批准转销的盘盈金额,贷方登记发生的财产物资的盘盈额及批准转销的盘亏金额。企业的财产损溢,应查明原因,在期末结账前处理完毕,处理后本账户应无余额。企业一般设置"待处理固定资产损溢"和"待处理流动资产损溢"两个明细账户进行明细核算,以分别反映固定资产和流动资产的盘盈、盘亏和毁损及其处理。

现金清查中发现的有待查明原因的现金短缺或溢余,应通过"待处理财产损溢——待处理流动资产损溢"账户核算。

对于现金短缺,应按实际短缺的金额,借记"待处理财产损溢——待处理流动资产损溢"账户,贷记"库存现金"账户。待查明原因后,作如下会计处理:属于应由责任人、保险公司赔偿的部分,应借记"其他应收款"或"库存现金"账户,贷记"待处理财产损溢——待处理流动资产损溢"账户。属于无法查明的其他原因,在报经批准后,应借记"管理费用"账户,贷记"待处理财产损溢——待处理流动资产损溢"账户。

对于现金溢余,应按实际溢余的金额,借记"库存现金"账户,贷记"待处理财产损溢——待处理流动资产损溢"账户。待查明原因后,作如下会计处理:属于应支付给有关人员或单位的,应借记"待处理财产损溢——待处理流动资产损溢"账户,贷记"其他应付款"账户;属于无法查明原因的现金溢余,经批准后,借记"待处理财产损溢——待处理流动资产损溢"账户,贷记"营业外收入"账户。

【例3-6】　某物业服务企业在现金清查中,发现库存现金实有数比账面数多出160元,原因待查。查明原因前,应编制如下会计分录:

借:库存现金　　　　　　　　　　　　　　　　　　　　　160
　贷:待处理财产损溢——待处理流动资产损溢　　　　　　　　160

【例3-7】　承例3-6,经核查,上述现金溢余160元中,有50元属于出纳人员少付给职工李某的,应予补付。其余110元无法查明原因,经批准转入营业外收入。查明原因后,应编制如下会计分录:

借:待处理财产损溢——待处理流动资产损溢　　　　　　　　160
　贷:其他应付款——李某　　　　　　　　　　　　　　　　　50
　　营业外收入　　　　　　　　　　　　　　　　　　　　　110

【例3-8】　某物业服务企业在现金清查中,发现库存现金实有数比账面数短缺90元,原因待查。查明原因前,应编制如下会计分录:

借:待处理财产损溢——待处理流动资产损溢　　　　　　　　90
　贷:库存现金　　　　　　　　　　　　　　　　　　　　　90

【例3-9】　承例3-8,经核查,上述现金短缺系出纳员工作失误造成的,应由其赔偿。查明原因后,应编制如下会计分录:

借:其他应收款——出纳员××　　　　　　　　　　　　　　90
　贷:待处理财产损溢——待处理流动资产损溢　　　　　　　　90

第二节　银行存款

一、银行存款管理规定

(一)银行存款开户的有关规定

银行存款指企业存放在银行或其他金融机构的货币资金。按照国家有关规定,凡是独立核算的企业都必须在所在地银行开设账户,以办理银行存款的存款、取款和转账结算业务。

企业在银行开设账户以后,除按核定的限额保留库存现金外,超过限额的现金必须存入银行。企业在管理服务、经营过程中发生的货币资金收支业务,除了在规定的范围内可用现金直接支付的款项外,都必须通过银行办理转账结算。由银行按照事先规定的结算方式将款项从付款单位的账户划出,转入收款单位的账户。银行存款账户分为基本存款账户、一般存款账户、临时存款账户和专用存款账户。

基本存款账户指企业办理日常结算和现金收付的账户。企业的工资、奖金等现金的支取,只能通过本账户办理。一个企业只能选择一家银行的一个营业机构开立一个基本存款账户,不得在多家银行机构开立基本存款账户。

一般存款账户指企业在基本存款账户以外的银行借款转存、与基本存款账户的企业不在同一地点的附属非独立核算单位开立的账户,企业可以通过本账户办理存款人借款转存、借款归还和其他结算的资金收付,但不能支取现金。企业不得在同一家银行的几个分支机构开立一般存款账户。

临时存款账户指企业因临时生产经营活动的需要并在规定期限内使用而开立的账户,如企业设立临时机构、异地临时经营活动、注册验资等。本账户既可以办理转账结算,又可以根据国家现金管理规定存取现金。

专用存款账户指企业对其特定用途资金进行专项管理和使用而开立的账户,如基本建设专项资金、社会保障基金、证券交易结算资金等。

(二) 银行结算纪律

企业通过银行办理支付结算时,应当认真执行国家各项管理办法和银行结算纪律,正确进行银行存款业务的结算:

(1) 不得利用银行结算账户进行偷盗税款、逃废债务、套取现金及其他违法犯罪活动;

(2) 不得出租、出借银行结算账户;

(3) 不得利用银行结算账户套取银行信用;

(4) 不得将单位款项转入个人银行结算账户;

(5) 不得签发没有资金保证的票据和远期支票,套取银行信用;

(6) 不得签发、取得和转让没有真实交易和债权债务的票据,套取银行和他人资金;

(7) 不准无理拒绝付款,任意占用他人资金;

(8) 不准违反规定开立和使用银行账户。

二、银行存款的核算

银行存款的核算分为总分类核算和序时核算。

(一) 银行存款收支的总分类核算

为了核算和监督银行存款的收入、支出及其结存情况,企业应设置"银行存款"账户。该账户属于资产类账户,借方登记银行存款的存入金额,贷方登记银行存款的支出金额,期末余额在借方,表示银行存款的结余数额。银行存款总账应由不从事出纳工作的会计人员进行登记,会计人员可以根据银行存款收付款凭证和现金付款凭证直接登记,也可以根据汇总记账凭证或科目汇总表定期登记"银行存款"总账。

企业将款项存入银行或其他金融机构时,借记"银行存款"账户,贷记"库存现金"等账户;从银行或其他金融机构提取或付出款项时,借记"库存现金"等有关账户,贷记"银行存款"账户。

【例3-10】　2013年8月1日,某物业服务企业购入办公用品一批,价款总计2 600元,开出转账支票支付款项。编制会计分录如下:

借:管理费用　　　　　　　　　　　　　　　　　　　　2 600
　　贷:银行存款　　　　　　　　　　　　　　　　　　　　2 600

【例3-11】　2013年8月1日,某物业服务企业将超过限额的现金800元送存开户银行。编制会计分录如下:

借:银行存款　　　　　　　　　　　　　　　　　　　　800
　　贷:库存现金　　　　　　　　　　　　　　　　　　　　800

【例3-12】　2013年8月1日,某物业服务企业收到A企业归还前欠本公司物业管理费的转账支票一张,金额20 000元。物业服务企业将支票解入银行后,根据有关凭证编制会计分录如下:

借:银行存款　　　　　　　　　　　　　　　　　　　　20 000
　　贷:应收账款　　　　　　　　　　　　　　　　　　　　20 000

（二）银行存款收支的序时核算

银行存款收支的序时核算又称银行存款收支的明细分类核算。为了加强对银行存款的管理,随时掌握银行存款的收入、支出和结余的详细情况,企业应按开户银行名称、存款种类及币种等分别设置"银行存款日记账"进行明细分类核算。

"银行存款日记账"必须使用订本式账簿,一般采用收入、付出和结余三栏式账页,其格式与"库存现金日记账"基本相同。银行存款日记账也是由出纳人员根据审核无误的银行存款收付款凭证和现金付款凭证,按照经济业务发生的先后顺序逐日登记,每日终了应结出账面余额。月末,应结出本月收入合计数、本月付出合计数和月末结存数。月末,"银行存款日记账"的余额必须与"银行存款总账"的余额核对相符。此外,"银行存款日记账"的余额还应定期与银行转来的对账单余额进行核对。

根据【例3-10】、【例3-11】、【例3-12】这3笔经济业务,登记"银行存款日记账",见表3-2所示。

表3-2　银行存款日记账　　　　　　　　　　　　单位:元

2013		凭证字号	摘要	对方科目	收入	付出	结余
月	日						
8	1		期初余额				12 900
	1	银付01	购买办公用品	管理费用		2 600	
	1	现付01	现金送存银行	库存现金	800		
	1	银收01	收到前欠物业费	应收账款	20 000		
			本日合计		20 800	2 600	31 100
8	31		本期发生额及余额		326 000	205 000	133 900

三、银行存款的核对

对企业银行存款日记账的账面余额与其开户银行转来的银行对账单的余额进行的核对,称为银行存款的核对。每月至少核对一次。经过核对,如果发现同一日期双方余额不一致,主要原因有两个:一是企业和银行任何一方或双方可能发生错账、漏账;二是存在未达账项。所谓未达账项,指由于企业与银行之间取得有关凭证的时间不同而发生的一方已经收到凭证并登记入账,另一方尚未收到凭证而未登记入账的款项。未达账项通常有以下四种情况:

(1)企业已经收款记账,而银行尚未收款记账;

(2)企业已经付款记账,而银行尚未付款记账;

(3)银行已经收款记账,而企业尚未收款记账;

(4)银行已经付款记账,而企业尚未付款记账。

上述任何一种情况的发生,都会使双方的账面余额不相一致。对于未达账项,企业应在查明后通过编制"银行存款余额调节表"进行调节。在实务中,调节表的编制方法是:在双方的账面余额基础上,各自加上对方已收、本方未收的款项,减去对方已付、本方未付的款项,计算双方应有的余额。其调节公式如下:

$$\genfrac{}{}{0pt}{}{\text{企业银行存款}}{\text{日记账余额}} + \genfrac{}{}{0pt}{}{\text{银行已收企}}{\text{业未收款项}} - \genfrac{}{}{0pt}{}{\text{银行已付企}}{\text{业未付款项}} = \genfrac{}{}{0pt}{}{\text{银行对账}}{\text{单余额}} + \genfrac{}{}{0pt}{}{\text{企业已收银}}{\text{行未收款项}} - \genfrac{}{}{0pt}{}{\text{企业已付银}}{\text{行未付款项}}$$

现举例说明银行存款余额调节表的编制方法。

【例3-13】 某物业服务企业2013年5月31日银行存款日记账的余额为87 230元,银行对账单上的企业存款余额为88 380元。经过逐笔核对,查明有以下几笔未达账项:

(1)5月30日,企业收到其他单位开出的转账支票一张,金额为2 900元,当日送存银行,企业已入账,但银行尚未入账。

(2)5月31日,企业购买建筑材料,开出转账支票一张,金额为6 000元,企业已付款记账,持票人尚未到银行办理转账手续,银行尚未入账。

(3)5月31日,银行受企业委托,代收款项3 250元,银行已收款入账,而企业尚未接到银行的收款通知,尚未入账。

(4)5月31日,银行代企业支付电费5 200元,已付款记账,但企业尚未接到银行的付款通知,尚未入账。

根据以上未达账项,企业可编制"银行存款余额调节表",如表3-3所示:

表3-3 银行存款余额调节表

2013年5月31日 单位:元

项　　　目	金　　额	项　　　目	金　　额
企业银行存款日记账余额	87 230	银行对账单的存款余额	88 380
加:银行已收,企业未收	3 250	加:企业已收,银行未收	2 900
减:银行已付,企业未付	5 200	减:企业已付,银行未付	6 000
调节后的存款余额	85 280	调节后的存款余额	85 280

经过调节后,如果双方余额相等,一般说明双方记账没有差错,调节后的存款余额就是企业银行存款的实有数。如果调节后双方的余额仍然不相等,说明企业和银行一方或双方记账有差错,应进一步查明原因进行更正。需要指出的是,银行存款余额调节表主要是用来核对双方余额是否一致,有无记账错误,并不能作为调整银行存款账面余额的依据。对于银行已经记账而企业尚未入账的未达账项,企业无须作账面调整,待实际收到未达账项的有关结算凭证后再进行账务处理,登记入账。

四、银行转账结算方式

银行转账结算指单位、个人在社会经济活动中使用各种结算方式通过银行转账进行货币资金收付的行为。按现行银行结算办法规定,企业发生货币资金收付业务时,可以采用以下几种结算方式,通过银行办理结算业务。

(一) 支票

支票是单位或个人签发的,委托办理支票存款业务的银行在见票时无条件支付确定的金额给收款人或持票人的票据。

支票结算方式是单位或个人在同城结算中应用比较广泛的一种结算方式。支票由银行统一印制,分为现金支票、转账支票和普通支票。支票上印有"现金"字样的为现金支票,现金支票只能用于支取现金。支票上印有"转账"字样的为转账支票,转账支票只能用于转账。未印有"现金"或"转账"字样的为普通支票,普通支票可以用于支取现金,也可以用于转账。在普通支票左上角划两条平行线的,为划线支票。划线支票只能用于转账,不得支取现金。支票的提示付款期限为自出票日起10日,但中国人民银行另有规定的除外。

企业签发支票支付款项时,应根据支票存根和有关原始凭证进行账务处理;企业收到支票时,应于当日填制进账单连同支票送交银行,根据银行盖章退回的进账单和有关原始凭证进行账务处理。

(二) 银行本票

银行本票是银行签发的,承诺自己在见票时无条件支付确定金额给收款人或者持票人的票据。银行本票分定额本票和不定额本票,定额本票面值分别为1 000元、5 000元、10 000元和50 000元。银行本票可以用于转账,注明"现金"字样的银行本票可以用于支取现金。

银行本票由银行签发并保证兑付,而且见票即付,具有信誉高、支付功能强等特点。用银行本票购买材料物资,销货方可以见票付货,购货方可以凭票提货;债权债务双方可以凭票清偿;收款人将本票交存银行,银行即可为其入账。无论单位或个人,在同一票据交换区域支付各种款项,都可以使用银行本票。

银行本票的付款期限为自出票日起最长不超过2个月,在付款期内银行本票见票即付。企业支付购货款等款项时,应向银行提交"银行本票申请书",填明收款人名称、申请人名称、支付金额、申请日期等事项并签章。申请人取得银行本票后,即可向填明的收款单位办理结算。收款单位可以根据需要在票据交换区域内背书转让银行本票。

收款企业在收到银行本票时,应该在向开户银行提示付款时在本票背面"持票人向银行提示付款签章"处加盖预留银行印鉴,同时填写进账单,连同银行本票一并交开户银行转账,并根据银行盖章退回的进账单和有关原始凭证进行账务处理。付款企业使用银行本票结算方式的账务处理方法详见本章第三节"其他货币资金"。

(三) 银行汇票

银行汇票是汇款人将款项交存当地出票银行,由出票银行签发给汇款人持往异地办理转账结算,并由出票银行在见票时按照实际结算金额无条件支付给收款人或者持票人的票据。银行汇票具有使用灵活、票随人到、兑现性强等特点,适用于先收款后发货或钱货两清的商品交易。单位和个人需要向异地汇拨的各种款项,均可使用银行汇票。

银行汇票一般用于转账,填明"现金"字样的银行汇票也可用于支取现金。但申请使用现金银行汇票的,其申请人和收款人必须都是个人。银行汇票的付款期限为自出票日起1个月内。超过付款期限提示付款不获付款的,持票人须在票据权利时效内向出票银行作出说明,并提供本人身份证件或单位证明,持银行汇票和解讫通知向出票银行请求付款。

企业支付购货款等款项时,应向出票银行填写"银行汇票申请书",填写收款人名称、支付金额、申请人、申请日期等事项并签章,签章为其预留银行的印鉴。银行受理银行汇票申请书,收妥款项后签发银行汇票,并用压数机压印出票金额,然后将银行汇票和解讫通知一并交给汇款人。

申请人取得银行汇票后即可持银行汇票向填明的收款单位办理结算。银行汇票的收款人可以将银行汇票背书转让给他人。

收款企业在收到付款单位送来的银行汇票时,应在出票金额以内,根据实际需要的款项办理结算,并将实际结算金额和多余金额准确、清晰地填入银行汇票和解讫通知的有关栏内,银行汇票的实际结算金额低于出票金额的,其多余金额由出票银行退交申请人。收款企业还应填写进账单并在汇票背面"持票人向银行提示付款签章"处签章,签章应与预留银行的印鉴相同,然后,将银行汇票和解讫通知、进账单一并交开户银行办理结算,银行审核无误后,办理转账。收款企业应根据银行盖章后退回的进账单和有关原始凭证进行账务处理。

(四) 商业汇票

商业汇票是出票人签发的,委托付款人在指定日期无条件支付确定的金额给收款人或者持票人的票据。在银行开立存款账户的法人以及其他组织之间须具有真实的交易关系或债权债务关系,才能使用商业汇票。商业汇票的付款期限由交易双方商定,但最长不得超过6个月。商业汇票的提示付款期限自汇票到期日起10日内。

存款人领购商业汇票,必须填写"票据和结算凭证领用单"并加盖预留银行印鉴,存款账户结清时,必须将全部剩余空白商业汇票交回银行注销。商业汇票可以由付款人签发并承兑,也可以由收款人签发交由付款人承兑。商业汇票可以背书转让。符合条件的商业承兑汇票的持票人可持未到期的商业承兑汇票连同贴现凭证,向银行申请贴现。

商业汇票按承兑人不同分为商业承兑汇票和银行承兑汇票两种。

1. 商业承兑汇票

商业承兑汇票是由银行以外的付款人承兑。商业承兑汇票按交易双方约定,由销货企业或购货企业签发,由购货企业承兑。承兑时,购货企业应在汇票正面记载"承兑"字样和承兑日期并签章。承兑不得附有条件,否则视为拒绝承兑。汇票到期时,购货企业的开户银行凭票将票款划给销货企业或贴现银行。销货企业应在提示付款期限内通过开户银行委托收款或直接向付款人提示付款。对异地委托收款的,销货企业可匡算邮程,提前通过开户银行委托收款。汇票到期时,如果购货企业的存款不足支付票款,开户银行应将汇票退还销货企业,银行不负责付款,由购销双方自行处理。

2. 银行承兑汇票

银行承兑汇票由银行承兑,由在承兑银行开立存款账户的存款人签发。承兑银行按票面金额向出票人收取万分之五的手续费。购货企业应于汇票到期前将票款足额交存其开户银行,以备由承兑银行在汇票到期日或到期日后的见票当日支付票款。销货企业应在汇票到期时将汇票连同进账单送交开户银行以便转账收款。承兑银行凭汇票将承兑款项无条件转给销货企业,如果购货企业于汇票到期日未能足额交存票款时,承兑银行除凭票向持票人无条件付款外,对出票人尚未支付的汇票金额按照每天万分之五计收罚息。

(五) 信用卡

信用卡指商业银行向个人和单位发行的,凭以向特约单位购物、消费和向银行存取现金,且具有消费信用的特制载体卡片。信用卡按使用对象分为单位卡和个人卡,按信誉等级分为金卡和普通卡。凡在中国境内金融机构开立基本存款账户的单位可申领单位卡。单位卡可申领若干张,持卡人资格由申领单位法定代表人或其委托的代理人书面指定和注销。信用卡仅限于合法持卡人本人使用,持卡人不得出租或转借信用卡。单位卡账户的资金一律从其基本存款账户转账存入,在使用过程中,需要向其账户续存资金的,也一律从其基本存款账户转账存入,不得交存现金,不得将销货收入的款项存入其账户。单位卡一律不得用于 10 万元以上的商品交易、劳务供应款项的结算,不得支取现金。

(六) 汇兑

汇兑是付款人委托银行将其款项支付给外地收款人的结算方式。单位或个人的各种款项的结算,均可使用汇兑结算方式。汇兑分为信汇和电汇两种。信汇指汇款人委托银行通过邮寄方式将款项划转给收款人。电汇指汇款人委托银行通过电报将款项划转给收款人。汇款人可根据需要选择采用这两种汇兑方式。

采用汇兑这一结算方式,付款单位汇出款项时应填写银行印发的汇款凭证,送达开户银行,委托银行将款项汇往收款单位银行。收汇银行将汇款收进收款单位存款账户后,向收款单位发出收款通知。采用汇兑结算方式时,付款单位应根据银行盖章退回的汇款凭证回单进行账务处理,收款单位应在收到银行的收账通知时进行账务处理。

(七) 委托收款

委托收款是收款人委托银行向付款人收取款项的结算方式。委托收款在同城和异地均可以使用,不受金额起点限制。它可用于在银行或其他金融机构开立账户的单位和个体经济户的商品交易、劳务供应款项(如水电费、电话费)的结算。委托收款结算款项划回的方式,分邮寄和电报两种,由收款人选用。

企业委托银行收款时,应填写银行印制的委托收款凭证和有关的债务证明,送交开户银行;企业的开户银行受理委托收款后,将委托收款凭证寄交付款单位开户银行,由付款单位开户银行审核,并通知付款单位。付款单位收到银行交给的委托收款凭证及债务证明,应签收并在 3 日之内审查债务证明是否真实,确认之后通知银行付款;如不通知银行,银行视同企业同意付款,并在第 4 日从单位账户中付出此笔委托收款款项。

采用委托收款结算方式,付款人可以拒绝付款。付款人在 3 日之内审查有关债务证明后,认为债务证明或与此有关的事项符合拒绝付款的规定,应出具拒绝付款理由书和委托收款凭证及持有的债务证明,向开户银行提出拒绝付款;银行将拒绝证明、债务证明和有关凭证一并寄给被委托银行,转交收款人。采用委托收款结算方式时,收款单位应在收到银行的收账通知时进行账务处理,付款单位应根据银行的付款通知和原始凭证进行账务处理。

(八) 托收承付

托收承付是收款人根据购销合同发货后,委托银行向异地付款人收取款项,由付款人根据购销合同核对单证或验货后,向银行承认付款的一种结算方式。办理托收承付结算的款项,必须是商品交易,以及因商品交易而产生的劳务供应的款项。代销、寄销、赊销商品的款项,不得办理托收承付结算。收款单位办理托收承付,必须具有商品发出的证件或其他证明。托收承付结算每笔的金额起点为 10 000 元。

托收承付分为托收和承付两个阶段。购货企业承付货款分为验单付款和验货付款两种,这在双方签订合同时约定。验单付款是购货企业根据经济合同对银行转来的单据进行审查无误后,即可承认付款,承付期为 3 天,从付款人开户银行发出承付通知的次日起(承付期内遇法定休假日顺延)。验货付款是购货企业待货物运达企业,对其进行检验与合同完全相符后,才承认付款,承付期为 10 天,从运输部门向购货企业发出提货通知的次日算起。购货企业在承付期内未向银行拒绝付款,银行即视作承付,并于承付期满的次日上午银行开始营业时,将款项划给收款人。

使用托收承付结算方式时,收款企业应在收到开户银行的收账通知时,根据收账通知和有关原始凭证进行账务处理;付款企业应于承付时,根据开户银行转来的托收承付结算凭证和所附的发票账单等有关原始凭证进行账务处理。

第三节 其他货币资金

一、其他货币资金的内容

其他货币资金指企业除库存现金和银行存款以外的货币资金,包括外埠存款、银行汇票存款、银行本票存款、信用卡存款、信用证保证金存款和存出投资款等。由于其他货币资金的存放地点和用途与企业的库存现金和银行存款不同,因此,企业必须对其单独进行管理和核算。

二、其他货币资金的核算

为了核算和监督其他货币资金的增减及结余情况,企业应设置"其他货币资金"账户。该账户属于资产类账户,借方登记其他货币资金的增加数,贷方登记其他货币资金的减少数,期末余额在借方,反映其他货币资金的结余额。本账户应设置"外埠存款"、"银行汇票"、"银行本票"、"信用卡存款"、"信用证保证金"、"存出投资款"等明细账户。

（一）外埠存款

外埠存款是指企业到外地进行临时或零星采购时，汇往采购地银行开立采购专户的款项。企业汇出款项时，须填写汇款委托书，加盖"采购资金"字样。汇入银行对汇入的采购款项，以汇款单位名义开立采购专户。该账户存款不计利息，只付不收，付完清户，除采购人员差旅费可以支取少量现金外，其他一律采取转账结算。

企业汇出款项时，应根据汇出款项凭证，借记"其他货币资金——外埠存款"账户，贷记"银行存款"账户。收到外出采购人员转来供应单位发票账单等报销凭证时，借记"原材料"、"材料采购"等账户，贷记"其他货币资金——外埠存款"账户。采购员完成采购任务，将多余的外埠存款转回当地银行时，应根据银行的收款通知，借记"银行存款"账户，贷记"其他货币资金——外埠存款"账户。

【例3－14】 某物业服务企业到外地进行零星采购，2013年10月8日委托当地开户银行汇款260 000元给外地某银行开立采购专户，供采购员到外地临时采购用。10月21日，采购员回来，交来供应单位发票账单等报销凭证共计245 700元（其中货款210 000元，增值税35 700元）。企业收到当地开户银行通知，多余外埠存款已转回企业存款户。编制会计分录如下：

（1）企业汇出款项开立采购专户时：

借：其他货币资金——外埠存款　　　　　　　　260 000
　　贷：银行存款　　　　　　　　　　　　　　　　260 000

（2）收到采购员交来供应单位的发票账单等报销凭证时：

借：原材料　　　　　　　　　　　　　　　　　245 700
　　贷：其他货币资金——外埠存款　　　　　　　　245 700

（3）多余外埠存款转回企业当地开户银行时：

借：银行存款　　　　　　　　　　　　　　　　14 300
　　贷：其他货币资金——外埠存款　　　　　　　　14 300

（二）银行汇票存款

银行汇票存款指企业为了取得银行汇票，按照规定存入银行的款项。企业向银行提交"银行汇票委托书"并将款项交存开户银行，取得汇票后，根据银行盖章的委托书存根联，借记"其他货币资金——银行汇票"账户，贷记"银行存款"账户。企业使用银行汇票支付款项后，应根据发票账单等有关凭证，借记"原材料"、"材料采购"等账户，贷记"其他货币资金——银行汇票"账户。银行汇票使用完毕，应转销"其他货币资金——银行汇票"账户。如银行汇票有多余款退回，多余部分应借记"银行存款"账户，贷记"其他货币资金——银行汇票"账户。银行汇票因超过付款期限或其他原因而退还款项时，应借记"银行存款"账户，贷记"其他货币资金——银行汇票"账户。

【例3－15】 某物业服务企业发生了下列有关银行汇票业务，有关账务处理如下：

（1）企业到银行申请办理银行汇票，将款项30 000元交存银行，取得汇票。企业根据银行盖章退回的委托书存根联，编制会计分录如下：

借：其他货币资金——银行汇票　　　　　　　　30 000
　　贷：银行存款　　　　　　　　　　　　　　　　30 000

（2）企业持汇票到异地某公司购买材料，实际支付金额为 28 200 元，材料已验收入库。根据发票账单等有关凭证，编制会计分录如下：

借：原材料   28 200

    贷：其他货币资金——银行汇票   28 200

（3）企业收到开户银行通知，银行汇票的多余款项 1 800 元已退回企业存款户。根据银行的收账通知，编制会计分录如下：

借：银行存款   1 800

    贷：其他货币资金——银行汇票   1 800

（三）银行本票存款

银行本票存款指企业为了取得银行本票，按照规定存入银行的款项。企业向银行提交"银行本票申请书"并将款项交存银行，取得银行本票时，应根据银行盖章退回的申请书存根联，编制付款凭证，借记"其他货币资金——银行本票"账户，贷记"银行存款"账户。企业用银行本票支付购货款等款项后，应根据发票账单等有关凭证，借记"原材料"、"材料采购"等账户，贷记"其他货币资金——银行本票"账户。如企业因本票超过付款期等原因未曾使用而要求银行退款时，应填制进账单一式两联，连同本票一并交给银行，然后，根据银行收回本票时盖章退回的一联进账单，借记"银行存款"账户，贷记"其他货币资金——银行本票"账户。

（四）信用卡存款

信用卡存款指企业为了取得信用卡，按照规定存入银行信用卡专户的款项。企业申领信用卡，应按规定填制申请表，并按银行要求交存一定金额的备用金后，银行开立信用卡存款账户，发给信用卡。企业取得信用卡后，应根据银行盖章退回的交存备用金的进账单，编制付款凭证，借记"其他货币资金——信用卡存款"账户，贷记"银行存款"账户。企业用信用卡购物或支付有关费用后，应根据发票账单等有关凭证，经核对无误后，借记"管理费用"等账户，贷记"其他货币资金——信用卡存款"账户。企业需要向信用卡存款账户续存资金时，借记"其他货币资金——信用卡存款"账户，贷记"银行存款"账户。

（五）信用证保证金存款

信用证保证金存款指企业为了取得信用证按规定存入银行的保证金。企业向银行申请开立信用证，应按规定向银行提交开证申请书、信用证申请人承诺书和购销合同，并向银行交纳保证金。根据开户银行盖章退回的有关单据，借记"其他货币资金——信用证保证金"账户，贷记"银行存款"账户。企业收到供货单位信用证结算凭证及所附发票账单，经核对无误后，借记"在途物资"、"原材料"、"材料采购"等账户，贷记"其他货币资金——信用证保证金"账户。企业收到未用完的信用证存款余款时，应借记"银行存款"账户，贷记"其他货币资金——信用证保证金"账户。

（六）存出投资款

存出投资款指企业已存入证券公司但尚未进行短期投资的现金。企业向证券公司划出资金时，应按实际划出的金额，借记"其他货币资金——存出投资款"账户，贷记"银行存款"账户；购买股票、债券、基金等时，按实际发生的金额，借记有关账户，贷记"其他货币资金——存出投资款"账户。

★★★★★ **练习题** ★★★★★

一、单项选择题

1. 企业一般不得从本单位的现金收入中直接支付现金,因特殊情况需要支付的,应事先报经( )审查批准。

　　A. 财税部门　　　　　　　　　　B. 上级主管部门

　　C. 本企业单位负责人　　　　　　D. 开户银行

2. 企业应设置"库存现金日记账"和"银行存款日记账",由( )按照经济业务发生的先后顺序逐日逐笔登记。

　　A. 主管人员　　　B. 出纳人员　　　C. 会计人员　　　D. 经手人员

3. 确定无法查明原因的现金短缺,经批准后应记入( )账户。

　　A. 其他应付款　　　B. 管理费用　　　C. 营业外支出　　　D. 财务费用

4. 按照国家《人民币银行结算账户管理办法》规定,企业的工资、奖金、津贴等的支取,只能通过( )。

　　A. 基本存款账户办理　　　　　　B. 一般存款账户办理

　　C. 临时存款账户办理　　　　　　D. 专用存款账户办理

5. 对于银行已入账而企业尚未入账的未达账项,企业应当( )。

　　A. 根据银行对账单入账　　　　　B. 根据银行存款余额调节表入账

　　C. 根据对账单和调节表自制凭证入账　　D. 待有关结算凭证到达后入账

6. 存放在银行的信用卡存款应通过( )核算。

　　A. 其他货币资金　　B. 银行存款　　C. 在途货币资金　　D. 库存现金

7. 商业汇票按( )不同可分为商业承兑汇票和银行承兑汇票。

　　A. 收款人　　　B. 付款人　　　C. 承兑人　　　D. 背书人

二、多项选择题

1. 货币资金包括( )。

　　A. 库存现金　　　B. 银行存款　　　C. 应收票据　　　D. 其他货币资金

　　E. 交易性金融资产

2. 下列属于未达账项的是( )。

　　A. 企业已收款入账,银行尚未收款入账

　　B. 企业已付款入账,银行尚未付款入账

　　C. 银行已收款入账,企业尚未收款入账

　　D. 银行已付款入账,企业尚未付款入账

　　E. 企业和银行均未付款入账的款项

3. 按照《现金管理暂行条例》,下列属于现金使用范围的有( )。

　　A. 支付职工的工资、津贴　　　　B. 出差人员必须随身携带的差旅费

　　C. 收购农副产品　　　　　　　　D. 支付城乡居民个人的劳务报酬

　　E. 结算起点(1 000元)以下的零星支出

4. 现金清查的内容包括( )。

A．是否挪用现金　　　　　　B．是否白条顶库

C．是否超限额留存现金　　　D．账实是否相符

E．是否保留账外现金

三、判断题

1. 企业如果急需资金,可以持银行汇票向银行申请贴现。（　　）

2. 经过调整后的银行存款余额是企业可以动用的存款额。（　　）

3. 企业可以根据经营需要,在一家或几家银行开立基本存款账户。（　　）

4. 为了减员增效,企业的出纳人员除登记现金和银行存款日记账外,还可以进行总账账户的登记工作。（　　）

5. 企业银行存款日记账余额应定期与银行对账单余额核对,至少每月一次。（　　）

6. 所有现金收入都要开具收据。（　　）

四、实训题

习题一

(一)目的:练习库存现金、银行存款收支业务的核算。

(二)资料:某物业服务企业 2013 年 10 月份发生如下经济业务:

1. 3 日,开出现金支票一张,从开户银行提取现金 20 000 元。

2. 6 日,开出转账支票一张,购买原材料一批,价值 1 500 元,材料已验收入库。

3. 7 日,以银行存款支付行政管理部门的电话费 1 310 元。

4. 10 日,企业行政管理部门职工李某出差,预借差旅费 3 000 元,以现金支付。

5. 19 日,收到业主张某交来的第四季度物业管理费 436 元。

6. 22 日,职工李某出差回来,实际报销差旅费 2 700 元,并交回现金余额 300 元。

7. 26 日,将现金 2 000 元送存开户银行。

(三)要求:根据上述经济业务编制会计分录。

习题二

(一)目的:练习银行存款余额调节表的编制。

(二)资料:某物业服务企业 2013 年 6 月 30 日银行存款日记账的余额为 230 530 元,银行对账单余额为 232 010 元,经核对,发现下列未达账项:

1. 6 月 28 日,企业开出转账支票支付办公用品费 3 150 元,并已入账,但银行尚未收到单据,没有入账。

2. 6 月 29 日,银行代企业支付电话费 1 370 元,已付款记账,但企业尚未收到银行的付款通知,没有入账。

3. 6 月 29 日,企业收到某公司开出的转账支票一张,金额 6 200 元,当日送存银行,企业已入账,但银行尚未入账。

4. 6 月 30 日,企业委托银行代收款项 5 900 元,银行已收款入账,但企业尚未收到银行的收款通知,没有入账。

(三)要求:编制 6 月份的银行存款余额调节表。

第四章
应收及预付款项

本章导学

一、学习目标与要求

通过本章的学习,要求熟悉各种应收项目的确认、计量和记录方法,掌握应收票据、应收账款、预付账款、其他应收款的核算,熟悉应收款项减值的核算。

二、重点与难点

- 应收票据贴现的核算。
- 现金折扣的核算。
- 应收款项减值损失的核算。

应收及预付款项指企业在日常经营过程中发生的各项债权,包括应收款项和预付款项。应收款项包括应收票据、应收账款和其他应收款等,预付款项主要是指预付账款。

第一节　应收票据

一、应收票据的概念和种类

(一) 应收票据的概念

应收票据指物业服务企业因提供物业服务、提供劳务或销售商品等收到的商业汇票。商业汇票是一种可以在一定条件下支付的流通证券,它载有一定的付款日期、付款地点、付款金额和付款人等;也是一种可以由持票人自由转让给他人的债权凭证。

应收票据是企业持有的、尚未到期兑现的商业汇票,是企业未来收取款项的权利,这种权利和将来应收取的款项金额以书面文件的形式约定下来,因此它受到法律的保护。

(二) 应收票据的种类

按不同的分类标准,商业汇票可以分为以下几种。

1. 按是否带息分类

商业汇票按是否带息,可分为不带息商业汇票和带息商业汇票。

(1) 不带息商业汇票指商业汇票到期时,承兑人只按票面金额(即面值)向收款人或被背书人支付款项的汇票。

(2) 带息商业汇票指商业汇票到期时,承兑人必须按票面金额加上应计利息向收款人或被背书人支付票款的票据。

2. 按承兑人分类

商业汇票必须经承兑后方可生效。商业汇票的承兑人负有到期无条件支付票款的责任。商业汇票按承兑人的不同,可分为银行承兑汇票和商业承兑汇票。

(1) 银行承兑汇票指由收款人或承兑申请人签发,由承兑申请人向银行申请承兑,经银行审查后承兑的商业汇票。银行承兑汇票的承兑人是承兑申请人的开户银行。

(2) 商业承兑汇票指由收款人签发,经付款人承兑,或由付款人签发并承兑的商业汇票。商业承兑汇票的承兑人是付款人。

3. 按是否带有追索权分类

追索权指企业在转让应收票据的情况下,接受应收票据转让方在应收票据遭拒付或逾期时,向应收票据转让方索取应收金额的权利。商业汇票按是否带有追索权,可分为带追索权的商业汇票和不带追索权的商业汇票。

在我国,银行承兑汇票的贴现不会使企业被追索,企业不会因汇票贴现而发生或有负债;商业承兑汇票的贴现会使企业被追索,企业会因汇票贴现而发生或有负债。

二、应收票据的核算

(一) 应收票据核算应设置的账户

为了核算和监督应收票据的取得、转让及款项收回等流转结算情况,企业应设置"应收票据"账户。该账户属于资产类账户,借方登记收到开出、承兑的商业汇票的票面金额及其各中期期末应计提的利息;贷方登记应收票据的减少,包括票据到期收回的金额、贴现票据的票面金额和不能收回而转为应收账款的金额;期末余额在借方,反映企业持有的应收票据的票面价值和应计利息。"应收票据"账户应按不同的收款单位分别设置明细账,进行明细核算。

(二)应收票据的会计处理

1. 应收票据的取得和到期收回

(1)应收票据入账价值的确认

企业在收到开出、承兑的商业汇票时,应按票面价值入账;对于带息的应收票据,应在期末(指中期期末和年度终止)计提利息,计提的利息应增加应收票据的账面余额。

(2)应收票据到期日的确定

在实际业务中,票据的期限一般有按月表示和按日表示两种。

① 票据期限按月表示时,应以到期月份的对日为到期日。月末签发的票据,不论月份大小,以到期月份的月末那一天为到期日。例如,3月2日签发的期限为3个月的票据,其到期日为6月2日;3月31日签发的期限为3个月的票据,其到期日为6月30日。票据期限按月表示时,带息票据的利息应按票面金额、票据期限(月数)和月利率(年利率÷12)计算。

② 票据期限按日表示时,应从出票日起按实际日历天数计算。通常出票日和到期日只算其中一天,即"算尾不算头"或"算头不算尾"。例如3月25日签发的120天票据,其到期日应为7月23日。票据期限按日表示时,带息票据的利息应按票面金额、票据期限(天数)和日利率(年利率÷360)计算。

(3)应收票据的取得和到期收回的账务处理

① 不带息应收票据

不带息应收票据的到期值等于应收票据的面值。企业收到商业汇票时,按票面金额借记"应收票据"账户,按确认的营业收入贷记"主营业务收入"等账户;商业汇票到期,应按实际收到的金额,借记"银行存款"账户,按商业汇票的票面金额,贷记"应收票据"账户。应收票据到期承兑人违约拒付或无力偿还票款时,收款企业应将到期票据的票面金额转入"应收账款"账户。

【例4-1】 某物业服务公司向A公司提供物业服务,于2014年2月1日收到A公司签发的期限为3个月,面值为11 700元的商业承兑汇票一张,用以抵付欠款,编制会计分录如下:

(1)收到票据时:

借:应收票据——A公司　　　　　　　　　　　　11 700
　贷:主营业务收入　　　　　　　　　　　　　　　11 700

(2)票据到期收回货款时:

借:银行存款　　　　　　　　　　　　　　　　　11 700
　贷:应收票据——A公司　　　　　　　　　　　　11 700

(3)如果该票据到期时,A公司无力偿还票款时:

借:应收账款——A公司　　　　　　　　　　　　11 700

    贷:应收票据——A 公司   11 700

② 带息应收票据

对于带息应收票据,企业应于中期期末和年度终了,按规定计算票据利息,并增加应收票据的票面价值,同时冲减财务费用。计算公式如下:

$$票据到期值 = 应收票据面值 \times (1 + 票面利率 \times 票据期限)$$

公式中的利率一般以年利率表示。"期限"是指签发日至到期日的时间间隔。

带息的应收票据到期收回时,应按收到的本息,借记"银行存款"账户,按账面价值,贷记"应收票据"账户,按其差额,贷记"财务费用"账户。

【例 4 - 2】 某物业服务企业向丙公司提供物业服务,2013 年 11 月 1 日应收款项 234 000 元,收到丙公司交来的商业汇票一张,期限为 3 个月,票面利率为 6%。编制会计分录如下:

1) 收到票据时:

借:应收票据——丙公司   234 000

    贷:主营业务收入   234 000

2) 年度终了计提票据利息时:

$$票据利息 = 234\,000 \times (6\% \div 12 \times 2) = 2\,340(元)$$

借:应收票据——丙公司   2 340

    贷:财务费用   2 340

3) 票据到期收回货款时:

$$收款金额 = 234\,000 \times (1 + 6\% \div 12 \times 3) = 237\,510(元)$$

借:银行存款   237 510

    贷:应收票据——丙公司   236 340

        财务费用   1 170

2. 应收票据转让

企业可以将自己持有的商业汇票背书转让。背书指持票人在票据背面签字,签字人成为背书人,背书人对票据的到期付款负连带责任。

3. 应收票据贴现

企业在持有的应收票据到期前,如果出现资金短缺,可以持未到期的商业汇票向其开户银行申请贴现。贴现指票据持有人将未到期的票据在背书后抵押给银行,银行受理后从票据到期值中扣除按银行贴现率计算确定的贴现利息,然后将余额付给持票人,作为银行对企业的短期贷款。

(1) 应收票据贴现的计算

应收票据贴现的计算过程可概括为以下四个步骤:

第一步:计算应收票据到期值

$$票据到期值 = 票据面值 \times (1 + 年利率 \div 360 \times 票据期限)$$

对于不带息票据来说,票据的到期值就是其面值。

第二步:计算贴现天数

$$贴现天数 = 票据期限 - 已持有票据期限$$

$$或,贴现天数 = 贴现日至到期日实际天数 - 1$$

第三步:计算贴现利息

$$贴现利息 = 票据到期值 \times 贴现率 \div 360 \times 贴现天数$$

按照中国人民银行《支付结算办法》的规定,承兑人在异地的,贴现利息的计算应另加3天的划款日期。

第四步:计算贴现所得金额

$$贴现所得金额 = 票据到期值 - 贴现利息$$

【例4-3】 某物业服务企业于2013年4月30日将其持有的一张4月15日签发的60天到期、票面利率为10%、票据面值为600 000元的带息应收票据向银行贴现,贴现率为16%。

1) 计算票据到期值:

$$票据到期值 = 600\,000 + 600\,000 \times 10\% \div 360 \times 60 = 610\,000(元)$$

2) 计算贴现天数

① 计算到期日:

4月15日签发,60天到期,到期日为6月14日。

② 计算贴现天数:

从贴现日4月30日至到期日6月14日,共计45天。

3) 计算贴现利息

$$贴现利息 = 610\,000 \times 16\% \div 360 \times 45 = 12\,200(元)$$

4) 计算贴现所得金额

$$贴现所得金额 = 610\,000 - 12\,200 = 597\,800(元)$$

(2) 应收票据贴现的会计处理

企业持未到期的商业汇票向银行贴现,应按贴现所得金额,借记"银行存款"账户,按商业汇票的账面价值,贷记"应收票据"账户,按两者的差额,借记或贷记"财务费用"账户。

【例4-4】 承例4-3,该物业服务企业应于2013年4月30日编制会计分录如下:

借:银行存款　　　　　　　　　　　　　　　　　597 800
　　财务费用　　　　　　　　　　　　　　　　　2 200
　　贷:应收票据　　　　　　　　　　　　　　　　600 000

如果贴现的商业承兑汇票到期,承兑人的银行账户不足支付,银行即将已贴现的票据退回申请贴现企业,同时从贴现企业的账户中将票据款划回。此时,贴现企业应按所付票据本息转作"应收账款",借记"应收账款"账户,贷记"银行存款"账户。如果申请贴现企业的银行存款账户余额不足,银行将作为逾期贷款处理,贴现企业应借记"应收账款"账户,贷记"短期借款"账户。

三、应收票据的管理

为了具体反映企业应收票据的增减变动情况,加强对应收票据的管理,企业应同时设置"应收票据登记簿"(表4-1),以了解所持债权票据的经办情况,及时进行恰当处理。

表4-1　应收票据登记簿

登记日期	出票人	付款银行	有效期限	到期日	票面利率	利率	利息	贴现金额	贴现率	收款日期	备注	注销

"应收票据登记簿"平时应逐笔登记每一张应收票据的种类、号数、出票日期、票面金额、交易合同和付款人、承兑人、背书人姓名或单位名称,到期日期和利率、贴现日期、贴现率和贴现净额,以及收款日期和收回金额等资料,并在应收票据到期收清票款后,在"应收票据登记簿"中逐笔予以注销。

第二节　应收账款

一、应收账款的概念和特点

(一) 应收账款的概念

应收账款是指物业服务企业因提供物业管理、服务等劳务或销售商品等业务,应向接受劳务、购买商品的单位或个人收取的款项。主要包括应收物业管理费,特约服务费,出售商品、材料,提供劳务等应向债权人收取的价款、税金及代购货方垫付的运杂费等。

(二) 应收账款的特点

应收账款一般具有以下特点:

(1)应收账款是由于商业信用而产生的,即是由于赊销业务而产生的。现金销售业务不会产生应收账款。

(2)应收账款是由于企业与外单位之间因提供劳务或销售商品等经营业务而产生的。

企业与外单位之间的其他往来关系,如企业与上下级单位之间的资金调拨、各种赔款和罚款、存出保证金和押金等,以及企业与内部各部门和职工个人之间的备用金和各种代垫款项等,都不属于应收账款。

(3)应收账款的产生一般都有表明劳务提供或商品销售过程已经完成、债权债务关系已经成立的书面文件。例如,产品出库单和发票、发货单等。

如果购货方以票据的方式进行特定日期付款的书面承诺,则会计核算上将其作为应收票据而不作为应收账款反映。

（4）应收账款的回收期一般都在1年或长于1年的一个经营周期内。

二、应收账款的核算

（一）应收账款核算应设置的账户

为了核算和监督应收账款的发生及结算情况,企业应当设置"应收账款"账户。该账户属于资产类账户,借方登记应收账款确认的发生数;贷方登记应收账款结算的转销数;期末余额在借方,反映尚未收回的应收账款。企业还应按债务单位分设明细账,进行明细核算。

（二）应收账款的会计处理

1. 应收账款入账时间和价值的确认

应收账款是与劳务的提供或商品的销售直接相关的,确认应收账款的时间通常应与确认收入的时间相一致。也就是说,在劳务已经提供、商品的所有权已经转给购货方、合同已经履行、销售手续已经完备、收入已经实现时,对未收取的款项确认为应收账款。应收账款按实际发生额入账。

2. 应收账款的发生和收回

企业发生应收账款时,借记"应收账款"账户,贷记"主营业务收入"、"其他业务收入"等账户。企业收回应收账款时,借记"银行存款"账户,贷记"应收账款"账户。

【例4-5】　某物业服务企业所属装饰工程部为乙公司进行室内装修,装修费50 000元尚未收回。编制会计分录如下:

1) 完工验收:

借:应收账款——乙公司　　　　　　　　　　　　　　　50 000
　　贷:主营业务收入　　　　　　　　　　　　　　　　　50 000

2) 收到货款:

借:银行存款　　　　　　　　　　　　　　　　　　　　50 000
　　贷:应收账款——乙公司　　　　　　　　　　　　　　50 000

3. 应收账款改为应收票据

企业已发生的应收账款经双方同意后,改用商业汇票结算,在收到承兑的商业汇票时,借记"应收票据"账户,贷记"应收账款"账户。

【例4-6】　根据例4-5的资料,该物业服务企业收到乙公司签发并承兑的商业汇票时,编制会计分录如下:

借:应收票据——乙公司　　　　　　　　　　　　　　　50 000
　　贷:应收账款——乙公司　　　　　　　　　　　　　　50 000

4. 销售折扣和折让

在物业服务企业的实际业务中,通常不会发生复杂的销售折扣和折让。但随着物业服务企业服务职能的拓展,企业在提供劳务的同时,也会发生商品销售业务,为了促销和及时收回货款,往往采取一定的折扣政策。另外,对已销的商品,还可能实行折让和退回制度。对于发生的销售折让,应当按照折让金额调整应收账款的入账价值。而折扣分为以下两种:

(1) 商业折扣

商业折扣指企业根据市场供求情况或针对不同的顾客,在出售商品时,从商品价目单上规定的价格中扣减一定的数目,以扣减后的金额作为发票价格。

由于商业折扣是根据销售数量的多少所给予的价格优惠,在交易发生时就已经确定,不会引起特殊的会计问题。因此,商业折扣对应收账款入账价值的确定没有实质性的影响,即应收账款按扣除商业折扣后的实际销售价格(发票价格)作为其入账价值。

(2) 现金折扣

现金折扣指在确定发票价格以后,企业为鼓励客户在一定期限内早日偿还货款,而向客户提供的债务扣除,从发票价格中让给顾客的一定数额的款项。

现金折扣通常要在发票上标明付款条件,一般用符号"折扣/付款期限"表示。例如,"2/10,1/20,n/30"表示信用期限为30天,如果客户在10天内付款可按售价给予2%的现金折扣,如果客户在20天内付款可按售价给予1%的现金折扣,如果客户在30天内付款则不给现金折扣。

现金折扣使企业应收账款的实际收回金额因客户的付款时间而异,其应收账款入账金额的确定有总价法和净价法两种方法。在我国会计实务中,对现金折扣条件下的应收账款采用总价法核算。

总价法是按企业将扣除现金折扣前的金额作为应收账款的入账金额的方法。在总价法中,把现金折扣视为一种鼓励顾客及早付款而给予其的经济利益,相当于企业理财费用的增加,记入"财务费用"账户。

【例4-7】 某物业服务企业销售给B企业多余材料一批。货款35 100元,付款条件为"2/10,1/20,n/30"。在总价法下,编制会计分录如下:

1) 销售材料时:

借:应收账款——B企业	35 100
贷:其他业务收入	35 100

2) 如果在10天内收到款:

借:银行存款	34 398
财务费用	702
贷:应收账款——B企业	35 100

3) 如果在20天内收到款:

借:银行存款	34 749
财务费用	351
贷:应收账款——B企业	35 100

4) 如果20天以后收到货款:

借:银行存款	35 100
贷:应收账款——B企业	35 100

第三节　预付账款

一、预付账款的概念和特点

(一) 预付账款的概念

预付账款指企业按照合同的规定,预先支付给供货单位或提供给劳务单位的款项。

(二) 预付账款的特点

预付账款与应收账款都属于企业的债权,但两者产生的原因不同:应收账款是企业应收的销货款,即应向接受劳务方或购货方客户收取的款项;预付账款是企业的购货款,即预先付给供货方客户的款项。

二、预付账款的核算

为了核算和监督预付款项的付出和结算情况,企业应设置"预付账款"账户。该账户属于资产类账户,借方登记向供应单位预付、补付及转出的款项;贷方登记收到所购物资的应付金额及退回多付款项;期末余额在借方,反映企业实际预付的款项;期末余额在贷方,反映企业尚未补付给供货单位的款项。该账户应按供应单位名称设置明细账户进行明细核算,举例如下。

【例 4-8】　某物业服务企业向丁公司购买材料,按公司规定需向丁公司预付部分货款 6 000 元,货到验收合格后再补付其余货款。编制会计分录如下:

(1) 预付货款时:

借:预付账款——丁公司　　　　　　　　　　　　　　　　6 000
　　贷:银行存款　　　　　　　　　　　　　　　　　　　　6 000

(2) 收到丁公司发来的原材料和专用发票,有关发票记载的货款 6 000 元,增值税 1 020 元,材料已验收入库时:

借:原材料　　　　　　　　　　　　　　　　　　　　　　7 020
　　贷:预付账款——丁公司　　　　　　　　　　　　　　　7 020

(3) 补付货款 1 020 元时:

借:预付账款——丁公司　　　　　　　　　　　　　　　　1 020
　　贷:银行存款　　　　　　　　　　　　　　　　　　　　1 020

(4) 若上述(2)中,收到丁公司发来的材料,货款为 5 000 元,增值税 850 元,共计 5 850 元时,应退回多余货款:

借:原材料　　　　　　　　　　　　　　　　　　　　　　5 850
　　贷:预付账款——丁公司　　　　　　　　　　　　　　　5 850
借:银行存款　　　　　　　　　　　　　　　　　　　　　150
　　贷:预付账款——丁公司　　　　　　　　　　　　　　　150

在预付款业务不多的物业服务企业,可以不单独设置"预付账款"账户,而将其并入

"应付账款"账户进行核算,即在预付货款时先借记"应付账款"账户,贷记"银行存款"账户,收到材料或商品时再予以转销,借记"原材料",贷记"应付账款"等。

通过"应付账款"账户登记预付款业务会使"应付账款"的某些明细账户出现借方余额,在期末编制资产负债表时"应付账款"所属明细账户有借方余额的,应将这部分借方余额在资产负债表的资产方列示。

第四节 其他应收款

一、其他应收款的概念

其他应收款是企业在购销活动之外产生的短期债权,是指除了应收票据、应收账款、预付账款以外的其他各种应收、暂付款项。其他应收款的发生一般与企业的正常生产经营活动无直接联系,因而在性质上属于非营业应收项目。

二、其他应收款的核算

(一) 其他应收款的核算内容

其他应收款的核算内容主要包括:

(1) 预付给企业内部各部门及职工个人的备用金;

(2) 应收的各种赔款、罚款;

(3) 存出的保证金,如租入包装物支付的押金;

(4) 应收出租包装物的租金;

(5) 应向职工收取的各种垫付款项;

(6) 其他各种应收、暂付款项。

(二) 其他应收款核算应设置的账户

为了核算和监督其他应收款的发生及结算情况,企业应设置"其他应收款"账户。该账户属于资产类账户,借方登记其他应收款的发生数;贷方登记其他应收款的结算回收数;期末余额在借方,反映尚未结算收回的其他应收款数额。该账户应按不同的债务人设置明细账户。

【例4-9】 某物业服务企业向甲公司购买材料,用现金支付材料外包装的押金800元,10天后退还外包装,收回押金800元。编制会计分录如下:

(1) 支付押金时:

借:其他应收款——甲公司   800

  贷:库存现金   800

(2) 收回押金时:

借:库存现金   800

  贷:其他应收款——甲公司   800

【例4-10】 某物业服务企业应收保险公司车辆损害赔偿款2 000元。编制会计分录如下：

借：其他应收款——保险公司　　　　　　　　　　　2 000
　　贷：待处理财产损溢　　　　　　　　　　　　　　2 000

第五节　应收款项减值

一、应收款项减值损失的确认

企业应当在资产负债表日对应收款项的账面价值进行检查，有客观证据表明该应收款项发生减值的，应当将该应收款项的账面价值减记至预计未来现金流量的现值，减记的金额确认为减值损失，计提坏账准备。

企业应根据以往的经验、债务单位的实际财务情况和现金流量情况，以及其他情况进行合理的测试。并不是坏账准备计提越多，就表明企业的财务状况越稳健，而是应根据历史经验和相关信息，合理地估计应收款项产生坏账损失的可能性，计提坏账准备后的应收款项净额要真实地反映企业的财务状况。

二、应收款项减值损失的核算

（一）账户设置

为了核算和监督坏账准备的计提、转销等情况，企业应设置"坏账准备"账户。该账户是应收款项各账户的备抵账户，属于资产类账户，贷方登记当期计提的坏账准备金额；借方登记实际发生的坏账损失金额和冲减的坏账准备金额；期末余额一般在贷方，反映企业已计提但尚未转销的坏账准备。在资产负债表上，应收款项项目应按照减去已提取的坏账准备后的净额反映。

坏账准备可按以下公式计算：

$$\text{当期应计提的坏账准备} = \text{当期按应收款项计算的应提坏账准备金额} + \text{计提前"坏账准备"账户的贷方（或借方）余额}$$

（二）账务处理

1. 计提坏账准备

企业当期计提的坏账准备应当计入"资产减值损失"账户。"资产减值损失"账户属于损益类账户，用来反映各类资产的减值损失金额。借方登记确认的资产减值损失金额，贷方登记期末转入"本年利润"账户的资产减值损失金额，期末结转后，该账户没有余额。

2. 发生坏账损失

企业确实无法收回的应收款项，按管理权限报经批准后作为坏账转销时，应当冲减已计提的坏账准备。借记"坏账准备"账户，贷记"应收票据"、"应收账款"、"预付账款"、"其他应收款"、"长期应收款"等账户。

3. 应收款项收回

已确认并转销的应收款项以后又收回的,应当按照实际收到的金额增加"坏账准备"的账面余额。借记"应收票据"、"应收账款"、"预付账款"、"其他应收款"、"长期应收款"等账户,贷记"坏账准备"账户;同时,借记"银行存款"账户,贷记"应收票据"、"应收账款"、"预付账款"、"其他应收款"、"长期应收款"等账户。

已确认并转销的应收款项以后又收回的,也可按实际收回的金额,借记"银行存款"账户,贷记"坏账准备"账户。

【例4-11】 2011年12月31日,某物业服务企业对其应收账款进行减值测试,应收账款余额为1 200 000元,确定按5%计提坏账准备。

(1) 2011年末计提坏账准备时,编制会计分录如下:

应计提的坏账准备 = 1 200 000 × 5% = 60 000(元)

借:资产减值损失——计提的坏账准备　　　　　　　　　　60 000

　　贷:坏账准备　　　　　　　　　　　　　　　　　　　　60 000

(2) 2012年6月24日,发生坏账损失20 000元,按管理权限审批后,编制会计分录如下:

借:坏账准备　　　　　　　　　　　　　　　　　　　　20 000

　　贷:应收账款　　　　　　　　　　　　　　　　　　　20 000

(3) 2012年12月31日,应收账款余额为1 440 000元。经测试仍按5%的比例计提。

按应收款项计算的应提坏账准备金额 = 1 440 000 × 5% = 72 000(元)

计提前"坏账准备"账户的贷方余额 = 60 000 − 20 000 = 40 000(元)

应计提的坏账准备 = 72 000 − 40 000 = 32 000(元)

编制会计分录如下:

借:资产减值损失——计提的坏账准备　　　　　　　　　　32 000

　　贷:坏账准备　　　　　　　　　　　　　　　　　　　　32 000

(4) 2013年5月20日,接到银行通知,企业上年度已冲销的20 000元坏账又收回,款项现已存入银行。编制会计分录如下:

借:应收账款　　　　　　　　　　　　　　　　　　　　20 000

　　贷:坏账准备　　　　　　　　　　　　　　　　　　　20 000

借:银行存款　　　　　　　　　　　　　　　　　　　　20 000

　　贷:应收账款　　　　　　　　　　　　　　　　　　　20 000

(5) 2013年12月31日,应收账款余额为1 500 000元。经测试仍按5%的比例计提。

按应收款项计算的应提坏账准备金额 = 1 500 000 × 5% = 75 000(元)

计提前"坏账准备"账户的贷方余额 = 72 000 + 20 000 = 92 000(元)

应计提的坏账准备 = 75 000 − 92 000 = −17 000(元)

编制会计分录如下:

借:坏账准备　　　　　　　　　　　　　　　　　　　　17 000

　　贷:资产减值损失——计提的坏账准备　　　　　　　　　17 000

★★★★★ 练习题 ★★★★★

一、单项选择题

1. 在我国,应收票据是指(　　)。
   A. 支票
   B. 银行本票
   C. 银行汇票
   D. 商业汇票

2. 超过承兑期收不回的应收票据,应(　　)。
   A. 转作管理费用
   B. 冲减坏账准备
   C. 转作应收账款
   D. 冲减营业收入

3. 应收票据取得时应按(　　)入账。
   A. 票据面值
   B. 票据到期价值
   C. 票据面值加应计利息
   D. 票据贴现额

4. 带息票据每期计提利息时,借记"应收票据"账户,贷记(　　)账户。
   A. 财务费用
   B. 管理费用
   C. 营业费用
   D. 其他业务收入

5. 企业销售商品时,根据情况在商品标价上给予的扣除,称为(　　)。
   A. 商业折扣
   B. 现金折扣
   C. 销货折扣
   D. 购货折扣

6. 企业发生的现金折扣应作为(　　)处理。
   A. 营业收入
   B. 营业费用增加
   C. 财务费用增加
   D. 管理费用增加

7. 一张 5 月 26 日签发的 30 天的票据,其到期日为(　　)。
   A. 6 月 25 日
   B. 6 月 26 日
   C. 6 月 27 日
   D. 6 月 24 日

8. 如果企业将预付货款记入"应付账款"账户,在编制会计报表时,应(　　)。
   A. 以预付账款抵减应付账款金额
   B. 将预付账款金额反映在应收账款项目中
   C. 将预付账款和应付账款的金额分开报告
   D. 以预付账款抵减预收账款的金额

9. 某企业销售产品,每件单价为 120 元。若客户购买 100 件(含 100 件)以上,每件可得到 20 元的商业折扣。某客户 2013 年 9 月 10 日购买该产品 100 件,按规定现金折扣条件为 2/10,1/20,n/30。适用的增值税率为 17%。该企业于 9 月 29 日收到该笔款项时,应给予客户的现金折扣为(　　)元。假定计算现金折扣时不考虑增值税。
   A. 0
   B. 100
   C. 117
   D. 1 100

10. 下列项目中,不通过"其他应收款"账户核算的是(　　)。
   A. 为职工垫付的房租
   B. 应收保险公司的赔款
   C. 代购货方垫付的运杂费
   D. 存出保证金

二、多项选择题

1. 应收票据的账面价值包括(　　　)。

    A. 面值　　　　　　　　　　　　　B. 现值

    C. 利息　　　　　　　　　　　　　D. 市价

    E. 公允价值

2. 应收账款包括(　　　)。

    A. 应收职工欠款　　　　　　　　　B. 应收赊销货款

    C. 应收利息　　　　　　　　　　　D. 应收代购货单位垫付的销售商品运费

    E. 应收股利

3. 应收账款是指(　　　)。

    A. 因销售活动形成的债权　　　　　B. 流动资产性质的债权

    C. 本企业应收客户的款项　　　　　D. 向购货单位预先收取的款项

    E. 本企业付出的存出保证金

4. 企业将无息应收票据贴现时,影响贴现利息计算的因素有(　　　)。

    A. 票据的面值　　　　　　　　　　B. 贴现天数

    C. 票据的种类　　　　　　　　　　D. 贴现的利率

    E. 票据持有人

5. 下列各项中,应计入"坏账准备"账户借方的有(　　　)。

    A. 提取坏账准备

    B. 冲回多提坏账准备

    C. 收回以前确认并转销的坏账

    D. 备抵法下实际发生的坏账

    E. 补提坏账准备

三、判断题

1. 应收票据有发生坏账的风险,一般企业应对其计提坏账准备。　　　　　(　　)

2. 不带息票据的到期值等于应收票据的面值。　　　　　　　　　　　　　(　　)

3. 应收账款是企业因销售商品等经营活动所形成的债务。　　　　　　　　(　　)

4. 商业折扣是债权人为鼓励债务人在规定期限内付款而向其提供的债务扣除。

                                                              (　　)

5. 销售方给予客户的现金折扣应视为融资的财务费用。　　　　　　　　　(　　)

四、实训题

习题一

(一)目的:练习商业汇票取得及贴现的核算。

(二)资料:某物业服务企业 2013 年 5 月 11 日因收取物业管理费用收到一张面值为 50 000 元、期限为 90 天、利率为 9% 的商业承兑汇票。6 月 10 日该企业因急需资金到银行办理贴现,贴现率为 12%。

(三)要求:根据上述资料,计算贴现所得金额并编制会计分录。

习题二

（一）目的：练习预付账款的核算。

（二）资料：某物业服务企业采用预付账款的方式采购材料。

1. 4月5日，向甲企业采购水泥，开出转账支票，预付款50 000元。

2. 4月15日，收到甲企业发来的水泥及有关结算单据，材料价款为50 000元，增值税为17 500元，材料已经验收入库。同时企业开出转账支票一张，补付材料款7 500元。

（三）要求：根据上述经济业务编制会计分录。

习题三

（一）目的：练习应收款项减值的核算。

（二）资料：2013年1月1日，甲物业服务企业应收账款余额为3 000 000元，坏账准备余额为150 000元。2013年度，甲物业服务企业发生了如下相关业务：

1. 所属装饰工程部为某公司进行室内装修，装修费5 850 000元尚未收到。

2. 因某客户破产，该客户所欠货款10 000元不能收回，确认为坏账损失。

3. 收回上年度已转销为坏账损失的应收账款8 000元并存入银行。

4. 收到某客户以前所欠的货款4 000 000并存入银行。

5. 2013年12月31日，甲物业服务企业对应收账款进行减值测试，确定按5％计提坏账准备。

（三）要求：

1. 编制2013年确认坏账损失的会计分录。

2. 编制收到上年度已转销为坏账损失的应收款项的会计分录。

3. 计算2013年年末"坏账准备"账户余额。

4. 编制2013年年末计提坏账准备的会计分录。

第五章

存　货

本章导学

一、学习目标与要求

通过本章的学习,应了解存货的概念、分类,掌握按实际成本和计划成本计价的原材料收发核算,了解低值易耗品的概念、分类和特点,掌握低值易耗品的摊销方法和核算,掌握存货的期末计价和存货清查的核算。

二、重点与难点

- 按实际成本计价的原材料收发核算。
- 按计划成本计价的原材料收发核算。
- 低值易耗品的摊销方法。
- 存货跌价准备的核算。
- 存货清查的核算。

第一节　存 货 概 述

一、存货的概念

存货指企业在正常经营活动中持有以备出售的产品或商品、处在生产过程中的在产品、在生产过程或提供劳务过程中耗用的材料、物料等。存货是企业的一项重要流动资产,具有种类繁多、流动性大的特点。

二、存货的分类

为了加强对存货的分类管理,必须对存货进行合理的分类。物业服务企业的存货一般可以分为以下几类:

(一) 原材料

指物业服务企业完成其经营业务所需的主体物质资料之一,是企业库存和在途的构成其经营服务成本的各种原料、材料,包括钢材、木材、铝材、水泥、石灰、沙、砖、五金材料、电器材料、防漏材料、涂料等装修用的备品备件等。

(二) 燃料

指物业服务企业生产加工、烧水取暖等耗用的煤、炭、液化气、石油制品等。

(三) 低值易耗品

指使用时间较短、单位价值较低,未达到固定资产标准的各种用具物品。如各种生产工具;办公桌椅等管理用具;工作服、安全帽、安全带等劳保用品;玻璃器皿;以及在经营过程中周转使用的包装容器等。

(四) 库存商品

指物业服务企业库存的各种待售商品。如为业主代装的防盗门、晒衣架、浴缸、洁具等商品及设备。

由于物业服务企业属于营业税纳税人,各类库存商品的购销业务属于企业的兼营业务,按税法规定应缴纳增值税。物业服务企业库存商品的核算可以参照商品流通企业库存商品的核算,本章不再展开介绍。

三、存货的计价方法

为了如实地核算和监督存货的增减变动情况,企业必须采用一定的方法对存货进行计价,以便正确地确定收入、发出及结存存货的金额。存货的计价方法有按实际成本计价法和按计划成本计价法两种。企业可以根据实际情况进行选择。

(一) 按实际成本计价

按实际成本对存货进行计价,指每一种存货的收入、发出和结存,都按其取得时(如购入、自制、委托加工等)所发生的实际成本计价。

1. 取得存货实际成本的确定

企业的各种存货在取得时,应当按照取得时的实际成本入账。企业应根据不同来源的存货,分别计算和确定各类存货的实际成本。

（1）外购存货的实际成本:指存货从采购到入库前发生的全部支出,包括买价(指供应单位发票价格)、相关税费、运输费、装卸费、保险费以及其他可归属于存货采购成本的费用。

（2）自制存货的实际成本:包括制造过程中的料、工、费等各项实际支出。

（3）委托外单位加工存货的实际成本:包括加工中实际耗用的原材料或者半成品的实际成本、支付的加工费、往返运输费、装卸费和保险费等费用以及按规定计入成本的税金。

（4）投资者投入存货的实际成本:投资者投入的存货,应当按照投资合同或者协议约定的价值作为实际成本,但在投资合同或者协议约定价值不公允的情况下,按照该项存货的公允价值作为其实际成本。

（5）通过债务重组取得的存货的实际成本:通过债务重组取得的存货,指企业作为债权人取得的债务人以非现金资产偿还债务,且企业作为存货管理的货品。其实际成本应当按照《企业会计准则——债务重组》的规定确定。

（6）通过非货币性交易取得的存货的实际成本:企业通过非货币性交易取得的存货,包括以投资换入的存货、以存货换入的存货、以固定资产换入的存货、以无形资产换入的存货等。其实际成本应当按照《企业会计准则——非货币性交易》的规定确定。

（7）盘盈的存货,应按其重置成本作为实际成本。

2. 发出存货的计价方法

由于存货取得的途径是多方面的,各批存货的采购地点、采购时间、供货单位、单价、运输方式等因素也不尽相同,使得同一品种规格的存货在账面上有若干个不同的实际单位成本(通常叫单价),因而在每次发出存货时,就会产生按哪一种单价计价的问题。发出存货的计价方法指对发出存货和每次发出后的结存存货价值的计算确定方法。发出存货价值的确定是否正确,直接影响到当期销售成本及各期期末存货价值,从而影响当期损益和有关税金的计算,最终会影响到资产负债表中的相关项目。在按实际成本计价的情况下,发出存货的计价方法有以下几种:

（1）先进先出法

先进先出法是以先购进的存货先发出为假定前提的,并根据这种假定的存货流转次序对发出存货和期末存货进行计价。这种方法的要点是:收到存货时,应在存货明细账中逐笔登记每批入库存货的数量、单价及金额;发出存货时,应在存货明细账中逐笔登记发出数量,并采用先进先出的原则确定发出存货的单价,逐笔登记发出存货和结存存货的金额。

【例5-1】 某物业服务企业2013年7月份A材料的收发情况如下所示:

7月1日	结存	300千克	每千克20元	计6 000元
7月9日	购入	300千克	每千克22元	计6 600元
7月12日	发出	300千克		

　　7月23日　购入　　　200千克　　每千克23元　　　　　计4 600元
　　7月28日　发出　　　400千克

　　要求:采用先进先出法计算7月份发出材料成本和月末结存材料成本。(具体计算过程见表5-1)

表5-1　A材料明细账　　　　　　　　　　　　计量单位:千克

2013年		凭证编号	摘要	收　入			发　出			结　存		
月	日			数量	单价	金额	数量	单价	金额	数量	单价	金额
7	1	略	期初余额							300	20	6 000
	9		购入	300	22	6 600				300 300	20 22	6 000 6 600
	12		发出				300	20	6 000	300	22	6 600
	23		购入	200	23	4 600				300 200	22 23	6 600 4 600
	28		发出				300 100	22 23	6 600 2 300	100	23	2 300
	31		合计	500		11 200	700		14 900	100	23	2 300

　　先进先出法的优点是:可随时从明细账上了解发出存货和结存存货的金额,掌握存货资金的占用情况。此外,期末结存存货成本比较接近现行的市场价格,因此,资产负债表能较为真实地反映企业的财务状况。其缺点是:存货计价工作量较繁琐,而且在物价持续上涨时,会高估企业期末存货价值和当期利润,低估当期成本费用。在物价持续下跌时,会低估企业期末存货价值和当期利润,高估当期成本费用。

　　(2)加权平均法

　　加权平均法又称全月一次加权平均法或月末加权平均法,指以月初结存存货的数量和本月收入存货的数量为权数,于月末计算该种存货的本月加权平均单价,并以此平均单价计算本月发出存货和期末结存存货实际成本的一种方法。该方法的要点是:收到存货时,在存货明细账的收入栏内登记数量、单价及金额;本月发出存货时,平时只登记发出数量,不登记发出单价和金额,结存栏也只登记数量,不确定其结存单价,在月末时一次计算出全月的加权平均单价,再按加权平均单价计算本月发出存货和月末结存存货的实际成本。其计算公式如下:

$$加权平均单价 = \frac{月初结存存货的实际成本 + 本月收入存货的实际成本}{月初结存存货的数量 + 本月收入存货的数量}$$

$$本月发出存货的实际成本 = 本月发出存货数量 × 加权平均单价$$

$$月末结存存货的实际成本 = 月末结存存货数量 × 加权平均单价$$

　　【例5-2】　仍以【例5-1】A材料收发情况为例,采用加权平均法计算7月份发出材料和月末结存材料成本。见表5-2所示:

表 5 - 2 A 材料明细账

计量单位:千克

2013 年		凭证编号	摘要	收 入			发 出			结 存		
月	日			数量	单价	金额	数量	单价	金额	数量	单价	金额
7	1	略	期初余额							300	20	6 000
	9		购入	300	22	6 600				600		
	12		发出				300			300		
	23		购入	200	23	4 600				500		
	28		发出				400			100		
	31		合计	500		11 200	700	21.5	15 050	100	21.5	2 150

$$A\ 材料加权平均单价=\frac{6\ 000+6\ 600+4\ 600}{300+300+200}=21.50(元)$$

本月发出 A 材料实际成本=700×21.50=15 050(元)

月末结存 A 材料实际成本=100×21.50=2 150(元)

加权平均法的优点是:只在月末一次计算出存货发出及结存的加权平均单价,因而手续简便,工作量小。其主要缺点是:由于存货发出及结存单价必须到月末才能计算出来,因而平时无法及时从明细账中了解到存货的发出和结存金额,不便于掌握存货资金的占用情况以及存货的日常管理和控制。

(3)移动加权平均法

移动加权平均法指以各批收入存货的数量和各批收入前结存存货的数量为权数计算存货加权平均单价的一种方法。其要点是:平时收到存货时,在存货明细账中登记数量、单价及金额,同时,每收到一批存货就应为存货重新计算出新的加权平均单价,并按新单价计算下次收到存货前各批发出存货的实际成本。其计算公式如下:

$$移动加权平均单价=\frac{本次收入前结存存货的实际成本+本次收入存货的实际成本}{本次收入前结存存货的数量+本次收入存货的数量}$$

发出存货的实际成本=本次发出存货的数量×本次移动加权平均单价

【例 5 - 3】 仍以【例 5 - 1】A 材料收发情况为例,说明移动加权平均法的应用。见表 5 - 3 所示:

表 5 - 3 A 材料明细账

计量单位:千克

2013 年		凭证编号	摘要	收 入			发 出			结 存		
月	日			数量	单价	金额	数量	单价	金额	数量	单价	金额
7	1	略	期初余额							300	20	6 000
	9		购入	300	22	6 600				600	21	12 600
	12		发出				300	21	6 300	300	21	6 300
	23		购入	200	23	4 600				500	21.8	10 900
	28		发出				400	21.8	8 720	100	21.8	2 180
	31		合计	500		11 200	700		15 020	100	21.8	2 180

移动加权平均法的优点是:可避免月末一次计算存货加权平均单价的缺点,平时能从存货明细账上反映出发出存货和结存存货的金额,便于对存货进行日常管理。其缺点是:每收到一批存货,就要重新计算一次加权平均单价,对存货收发业务量大的企业来说,计算工作量较繁重。

(4) 个别计价法

个别计价法又称分批认定法、具体辨认法,指以某批存货收入时的实际单价作为该批存货发出时的单价来计算发出存货成本的一种计价方法。其要点是:各批收入的存货应分别保管并作出标记,以便具体辨认,同时还要按批次设置存货明细账,详细记录数量、单价和金额。存货发出时,应按不同批次的单价进行计算。

个别计价法的优点是:由于存货的成本流转与实物流转一致,因而能够真实地反映各批发出存货的实际成本。其缺点是:由于各批收入的存货应分别保管,并作标记,因而对发出存货和月末结存存货需要分别确认其所属的收入批次,因此,存货的实物管理难度较大,核算工作量较繁琐。采用这种方法还可能导致企业任意选用较高或较低的单价来计算发出存货成本以达到调节利润的目的。这种计价方法一般适用于体积较大、数量较少、成本较高、容易识别的存货。

企业应根据自身的实际情况选择上述计价方法,一经选定,不得随意变更。如有变更,应在财务会计报告中加以说明。

3. 按实际成本计价的优缺点及适用范围

按实际成本计价进行存货收发核算,优点是能够较真实地反映各种存货的增减变动情况以及领料对象的实际成本;缺点是存货收发计价工作量较繁琐。因而,这一计价方式适用于存货品种规格较少、收发业务较少的企业。

(二) 按计划成本计价

按计划成本对存货进行计价指存货的收入、发出和结存均按企业预先确定的计划成本计价,对于存货取得时发生的实际成本与预先确定的计划成本之间的差额,通过专门设置的"材料成本差异"账户进行核算。月末,根据材料成本差异与计划成本之间的比率,计算发出存货和结存存货应分摊的成本差异额,再将发出存货和结存存货的计划成本调整为实际成本。采用按计划成本计价的企业,其采购部门和财会部门应根据市场等具体情况合理制定每一品种规格存货的计划单价,计划单价一般一年调整一次。

1. 取得存货实际成本与计划成本的确定

取得存货实际成本的确定方法与按实际成本计价的确定方法一致。

$$\frac{取得存货}{的计划成本} = \frac{存货的}{收入数量} \times \frac{存货的}{计划单价}$$

$$\frac{取得存货}{的成本差异} = \frac{取得存货}{的实际成本} - \frac{取得存货}{的计划成本}$$

取得存货的实际成本大于计划成本的差异为超支差异(借差),用正数表示;实际成本小于计划成本的差异为节约差异(贷差),用负数表示。

2. 发出存货计划成本与实际成本的确定

$$\frac{发出存货}{的计划成本} = \frac{发出存货}{的数量} \times \frac{存货的}{计划单价}$$

$$\frac{发出存货应}{分摊的成本差异} = \frac{发出存货}{的计划成本} \times \frac{存货成本}{差异率}$$

$$存货成本差异率 = \frac{月初结存存货的成本差异 + 本月收入存货的成本差异}{月初结存存货的计划成本 + 本月收入存货的计划成本} \times 100\%$$

$$\frac{发出存货}{的实际成本} = \frac{发出存货}{的计划成本} + \frac{发出存货应}{分摊的成本差异}$$

$$\frac{月末结存存货}{的实际成本} = \frac{月末结存存货}{的计划成本} + \frac{月末结存存货应}{分摊的成本差异}$$

【例5-4】 某物业服务企业2月份结存甲材料的计划成本为70 000元,甲材料成本差异结有借方余额200元,本月购入甲材料的实际成本72 880元,计划成本76 000元。本月发出甲材料的计划成本为120 000元,计算本月甲材料成本差异率和发出甲材料的实际成本。

$$甲材料成本差异率 = \frac{200 - 3\,120}{70\,000 + 76\,000} \times 100\% = -2\%$$

$$本月发出甲材料应分摊的成本差异 = 120\,000 \times (-2\%) = -2\,400(元)$$

$$本月发出甲材料的实际成本 = 120\,000 - 2\,400 = 117\,600(元)$$

3. 按计划成本计价的优缺点和适用范围

按计划成本计价进行存货收发核算,优点是:与按实际成本计价相比,按计划成本计价大大减少了存货的日常核算工作量;有利于考核采购部门采购业务的成果及工作质量;通过实际成本与计划成本的对比,可检查材料采购计划的完成情况,便于分析工程或产品成本中材料费用的升降情况。缺点是:由于发出存货和结存存货的实际成本是在计划成本的基础上通过加或减存货成本差异调整为实际成本的,因而其正确性相对较差,不如按实际成本计价准确。这种计价方式一般适用于规模较大、存货品种繁多、收发频繁的企业。

第二节 按实际成本计价的原材料收发核算

按实际成本计价法对原材料进行日常收发核算的特点是:从材料的收发凭证到明细分类账和总分类账全部按实际成本计价。

一、应设置的账户

(一)"原材料"账户

该账户属于资产类账户,用来核算企业按实际成本计价进行材料收发核算时,各种原材料的收入、发出和结存情况的实际成本。借方登记外购、自制、委托加工完成、投资转入、盘盈等途径取得的原材料的实际成本。贷方登记领用、发出、对外销售、投资转出、盘亏及毁损等原因而减少原材料的实际成本,期末余额在借方,反映库存原材料的实际成本。

(二)"在途物资"账户

该账户属于资产类账户,用来核算企业已支付但尚未运到企业或尚未验收入库的各种材料物资的实际成本。借方登记已付款或已开出、承兑商业汇票但尚未到达或验收入库的在途材料物资的实际成本,贷方登记转入"原材料"账户的已验收入库材料物资的实际成本。借方余额反映已付款但尚未到达或尚未验收入库的在途材料物资的实际成本。

二、原材料收发的总分类核算

(一)原材料收入的核算

不同渠道取得的原材料,其账务处理也不同。

1. 外购原材料的核算

由于外购材料的采购地点、货款结算方式不同,因而会出现材料入库与货款的支付不一定同步的情况。对此,应分别不同情况进行账务处理。

(1)当月付款,当月收料

对于当月付款当月随即收料的采购业务,企业应根据发票账单和有关结算凭证,借记"原材料"账户,贷记"银行存款"等账户。

【例5-5】 某物业服务企业从外单位购入塑钢一批,买价26万元,运杂费3 500元,增值税4.42万元,均用银行存款支付。材料已验收入库。根据有关凭证编制会计分录如下:

借:原材料——塑钢　　　　　　　　　　　　307 700
　　贷:银行存款　　　　　　　　　　　　　307 700

(2)当月付款,以后月份收料

对于已经付款或已开出、承兑商业汇票,但材料尚未到达或尚未验收入库的业务,在材料按实际成本计价的情况下,企业应根据发票账单和结算凭证,借记"在途物资"账户,贷记"银行存款"或"应付票据"等账户;待下月份材料到达验收入库后,再根据收料单,借记"原材料"账户,贷记"在途物资"账户。

【例5-6】 某物业服务企业购入水泥一批,买价39 000元,运杂费1 200元,按买价的17%缴纳增值税。上述各项款项已用银行存款支付,材料未到。根据有关凭证编制会计分录如下:

借:在途物资——水泥　　　　　　　　　　　46 830
　　贷:银行存款　　　　　　　　　　　　　46 830

等下月份材料验收入库时,编制会计分录如下:

借:原材料——水泥　　　　　　　　　　　　46 830
　　贷:在途物资——水泥　　　　　　　　　46 830

(3)当月收料、以后月份付款

对于材料先到而发票账单尚未收到、货款未付的采购业务,在月份内可暂不入账,待发票账单到达后再入账。若月末发票账单仍未到达,为了真实反映企业月末资产结存及负债情况,可先按材料的暂估价(合同价格或计划成本)入账,借记"原材料"账户,贷记"应付账款——暂估应付账款"账户。下月初用红字作同样的分录予以冲回。等下月收到发票账单后按正常程序入账。

【例5-7】 某物业服务企业购入黄砂一批,材料已到并验收入库,月末发票账单及有关结算凭证仍未到达,货款尚未支付。企业应先按暂估价40 600元入账,编制会计分录如下:

借:原材料——黄砂　　　　　　　　　　　　　　　　　40 600
　贷:应付账款——暂估应付账款　　　　　　　　　　　　　　40 600

下月初,用红字金额冲销上项分录,编制会计分录如下:

借:原材料——黄砂　　　　　　　　　　　　　　　　　40 600
　贷:应付账款——暂估应付账款　　　　　　　　　　　　　　40 600

下月份,收到所购黄砂的发票账单,买价33 000元,运杂费2 600元,增值税5 610元,均以银行存款支付。编制会计分录如下:

借:原材料——黄砂　　　　　　　　　　　　　　　　　41 210
　贷:银行存款　　　　　　　　　　　　　　　　　　　　41 210

2. 自制原材料的核算

自制原材料是指企业所属内部非独立核算的辅助生产部门加工制作的金属材料、木质材料、预制材料等。自制并已验收入库的原材料,应按其实际成本,借记"原材料"账户,贷记"生产成本——辅助生产"账户。

3. 投资者投入原材料的核算

投资者投入的原材料,应按照投资合同或者协议约定的价值,借记"原材料"账户,贷记"实收资本"(或"股本")账户。

(二)原材料发出的核算

为简化总分类核算工作,在月末,根据按实际成本计价的各种领发料凭证,按材料的类别、领用部门和用途,汇总编制"发料凭证汇总表",据以编制记账凭证,进行原材料发出的总分类核算。其具体账务处理方法是:按用料对象,借记"主营业务成本"、"其他业务成本"、"管理费用"等账户,贷记"原材料"账户。

【例5-8】 某物业服务企业2013年6月份的"发料凭证汇总表"显示,6月份共消耗材料9 200元,其中:物业管理处领用甲材料6 710元,领用丙材料900元,用于房屋共用设施维修;公司行政部门领用乙材料1 590元。

根据汇总表编制会计分录如下:

借:主营业务成本　　　　　　　　　　　　　　　　　7 610
　管理费用　　　　　　　　　　　　　　　　　　　　1 590
　贷:原材料——甲材料　　　　　　　　　　　　　　　　6 710
　　　　　　——乙材料　　　　　　　　　　　　　　　1 590
　　　　　　——丙材料　　　　　　　　　　　　　　　900

三、原材料收发的明细分类核算

为了加强对各种材料的管理,企业必须合理地组织材料的明细分类核算。原材料明细分类核算包括数量核算和价值核算两个方面,一般由材料仓库和财会部门共同配合进行核算。

仓库负责材料的数量核算,各材料仓库对于经管的每一种原材料应分别规格,开设"材料卡片",由仓库保管人员登记各种原材料的收入、发出和结存数量。财会部门负责材料的价值核算,由财会部门设置一套数量金额式的原材料明细账,并由会计人员进行登记。采用这种方法,账卡的资料可以相互核对和控制,但原材料的收入、发出及结存的数量重复记录,记账工作量大。为了避免重复记账,可以采用"账卡合一"的做法,即取消材料卡片,只设置一本既有数量又有金额的原材料明细账。这本账放在仓库,平时,由仓库保管员根据收发料凭证序时逐笔登记收入、发出数量并逐日结出结存数量,然后将收发料凭证夹在登记的账页中。财会人员定期到仓库稽核仓库的数量核算并负责登记原材料收发结存的金额。"材料卡片"及"原材料明细账"的格式见表5-4和表5-5所示:

表5-4 材料卡片

材料类别:　　　　　　　　　　　　　　　　存放地点:
材料名称规格:　　　　　　　　　　　　　　计量单位:
材料编号:　　　　　　　　　　　　　最高存量:　　　　最低存量:

年		凭证编号	摘要	收入数量	发出数量	结存数量	稽核签章
月	日						
			合　计				

表5-5 原材料明细账

材料类别:　　　　　　　　　　　　　　　　存放地点:
材料名称规格:　　　　　　　　　　　　　　计量单位:
材料编号:　　　　　　　　　　　　　最高存量:　　　　最低存量:

年		凭证编号	摘要	收入			发出			结存		
月	日			数量	单价	金额	收入	单价	金额	数量	单价	金额

第三节 按计划成本计价的原材料收发核算

一、应设置的账户

按计划成本计价进行原材料的收发核算时,材料的收发凭证、明细分类账和总分类账全部按计划成本计价,购入的原材料应先通过"材料采购"账户核算,到月末再将本月已验收入库材料按计划成本从"材料采购"账户的贷方转入"原材料"账户的借方。购入材料实际成本与计划成本的差异,通过"材料成本差异"账户进行核算。

(一)"材料采购"账户

该账户属于资产类账户,用来核算企业购入材料的实际采购成本。借方登记购入材料的实际成本,包括材料买价、运杂费、相关税费及其他可归属于材料采购成本的费用。贷方登记已验收入库材料的计划成本。借方和贷方的差额就是购入材料实际成本与计划成本的差异。实际成本大于计划成本的差异为借差(也称正差异),表示采购成本的超支,月末应将超支额从本账户的贷方转入"材料成本差异"账户的借方;实际成本小于计划成本的差异为贷差(也称负差异),表示采购成本的节约,月末应将节约额从本账户的借方转入"材料成本差异"账户的贷方;材料成本差异结转后,"材料采购"账户若还有借方余额,则反映尚未验收入库的在途材料的实际成本。本账户应按材料类别、品种、规格等设置"材料采购明细账"进行明细分类核算。

(二)"材料成本差异"账户

该账户属于资产类账户,用来核算企业各种已验收入库材料(包括周转材料)的实际成本与计划成本的差异,是各种材料账户的调整账户。借方登记验收入库材料的实际成本大于计划成本的超支差异额(也称借差),贷方登记验收入库材料的实际成本小于计划成本的节约差异额(也称贷差)以及发出材料应负担的成本差异(超支差异额用蓝字,节约差异额用红字)。期末余额若在借方,表示各种库存材料的实际成本大于计划成本的超支差异;期末余额若在贷方,表示各种库存材料的实际成本小于计划成本的节约差异。库存材料账户期末余额加或减本账户期末成本差异就为库存材料的实际成本。因此,本账户是为调整材料计划成本而设置的。本账户应按材料类别设置明细账,进行明细分类核算。

(三)"原材料"账户

按计划成本计价进行材料收发核算时,"原材料"账户借方、贷方及期末余额反映的是各种原材料的计划成本,而不是实际成本,这是与按实际成本计价核算时"原材料"账户的不同之处。其他的与按实际成本计价核算时"原材料"账户的核算内容相同。

二、原材料收发的总分类核算

(一)原材料收入的核算

物业服务企业的原材料主要是从外单位购入的,此外还有自制的原材料、投资者投入的原材料等。以下只介绍外购原材料的核算。

1. 当月付款、当月收料

对于当月付款、当月收料的采购业务,企业应根据发票账单和有关结算凭证,借记"材料采购"账户,贷记"银行存款"等账户。在材料验收入库时,按入库材料的计划成本编制入库分录,借记"原材料"账户,贷记"材料采购"账户。但在实务中,平时一般不编制入库分录,在月末,才将本月已收到发票和结算凭证并已验收入库的材料分品种或类别汇总后按计划成本编制入库分录,并结转入库材料实际成本与计划成本的差异。

【例5-9】 3月2日,某物业服务企业购入水泥若干吨,买价29 000元,运杂费860元、增值税额4 930元,上述款项均以银行存款支付。水泥已到并验收入库,计划成本为35 600元。支付款项时,编制会计分录如下:

借:材料采购——水泥　　　　　　　　　　　　　　34 790
　　贷:银行存款　　　　　　　　　　　　　　　　　　34 790

【例5-10】 3月9日,某物业服务企业购入涂料一批,买价19 000元,发生运杂费300元、增值税额3 230元。发票及结算凭证已收到,双方商定采用商业承兑汇票结算方式支付上述款项。涂料已到并验收入库,其计划成本为22 500元。签发并承兑商业承兑汇票时,编制会计分录如下:

借:材料采购——涂料　　　　　　　　　　　　　　22 530
　　贷:应付票据　　　　　　　　　　　　　　　　　　22 530

2. 当月付款、以后月份收料

企业外购的材料有时会发生货款已付而材料尚未到达的情况,即发生了在途材料。在材料按计划成本计价的情况下,企业支付货款时,应借记"材料采购"账户,贷记"银行存款"或"应付票据"账户。待下月材料到达验收入库后,再根据收料单,借记"原材料"账户,贷记"材料采购"账户。

【例5-11】 3月20日,某物业服务企业购入黄砂一批,买价7 000元,运杂费360元、增值税额1 190元,货款已用银行存款支付,但黄砂至月底尚未到达。根据有关凭证支付材料的买价、运杂费和增值税时,编制会计分录如下:

借:材料采购——黄砂　　　　　　　　　　　　　　8 550
　　贷:银行存款　　　　　　　　　　　　　　　　　　8 550

3. 当月收料、以后月份付款

对于材料先到而发票账单尚未收到货款未付的采购业务,在月份内暂不入账,待发票账单到达后再入账。若至月末发票账单仍未到达,可先按计划成本暂估入账,下月初用红字作同样的分录予以冲回。等下月收到发票账单后按正常程序入账。

此外,如果发票账单已到,但因企业无资金支付款项时,则应通过"应付账款"账户核算,借记"材料采购"账户,贷记"应付账款"账户。

【例5-12】 3月26日,某物业服务企业购入维修材料一批,材料已到并验收入库,但月末发票账单仍未到达,按计划成本32 000元暂估入账。根据收料单,编制会计分录如下:

借:原材料——维修材料　　　　　　　　　　　　　32 000
　　贷:应付账款——暂估应付账款　　　　　　　　　　32 000

下月初用红字金额冲销上述分录:

借:原材料——维修材料　　　　　　　　　　　　　　32 000 *

　　贷:应付账款——暂估应付账款　　　　　　　　　　32 000 *

下月份,收到该批材料的发票账单,该批钢筋的买价 27 000 元,运杂费 310 元,增值税额 4 590 元,均以银行存款支付。编制会计分录如下:

借:材料采购——维修材料　　　　　　　　　　　　31 900

　　贷:银行存款　　　　　　　　　　　　　　　　　31 900

【例 5‐13】　3 月 27 日,某物业服务企业从外地某单位购入钢材一批,买价 29 万元,运杂费 8 000 元,增值税额 49 300 元,材料已到并验收入库,其计划成本为 343 200 元。因企业存款不足,货款尚未支付。编制会计分录如下:

借:材料采购——钢材　　　　　　　　　　　　　　347 300

　　贷:应付账款　　　　　　　　　　　　　　　　　347 300

4. 月末按入库材料的计划成本编制入库分录并计算和结转入库材料的成本差异

按计划成本计价进行材料核算的企业,在月末,应将本月已收到发票和结算凭证并已验收入库的材料分品种或类别汇总后按计划成本编制入库分录,借记"原材料"账户,贷记"材料采购"账户,同时应结转入库材料实际成本与计划成本的差异。入库材料的实际成本大于计划成本,为超支差异额,或称为借差,结转差异时,应借记"材料成本差异"账户,贷记"材料采购"账户。入库材料的实际成本小于计划成本,为节约差异额,或称为贷差,结转差异时,应借记"材料采购"账户,贷记"材料成本差异"账户。

【例 5‐14】　3 月末,根据收料单,将本月份已验收入库的材料按计划成本登记入账,并结转本月份入库材料的成本差异。本月购入并已验收入库材料的实际成本为 404 620 元,计划成本为 401 300 元,两者间的成本差异为超支差异额(借差)3 320 元。编制会计分录如下:

借:原材料——水泥　　　　　　　　　　　　　　　35 600

　　　　——涂料　　　　　　　　　　　　　　　22 500

　　　　——钢材　　　　　　　　　　　　　　　343 200

　　材料成本差异　　　　　　　　　　　　　　　　3 320

　　贷:材料采购——水泥　　　　　　　　　　　　　34 790

　　　　　　——涂料　　　　　　　　　　　　　22 530

　　　　　　——钢材　　　　　　　　　　　　　347 300

(二) 原材料发出的核算

为简化核算手续,领用原材料的核算一般在月末汇总进行。月末,财会部门根据月份内的各种领发料凭证,按照材料的类别和用途,将发出材料的计划成本和应分配的材料成本差异汇总编制"发料凭证汇总表",据以进行原材料发出的账务处理。

具体账务处理方法是:按发出材料的计划成本,借记各成本费用账户,贷记"原材料"账户,同时,根据发出材料的计划成本和材料成本差异分摊率结转发出材料应分配的材料成本差异。超支额(借差)用蓝字金额借记各成本费用账户,贷记"材料成本差异"账户;节

_____

＊　在实务中,此处金额为红字。

约额(贷差)用红字金额借记成本费用账户,贷记"材料成本差异"账户。

【例 5 - 15】 某物业服务企业采用计划成本进行材料核算,根据"发料凭证汇总表",该企业某月共发出 A 原材料 329 000 元,其中:业主房屋共用设施维修工程领用 A 原材料 276 000 元,企业行政管理部门领用 A 原材料 53 000 元。本月该材料的成本差异率+2%。

(1) 发出材料时,编制会计分录如下:

借:主营业务成本 276 000
  管理费用 53 000
 贷:原材料——A 材料 329 000

(2) 月末,结转发出材料应分摊的成本差异时,编制会计分录如下:

发出材料应分摊的成本差异=发出材料的计划成本×材料成本差异率

借:主营业务成本 5 520
  管理费用 1 060
 贷:材料成本差异 6 580

三、原材料收发的明细分类核算

采用计划成本进行材料物资日常核算的企业,每一种材料的收入、发出和结存都是按预先确定的计划单价计价,因此,更便于采用"账卡合一"的核算方法,即只设置一本既有数量又有金额的"原材料明细账",格式见表5-6。这本账放在仓库,平时由仓库保管员根据收发料凭证在"原材料明细账"中序时登记原材料收发结存数量,财会人员定期到仓库稽核并负责登记原材料收发结存的金额。按计划成本计价进行原材料收发核算时,在平时,原材料的收入、发出和结存可以只记录数量,必要时将数量乘以计划单价,即可计算原材料收发结存的计划成本,但在月末,应计算并登记结存金额,以便对账。

表 5 - 6 原材料明细账

材料类别: 存放地点:
材料名称规格: 计量单位:
材料编号: 最高存量:
计划单价: 最低存量:

| 年 | | 凭证编号 | 摘要 | 收入数量 | 发出数量 | 结存 | | 稽核签章 |
月	日					数量	金额	
			合 计					

为了核算和监督各种外购原材料的实际采购成本以及实际成本与计划成本的差异,确定发出材料的实际成本,企业除了设置"原材料明细账"以外,还要设置"材料采购明细账"和"材料成本差异明细账"。

"材料采购明细账"是用来记录企业外购各种材料的实际采购成本以及实际成本与计划成本的差异额的明细账户。企业应结合各自的实际情况设置"材料采购明细账",可以按材料总账科目设置,也可以按材料类别开设明细账户,如果某些主要材料数量多、比重大,需要分别计算其材料成本差异的,则可按材料的细类或品种开设明细账户。"材料采购明细账"的格式见表5-7。

表5-7 材料采购明细账

明细科目:

付款日期		凭证编号	摘要	借方(实际成本)				收料日期	凭证编号	摘要	贷方				备注
月	日			买价	运杂费	相关税费等	合计				计划成本	成本差异	其他	合计	
			合计												

"材料成本差异明细账"是用来记录每月各种类收入材料的成本差异额和计算材料成本差异率,并据以计算每月发出材料应负担的成本差异额。该明细账的设置应与"材料采购明细账"的设置口径保持一致。"材料成本差异明细账"应根据"材料采购明细账"和"发出材料汇总表"进行登记。"材料成本差异明细账"的格式见表5-8。

表5-8 材料成本差异明细账

明细科目:

日期		凭证编号	摘要	收入		发出		结存		差异率(%)
月	日			计划成本	成本差异	计划成本	成本差异	计划成本	成本差异	
			合计							

第四节 周 转 材 料

物业服务企业的周转材料是指在物业经营管理过程中能够多次使用、单位价值较低并且基本保持原有物质形态、其价值逐渐转移的材料。如模板、挡板、架料、低值易耗品等。由于低值易耗品是物业服务企业的主要周转材料,因此,在本节中主要阐述低值易耗品的有关内容。

一、低值易耗品的概念、分类及特点

低值易耗品指劳动资料中使用时间较短,或单位价值较低,不作为固定资产核算的各种工器具和物品。

物业服务企业的低值易耗品按其用途可分为以下几类：

（1）经营用具，指在物业经营管理过程中使用的各种用具，如铁锹、铁镐、钳子、手推车、绿化器械等。

（2）管理用具，指在管理和服务工作中使用的各种价值低、易于损耗的办公用品、家具用具、消防器具等，如桌、椅、柜等。

（3）劳保用品，指在物业经营管理过程中保护职工劳动安全的各种劳动保护用品，如工作服、安全帽、手套等。

（4）玻璃器皿，指试验用的各种玻璃容器和用具。

（5）包装容器，指在物业经营管理过程中使用的周转箱、包装袋等。

低值易耗品由于价值较低，且易于损坏，需要经常更换，不具备固定资产条件，因此，一般列作企业的流动资产，归入存货类进行管理和核算。但低值易耗品又具有与固定资产相似的特点，从它在生产经营过程中所起的作用来看，属于劳动资料，它可以多次使用而不改变原有的实物形态，在使用过程中需经常修理，报废时又有残值，其价值可以一次或分期转移到物业经营服务成本和费用中。基于上述特点，低值易耗品的管理和核算应按固定资产和材料的方法结合使用。即对于低值易耗品的计价、采购、收发、结存和实物的清查盘点，应比照材料的管理和核算方法进行。对于低值易耗品的价值转移、摊销、报废清理等，可参照固定资产的方法。

二、低值易耗品的摊销方法

（一）一次摊销法

一次摊销法指在领用低值易耗品时，将其全部价值一次计入成本费用。对于那些价值甚小、易破损的低值易耗品，可采用一次摊销法。

（二）五五摊销法

五五摊销法指在领用低值易耗品时，先摊销其全部价值的50%，报废时再摊销其余的50%（应扣除回收的残料价值）。

三、低值易耗品的核算

为了核算和监督低值易耗品的收入、发出、结存及其价值摊销情况，企业应设置"周转材料——低值易耗品"账户。借方登记购入、自制、委托加工完成验收入库和盘盈等原因而增加的低值易耗品及在用低值易耗品的计划成本或实际成本，贷方登记领用、摊销、盘亏、报废、毁损等原因减少的低值易耗品的计划成本或实际成本。期末借方余额反映在库低值易耗品的计划成本或实际成本，以及在用低值易耗品的摊余价值。在本账户下应设置"在库低值易耗品"、"在用低值易耗品"、"低值易耗品摊销"三个明细账户进行明细核算。

购入、自制、委托外单位加工完成并已验收入库的低值易耗品、低值易耗品的清查盘点等的核算方法比照原材料核算的相关规定进行处理。

采用计划成本进行低值易耗品日常收发核算的企业，领用低值易耗品应负担的材料成本差异，应根据不同的摊销方法进行处理。采用一次摊销法的低值易耗品，应于领用当月的月末计算应分摊的材料成本差异。采用五五摊销方法的低值易耗品,可于报废时,根据报废低值易耗品的计划成本一次计算应分摊的材料成本差异。

现举例说明**按计划成本计价的低值易耗品领用的核算**。

(一) 领用一次摊销的低值易耗品的核算

【例 5 - 16】　某物业服务企业行政管理部门领用一次摊销的管理用具一批,计划成本 3 200 元,应负担的材料成本差异率为 2%。编制会计分录如下:

借:管理费用　　　　　　　　　　　　　　　　　　　　　3 200
　贷:周转材料——低值易耗品　　　　　　　　　　　　　　　3 200

月末,结转领用该批低值易耗品应负担的材料成本差异,编制会计分录如下:

借:管理费用　　　　　　　　　　　　　　　　　　　　　　64
　贷:材料成本差异　　　　　　　　　　　　　　　　　　　　64

(二) 领用五五摊销的低值易耗品的核算

【例 5 - 17】　某物业服务企业领用物业经营用具一批,计划成本 3 000 元,采用五五摊销法摊销。报废时回收残料价值 200 元,报废低值易耗品应负担的材料成本差异率为 1%。

(1) 领用时,从"在库低值易耗品"明细账户转入"在用低值易耗品"明细账户。编制会计分录如下:

借:周转材料——低值易耗品(在用低值易耗品)　　　　　　3 000
　贷:周转材料——低值易耗品(在库低值易耗品)　　　　　　　3 000

(2) 领用时,应摊销全部价值的 50%。编制会计分录如下:

借:主营业务成本　　　　　　　　　　　　　　　　　　　1 500
　贷:周转材料——低值易耗品(低值易耗品摊销)　　　　　　　1 500

(3) 报废时,再摊销其余的 50%(扣除回收的残料价值),即摊销 1 300 元(3 000 ×50% -200)。编制会计分录如下:

借:主营业务成本　　　　　　　　　　　　　　　　　　　1 300
　贷:周转材料——低值易耗品(低值易耗品摊销)　　　　　　　1 300

同时,将回收的残料作价入库,并冲销在用低值易耗品的计划成本 3 000 元和报废低值易耗品已提摊销额 2 800 元(1 500+1 300)。编制会计分录如下:

借:原材料　　　　　　　　　　　　　　　　　　　　　　200
　周转材料——低值易耗品(低值易耗品摊销)　　　　　　2 800
　贷:周转材料——低值易耗品(在用低值易耗品)　　　　　　　3 000

(4) 月末结转报废低值易耗品应分摊的材料成本差异 30 元,编制会计分录如下:

借:主营业务成本　　　　　　　　　　　　　　　　　　　30
　贷:材料成本差异　　　　　　　　　　　　　　　　　　　30

第五节　存货的期末计价

企业对期末存货应采用"成本与可变现净值孰低法"计价。为客观真实、准确地反映企业期末存货的实际价值,企业应当定期或者至少于每年年末对存货进行全面清查,如由于存货遭受毁损、全部或部分陈旧过时、或销售价格低于成本等原因,使存货的可变现价值低于成本的,应按可变现价值低于存货成本部分,计提存货跌价准备。

一、成本与可变现净值孰低法的含义

成本与可变现净值孰低法指对期末存货按照成本与可变现净值两者之中较低者进行计价的方法。即当成本低于可变现净值时,存货按成本计价;当可变现净值低于成本时,存货按可变现净值计价。这里所讲的"成本"指存货的历史成本,"可变现净值"是指在正常生产经营过程中,以存货的估计售价减去至完工估计将要发生的成本、估计的销售费用以及相关税金后的金额,并不是存货的现行售价。

"成本与可变现净值孰低法"的理论基础是使存货符合资产的定义。当存货的可变现净值跌至成本以下时,表明现有存货的价值下降,是一种资产损失,如果仍然以其历史成本计价,就会出现虚夸资产的现象。因此,应将这部分损失从资产价值中扣除,计入当期损益。

二、成本与可变现净值孰低法的基本方法

采用成本与可变现净值孰低法对期末存货计价时,其成本与可变现净值的比较一般有以下三种方法:

第一种是单项比较法,也称逐项比较法或个别比较法,指对每一种存货的成本与可变现净值逐项进行比较,每项存货均取其低者来确定存货的期末成本。

第二种是分类比较法,指对每类存货的成本与可变现净值进行比较,每类存货取其低者来确定存货的期末成本。

第三种是总额比较法,指按全部存货的总成本与可变现净值总额进行比较,取低者作为期末全部存货的成本。

下面举例说明上述三种方法的运用。

【例5-18】 某物业服务企业有 A、B、C、D 四种存货,分别为甲、乙两大类。各种存货的成本与可变现净值已确定,分别按三种比较法确定期末存货的成本,如表5-9所示:

表5-9 期末存货成本与可变现净值比较表 单位:元

项目	成本	可变现净值	单项比较法	分类比较法	总额比较法
甲类存货					
A存货	7 600	7 000	7 000		
B存货	5 200	5 500	5 200		
合计	12 800	12 500		12 500	
乙类存货					
C存货	4 000	4 800	4 000		
D存货	2 200	2 000	2 000		
合计	6 200	6 800		6 200	
总计	19 000	19 300	18 200	18 700	19 000

由表 5-9 可知,该企业期末存货成本为:单项比较法 18 200 元,分类比较法 18 700元,总额比较法 19 000 元。在运用成本与可变现净值孰低法时,一般采用单项比较法来确定期末存货成本。则本例中企业期末存货成本为 18 200 元。

三、存货跌价准备的核算

存货跌价准备应当按单个存货项目的成本高于其可变现净值的差额提取,即比较每个存货项目的成本与可变现净值,将可变现净值低于成本的差额作为计提的存货跌价准备。另外,对于数量繁多、单价较低的存货,也可以按存货类别计提存货跌价准备,在某些情况下,也可以按全部存货计提存货跌价准备。

(一)账户设置

为了核算和监督计提的存货跌价准备,企业应设置"存货跌价准备"账户。贷方登记会计期末实际计提的存货跌价准备,借方登记冲销已提的存货跌价准备(但当已计提跌价准备的存货价值以后又恢复时,按恢复增加数冲销的跌价准备金额,应以本账户的余额冲减至零为限),期末贷方余额反映企业已提取的存货跌价准备。

(二)存货跌价准备的账务处理

企业根据成本与可变现净值孰低法确定了期末存货价值之后,应视具体情况进行有关的账务处理:如果期末存货的成本低于可变现净值,则不需作账务处理,资产负债表中的存货仍按期末的账面价值列示;如果期末存货的可变现净值低于成本,则必须在当期确认存货跌价损失,并进行有关的账务处理。

在实际工作中,一般采用备抵法进行账务处理。备抵法是指对于存货可变现净值低于成本的损失另设"存货跌价准备"账户反映。具体做法是:每一个会计期末,比较存货的成本与可变现净值,计算出应计提的跌价准备,然后与"存货跌价准备"账户的余额进行比较,若应提数大于已提数,应予以补提;反之,则应冲销多提数。

提取和补提存货跌价准备时,应借记"资产减值损失——存货减值损失"账户,贷记"存货跌价准备"账户;如已计提跌价准备的存货价值以后又恢复时,应按恢复增加的数额冲销已计提的存货跌价准备,借记"存货跌价准备"账户,贷记"资产减值损失——存货减值损失"账户。

在资产负债表中,存货项目应按减去存货跌价准备后的净额反映。

【例 5-19】　某物业服务企业采用"成本与可变现净值孰低法"对期末存货进行计价,并运用备抵法进行相应的账务处理。假设企业于 2010 年末首次计提存货跌价准备,2010年末甲材料的账面成本为 26 万元,可变现净值为 25.5 万元,应计提的跌价准备为 5 000元。编制会计分录如下:

借:资产减值损失——存货减值损失　　　　　　　　　5 000
　　贷:存货跌价准备　　　　　　　　　　　　　　　　5 000

若 2011 年末,甲材料的账面成本为 27 万元,可变现净值为 26.1 万元,则应计提的存货跌价准备为 9 000 元(270 000-261 000)。由于前期已计提 5 000 元,本期应补提存货跌价准备 4 000 元。编制会计分录如下:

借:资产减值损失——存货减值损失   4 000
    贷:存货跌价准备   4 000

若2012年末,甲材料的账面成本为29万元,可变现净值为28.4万元,则应计提的存货跌价准备为6 000元(290 000－284 000)。由于前期已计提9 000元,本期应冲减已计提的存货跌价准备3 000元。编制会计分录如下:

借:存货跌价准备   3 000
    贷:资产减值损失——存货减值损失   3 000

若2013年末,甲材料的账面成本为29万元,可变现净值为29.2万元,则应冲减已计提的存货跌价准备6 000元(5 000＋4 000－3 000),以"存货跌价准备"账户余额冲减至零为限。编制会计分录如下:

借:存货跌价准备   6 000
    贷:资产减值损失——存货减值损失   6 000

第六节 存 货 清 查

一、存货清查概述

在存货的日常收发、保管过程中,由于计量不准确、计算差错、自然损耗、管理不善以及贪污、盗窃等原因,有时会造成账实不符。若存货的账面数小于实存数,为存货的盘盈;反之,为存货的盘亏。为保证存货的安全完整,做到账实相符,企业必须对存货进行定期或不定期的清查。

存货清查是通过对存货的实地盘点,确定存货的实有数,并与账面结存数进行核对,从而确定存货的实存数与账面数是否相符的一种方法。

存货清查的内容主要包括:核对存货的账面结存数量和实际结存数量,查明盘盈、盘亏存货的品种、规格和数量;查明变质、毁损、超储积压存货的品种、规格和数量;查明造成盘盈、盘亏及毁损的原因,并据以编制"存货盘点报告表",按规定程序报请有关部门批准。

存货清查的会计处理程序分批准前和批准后两个步骤。首先,在报经有关部门批准前,根据"存货盘点报告表",将盘盈或盘亏、毁损的存货先作为待处理财产溢余或损失处理,同时调整存货的账面价值,使存货账实相符。其次,在报经有关部门批准后,根据存货盘盈、盘亏、毁损的不同原因和审批结果,将待处理财产溢余或损失分别结转到不同的账户,以分清经济责任。

二、存货清查的核算

(一) 账户设置
存货的盘盈、盘亏和毁损,应通过"待处理财产损溢——待处理流动资产损溢"账户核算。

(二) 存货盘盈的核算
发生盘盈的存货,经查明是由于收发计量或核算误差等原因造成的,应及时办理存货的入账手续,调整存货的账面结存数,借记有关存货账户,贷记"待处理财产损溢"账户。经有关部门批准后,再冲减管理费用,借记"待处理财产损溢"账户,贷记"管理费用"账户。

【例5-20】 某物业服务企业在财产清查中盘盈原材料一批,重置成本6 000元。经查明,是由于收发计量上的差错所造成的。编制会计分录如下:

(1)报批前:

借:原材料	6 000
贷:待处理财产损溢——待处理流动资产损溢	6 000

(2)批准后,冲减管理费用:

借:待处理财产损溢——待处理流动资产损溢	6 000
贷:管理费用	6 000

(三)存货盘亏和毁损的核算

发生存货盘亏及毁损时,在报经批准前,应按其成本转入"待处理财产损溢"账户。报经批准后,再根据造成盘亏和毁损的原因,分别对以下情况进行处理:

(1)属于自然损耗产生的定额内损耗,经批准后,可转作管理费用。借记"管理费用"账户,贷记"待处理财产损溢"账户。

(2)属于计量收发差错和管理不善等原因造成的存货短缺或毁损,应先扣除残料价值、保险赔款和过失人赔款,然后将净损失计入管理费用。借记"原材料"、"其他应收款"、"管理费用"账户,贷记"待处理财产损溢"账户。

(3)属于自然灾害或意外事故造成的存货毁损,应先扣除残料价值和保险赔款,然后将净损失转作营业外支出,借记"原材料"、"其他应收款"、"营业外支出"账户,贷记"待处理财产损溢"账户。

【例5-21】 某物业服务企业在财产清查中盘亏水泥一批,实际成本为1 500元。经查明,其中属于定额内的损耗200元,由于管理不善造成的损失900元,已确定由过失人负责赔偿。自然灾害造成的损失400元。编制会计分录如下:

(1)批准前:

借:待处理财产损溢——待处理流动资产损溢	1 500
贷:原材料	1 500

(2)查明原因,批准后:

借:管理费用	200
其他应收款	900
营业外支出	400
贷:待处理财产损溢——待处理流动资产损溢	1 500

★★★★★ 练习题 ★★★★★

一、单项选择题

1. 下列项目中,不应计入企业存货成本的有( )。

  A. 进口原材料支付的关税   B. 外购材料的运输费

  C．原材料入库前的挑选整理费用   D．自然灾害造成的原材料净损失

 2．企业购进材料支付的运杂费,应当计入( )。

  A．存货成本   B．管理费用   C．其他业务成本   D．主营业务成本

 3．企业接受投资者投资取得的存货,其入账价值一般应当是( )。

  A．投入存货的原账面余额   B．投入存货的原账面价值

  C．投资各方协商确认的价值   D．该存货的可变现净值

 4．在物价持续上涨的情况下,采用先进先出法核算存货的企业会发生( )的情况。

  A．期末库存升高,当期利润增加   B．期末库存升高,当期利润减少

  C．期末库存降低,当期利润增加   D．期末库存降低,当期利润减少

 5．某企业月初库存钢材为 100 吨,单价为 1 400 元/吨,本月购进两批钢材,一次为 300 吨,单价 1 600 元/吨,一次为 100 吨,单价 1 500 元/吨,则月底加权平均单价为( )。

  A．1 540 元/吨   B．1 640 元/吨   C．1 543 元/吨   D．1 535 元/吨

 6．下列各种计价方法中,不能随时结转出发出存货成本的方法是( )。

  A．先进先出法   B．移动加权平均法

  C．全月一次加权平均法   D．个别计价法

 7．企业本月月初库存原材料计划成本 75 000 元,材料成本差异为贷方余额 1 500 元;本月购进原材料计划成本 450 000 元,实际成本 441 000 元。该企业本月材料成本差异率为( )。

  A．超支 2%   B．节约 2%   C．超支 1.4%   D．节约 1.4%

 8．某企业本月材料成本差异率为超支的 3%,本月生产领用原材料的计划成本为 20 000 元,实际成本为( )元。

  A．19 400   B．20 000   C．20 600   D．21 000

 9．企业的存货如果已经计提了跌价准备,则存货的账面价值是指( )。

  A．入账成本   B．现行市价

  C．公允价值   D．可变现净值

 10．企业在清查存货时发现存货盘亏,是因管理不善造成的,应当计入( )。

  A．财务费用   B．管理费用   C．其他业务成本   D．营业外支出

 11．企业对存货清查盘点中盘盈的存货,在报经批准后应该( )。

  A．作为营业外收入   B．作为其他业务收入

  C．冲减其他业务成本   D．冲减管理费用

二、多项选择题

 1．下列各项资产中,属于企业存货的是( )。

  A．购货单位已交款并开出提货单而尚未提走的商品

  B．货款已付正在运输途中的外购材料

  C．已运往它厂正在加工整理的商品

  D．尚未投入使用的固定资产

  E．周转材料

2. 在实际成本法下,发出存货的计价方法包括( )。

    A. 个别计价法   B. 先进先出法

    C. 后进先出法   D. 一次加权平均法

    E. 移动加权平均法

3. 期末存货计价过高,可能会引起( )。

    A. 当期收益增加   B. 当期收益减少   C. 所得税减少   D. 耗用成本减少

    E. 销售成本增加

4. 存货采用计划成本核算时,下列说法中正确的有( )。

    A. 超支差异指计划成本超过实际成本的差额

    B. 节约差异指计划成本超过实际成本的差额

    C. 采购存货的计划成本在"原材料"账户借方核算

    D. 采购存货的实际成本在"材料采购"账户借方核算

    E. 采购存货的实际成本在"原材料"账户借方核算

5. 企业进行存货清查,对于盘亏的存货,要先记入"待处理财产损溢",经过批准后根据不同的原因分别计入( )。

    A. 其他应收款   B. 其他应付款   C. 管理费用   D. 营业外支出

    E. 资产减值损失

三、判断题

1. 存货计价方法的选择不仅影响着资产负债表中资产总额的多少,而且也影响利润表中的净利润。( )

2. 期末存货计价过高,可能会引起当期收益减少。( )

3. 永续盘存制是一种存货数量的盘存方法。( )

4. 采用先进先出法对发出存货进行计价,发出存货的成本比较接近于市价。( )

5. 采购员差旅费和运输机构造成的损耗应计入外购材料的采购成本。( )

6. 采用实际成本计价时,对于材料先到而发票账单尚未收到、货款未付的采购业务,在月份内可暂不入账,待发票账单到达后再入账。( )

7. 存货的期末计价应采用成本与可变现净值孰低法。其中,"成本"是指存货的重置成本。( )

8. 企业因收发计量差错造成的存货盘亏,应计入营业外支出。( )

四、实训题

习题一

(一)目的:练习按实际成本计价的原材料收发的核算。

(二)资料:某物业服务企业 2013 年 9 月份甲材料的月初结余和收入数量、单价,以及发出数量如下:

9 月 1 日 结存 300 千克,每千克 160 元。

9 月 5 日 发出 200 千克。

9 月 8 日 购入 400 千克,每千克 162 元。

9 月 19 日 发出 300 千克。

9月26日　购入300千克,每千克168元。

9月29日　发出100千克。

(三)要求:分别采用先进先出法、全月一次加权平均法计算本月发出甲材料的实际成本和月末结存甲材料的实际成本。

习题二

(一)目的:练习按实际成本计价的原材料采购的核算。

(二)资料:某物业服务企业2013年6月份发生下列有关材料采购业务:

1. 6月3日,购入维修材料一批,买价160 000元,增值税27 200元,运杂费500元,款项均以银行存款支付。材料已验收入库。

2. 6月8日,购入木材一批,买价230 000元,运杂费1 000元,按买价的17%缴纳增值税。材料已验收入库,上述款项尚未支付。

3. 6月15日,以银行存款支付上述木材款。

4. 6月28日,购入钢材若干吨,买价100 000元,运杂费600元,增值税17 000元,材料尚在运输途中,至月末仍未验收入库。货款尚未支付。

5. 6月29日,购入水泥若干吨,材料已到并验收入库,但月末尚未收到发票账单及有关结算凭证,货款尚未支付。月末先按暂估价91 300元入账。

(三)要求:根据上述经济业务编制会计分录。

习题三

(一)目的:练习按计划成本计价的原材料采购的核算。

(二)资料:某物业服务企业2014年3月份共发生下列有关材料采购业务:

1. 3月2日,购入铝材一批,买价7 000元,增值税1 190元,运杂费300元,均以银行存款支付。铝材已验收入库,计划成本8 700元。

2. 3月9日,购入水泥20吨,买价共8 500元,增值税1 445元,运杂费390元,款项尚未支付。计划成本为每吨510元。验收入库时发现损耗水泥1吨,经查明属于合理损耗。

3. 3月25日,购入黄砂一批,买价6 000元,增值税1 020元,运杂费350元,均用银行存款支付。材料至月末尚未到达。

4. 3月26日,购入钢材一批,货已到并验收入库,但发票账单尚未到达。该批钢材的计划成本为59 600元。

5. 3月29日,26日到货的钢材发票已到,买价50 600元,增值税8 602元,运杂费900元,均以银行存款支付。

6. 月末,根据收料单将已验收入库的各种材料按计划成本入账。(月末一次结转入库材料的计划成本)

7. 月末,结转本月购入并已验收入库材料的实际成本与计划成本之间的差异。

(三)要求:

1. 根据上述经济业务编制会计分录。

2. 计算3月份材料成本差异分摊率(设3月初结存原材料的计划成本为27 500元,结存原材料的成本差异为借方余额302元)

习题四

（一）目的：练习按实际成本计价的原材料领用的核算。

（二）资料：根据发料凭证汇总表，某物业服务企业本月共发出材料 10 900 元，其中：物业管理处领用房屋共用设施维修用 A 材料 9 100 元，公司行政管理部门领用 B 材料 1 800 元。

（三）要求：根据上述资料编制本月领料的会计分录。

习题五

（一）目的：练习存货跌价准备的核算。

（二）资料：某物业服务企业采用成本与可变现净值孰低法对期末存货进行计价，并用备抵法进行账务处理。假设企业于 2012 年末首次计提存货跌价准备，2012 年末存货的账面成本为 320 000 元，预计可变现净值为 313 000 元，2013 年末，存货的账面成本为 326 000 元，可变现净值为 324 000 元。

（三）要求：计算各期应提取或冲减的存货跌价准备并编制相应的会计分录。

习题六

（一）目的：练习存货清查的核算。

（二）资料：某企业 2013 年年末对存货进行清查，清查结果如下：

1. 甲材料账面结存数量 360 千克，价值 29 520 元。盘点实际结存量 351 千克，经查明，缺少数为保管人员失职造成的。

2. 乙材料账面结存数量 680 千克，价值 43 860 元。盘点实际结存量 682 千克，经查明属于日常收发计量差错。

上列各项存货的盘盈、盘亏，经查原因属实，报经批准后作如下处理：

1. 保管人员失职造成的材料短缺数，应由过失人赔偿。

2. 日常收发计量差错，作为管理费用处理。

（三）要求：根据上述资料，编制批准前、批准后的会计分录。

习题七

（一）目的：练习低值易耗品的核算。

（二）资料：

1. 某物业服务企业行政管理部门领用一次摊销的管理用具一批，计划成本 6 300 元，应负担的材料成本差异率为 1%。

2. 某物业服务企业管理处领用经营用具一批，计划成本 8 200 元，采用五五摊销法摊销。报废时回收残料价值 300 元，报废低值易耗品应负担的材料成本差异率为 2%。

（三）要求：为上述低值易耗品的领用、摊销、分摊成本差异、报废注销业务编制会计分录。

第六章
金融资产

本章导学

一、学习目标与要求

通过本章的学习,应了解金融资产的概念与分类,掌握各类金融资产初始计量与后续计量的不同要求,掌握金融资产处置的会计处理。

二、重点与难点

● 交易性金融资产公允价值变动的会计处理。

● 持有至到期投资利息收入的会计处理。

● 可供出售金融资产现金股利或债券利息的会计处理。

金融资产是企业资产的重要组成部分,主要包括库存现金、银行存款、应收账款、应收票据、贷款、垫款、其他应收款、应收利息、债权投资、股权投资、基金投资、衍生金融资产等。

企业应当结合自身业务特点和风险管理要求,将取得的金融资产在初始确认时分为以下四类:(1)以公允价值计量且其变动计入当期损益的金融资产;(2)持有至到期投资;(3)贷款和应收款项;(4)可供出售金融资产。金融资产分类与金融资产计量密切相关,不同类别的金融资产,其初始计量和后续计量采用的基础也不完全相同。因此,上述分类一经确定,不得随意变更。

本章仅涉及以下金融资产的会计处理:(1)以公允价值计量且其变动计入当期损益的金融资产;(2)持有至到期投资;(3)可供出售金融资产。

第一节 以公允价值计量且其变动计入当期损益的金融资产

一、以公允价值计量且其变动计入当期损益的金融资产概述

以公允价值计量且其变动计入当期损益的金融资产,可以进一步分为交易性金融资产和直接指定为以公允价值计量且其变动计入当期损益的金融资产。

(一) 交易性金融资产

满足以下条件之一的金融资产,应当划分为交易性金融资产:

(1)取得该金融资产的目的,主要是为了近期内出售或回购。比如企业以赚取差价为目的从二级市场购入的股票、债券、基金等。

(2)属于进行集中管理的可辨认金融工具组合的一部分,且有客观证据表明企业近期采用短期获利方式对该组合进行管理。在这种情况下,即使组合中有某个组成项目持有的期限稍长也不受影响。

(3)属于衍生工具,比如国债期货、远期合同、股指期货等,其公允价值变动大于零时,应将其相关变动金额确认为交易性金融资产,同时计入当期损益。但是,被指定为有效套期工具的衍生工具、属于财务担保合同的衍生工具、与在活跃市场中没有报价且其公允价值不能可靠计量的权益工具投资挂钩并须通过交付该权益工具结算的衍生工具除外。

(二) 直接指定为以公允价值计量且其变动计入当期损益的金融资产

企业将某项金融资产直接指定为以公允价值计量且其变动计入当期损益的金融资产,通常指该金融资产不满足确认为交易性金融资产的条件,但企业仍可在符合某些特定条件时将其按公允价值计量,并将其公允价值变动计入当期损益。只有在满足以下条件之一时,企业才能将某项金融资产直接指定为以公允价值计量且其变动计入当期损益的金融资产:

(1)该指定可以消除或明显减少由于该金融资产的计量基础不同所导致的相关利得或损失在确认或计量方面不一致的情况。

（2）企业风险管理或投资策略的正式书面文件已载明,该金融资产组合等,以公允价值为基础进行管理、评价并向关键管理人员报告。

以下着重介绍交易性金融资产的会计处理。

二、交易性金融资产的会计处理

为了核算交易性金融资产,企业应设置"交易性金融资产"、"公允价值变动损益"和"投资收益"等账户。

"交易性金融资产"账户为资产类账户,用来核算企业为交易目的所持有的债券投资、股票投资、基金投资等交易性金融资产的公允价值。借方登记取得交易性金融资产时按照公允价值确认的成本、资产负债表日其公允价值高于账面余额的差额、企业出售交易性金融资产时结转的公允价值变动;贷方登记资产负债表日其公允价值低于账面余额的差额,以及企业出售交易性金融资产时结转的成本和公允价值变动;期末余额在借方,反映企业持有的交易性金融资产的公允价值。企业应当按照交易性金融资产的类别和品种,分别设置"成本"、"公允价值变动"等明细账户进行核算。

"公允价值变动损益"账户为损益类账户,用来核算企业交易性金融资产、交易性金融负债,以及采用公允价值模式计量的投资性房地产等公允价值变动而形成的应计入当期损益的利得或损失。贷方登记资产负债表日企业持有的交易性金融资产等的公允价值高于账面余额的差额;借方登记资产负债表日企业持有的交易性金融资产等的公允价值低于账面余额的差额。出售交易性金融资产时,将原计入的该交易性金融资产的公允价值变动转出,借记或贷记该账户。期末,应将该账户余额转入"本年利润"账户,结转后该账户无余额。

"投资收益"账户为损益类账户,用来核算企业确认的投资收益或投资损失。贷方登记实现的投资收益;借方登记发生的投资损失。期末,应将该账户余额转入"本年利润"账户,结转后该账户无余额。

（一）取得交易性金融资产的核算

企业取得交易性金融资产,应当按照取得时的公允价值作为初始成本,相关交易费用直接计入当期损益。交易费用包括支付给代理机构、咨询公司、券商等中介机构的手续费、佣金及其他必要支出,不包括债券溢价、折价、融资费用、内部管理成本及其他与交易不直接相关的费用。

在取得交易性金融资产时,如果实际支付的价款中包含已宣告但尚未发放的现金股利或已到付息期但尚未领取的债券利息,应当单独确认为应收项目,不计入交易性金融资产的初始成本。

相关账务处理为:当企业取得交易性金融资产时,按其公允价值,借记"交易性金融资产——成本"账户,按发生的交易费用,借记"投资收益"账户,按实际支付的金额,贷记"银行存款"等账户。如果实际支付的价款中包含已宣告但尚未发放的现金股利或已到付息期但尚未领取的债券利息,应当借记"应收股利"或"应收利息"账户。

【例6-1】 某物业服务企业甲公司于2013年4月15日以银行存款购入乙公司发行

的股票 20 000 股,每股价格 10 元(含已宣告但尚未发放的现金股利 0.2 元),另支付相关
税费 1 000 元。甲公司将其划分为交易性金融资产。编制会计分录如下:

借:交易性金融资产——成本 196 000
　　应收股利 4 000
　　投资收益 1 000
　　贷:银行存款 201 000

（二）现金股利或债券利息的核算

企业持有交易性金融资产取得股利或利息应区分不同情况进行账务处理。

（1）取得交易性金融资产时,实际支付的价款中包含已宣告但尚未发放的现金股利
或已到付息期但尚未领取的债券利息,在取得交易性金融资产时单独确认为应收项目,借
记"应收股利"或"应收利息"账户。在实际收到现金股利或债券利息时应冲减应收项目,
不确认为投资收益。借记"银行存款"账户,贷记"应收股利"或"应收利息"账户。

【例 6 - 2】　承例 6 - 1,甲公司于 2013 年 4 月 22 日收到乙公司发放的现金股利。编
制会计分录如下:

借:银行存款 4 000
　　贷:应收股利 4 000

（2）交易性金融资产持有期间被投资单位宣告发放的现金股利,或在资产负债表日
按分期付息、一次还本债券投资的票面利率计算的利息,应当确认为投资收益。借记"应
收股利"或"应收利息"账户,贷记"投资收益"账户。收到现金股利或债券利息时,借记"银
行存款"账户,贷记"应收股利"或"应收利息"账户。

（三）交易性金融资产的期末计量

资产负债表日,交易性金融资产按其当日的公允价值计价。如果公允价值高于账面
余额,应按其差额,借记"交易性金融资产——公允价值变动"账户,贷记"公允价值变动损
益"账户;如果公允价值低于账面余额,则做相反的会计分录。

（四）处置交易性金融资产的核算

当企业出售交易性金融资产时,应按实际收到的金额,借记"银行存款"账户,按该项
交易性金融资产的成本,贷记"交易性金融资产——成本"账户,按该项交易性金融资产的
公允价值变动,贷记或借记"交易性金融资产——公允价值变动"账户,按其差额,贷记或
借记"投资收益"账户。

同时,将原计入该交易性金融资产的公允价值变动转出,借记或贷记"公允价值变动
损益"账户,贷记或借记"投资收益"账户。需要注意的是,出售某项交易性金融资产时,对
应的"公允价值变动损益"账户的余额可能已结转至"本年利润"账户,其本身余额为零。
但仍应将原计入该交易性金融资产的公允价值变动(可根据"交易性金融资产——公允价
值变动"账户的金额来确定),借记或贷记"公允价值变动损益"账户,贷记或借记"投资收
益"账户,以便更加真实地反映出投资收益。

【例 6 - 3】　某物业服务企业 A 公司于 2013 年 3 月 18 日以银行存款购入 B 公司发
行的股票 10 000 股,每股价格 5.5 元,另支付相关税费 500 元。A 公司将其划分为交易性
金融资产。其他资料及应编制的会计分录如下:

（1）2013 年 3 月 18 日购入股票：

借：交易性金融资产——成本　　　　　　　　　　　　55 000
　　投资收益　　　　　　　　　　　　　　　　　　　　500
　　贷：银行存款　　　　　　　　　　　　　　　　　　　55 500

（2）2013 年 4 月 23 日 B 公司宣告发放现金股利，A 公司应分得 3 000 元：

借：应收股利　　　　　　　　　　　　　　　　　　　3 000
　　贷：投资收益　　　　　　　　　　　　　　　　　　　3 000

（3）2013 年 4 月 30 日 A 公司收到上述现金股利：

借：银行存款　　　　　　　　　　　　　　　　　　　3 000
　　贷：应收股利　　　　　　　　　　　　　　　　　　　3 000

（4）2013 年 12 月 31 日，B 公司股票的每股市价为 6.2 元：
该股票的公允价值变动收益＝（6.2－5.5）×10 000＝7 000（元）

借：交易性金融资产——公允价值变动　　　　　　　　7 000
　　贷：公允价值变动损益　　　　　　　　　　　　　　　7 000

（5）2014 年 1 月 16 日，A 公司将该股票出售，取得价款 65 000 元。

借：银行存款　　　　　　　　　　　　　　　　　　　65 000
　　贷：交易性金融资产——成本　　　　　　　　　　　　55 000
　　　　　　　　　　——公允价值变动　　　　　　　　7 000
　　　　投资收益　　　　　　　　　　　　　　　　　　3 000

同时：

借：公允价值变动损益　　　　　　　　　　　　　　　7 000
　　贷：投资收益　　　　　　　　　　　　　　　　　　　7 000

【例 6－4】　某物业服务企业 C 公司每年 6 月 30 日和 12 月 31 日对外提供财务会计报告。2013 年 1 月 3 日，C 公司从二级市场支付价款 102 万元（含已到付息期但尚未领取的利息 2 万元）购入 D 公司发行的债券，另支付相关税费 1.5 万元。该债券面值 100 万元，剩余期限为 2 年，票面年利率为 4%，每半年付息一次，C 公司将其划分为交易性金融资产。其他资料及应编制的会计分录如下：

（1）2013 年 1 月 3 日购入债券：

借：交易性金融资产——成本　　　　　　　　　　　　1 000 000
　　应收利息　　　　　　　　　　　　　　　　　　　20 000
　　投资收益　　　　　　　　　　　　　　　　　　　15 000
　　贷：银行存款　　　　　　　　　　　　　　　　　　　1 035 000

（2）2013 年 1 月 7 日，收到该债券 2012 年下半年利息 2 万元：

借：银行存款　　　　　　　　　　　　　　　　　　　20 000
　　贷：应收利息　　　　　　　　　　　　　　　　　　　20 000

（3）2013 年 6 月 30 日，该债券的公允价值为 110 万元（不含利息），确认债券公允价值变动和投资收益：

借：交易性金融资产——公允价值变动　　　　　　　　100 000

贷:公允价值变动损益	100 000
借:应收利息	20 000
贷:投资收益	20 000

(4) 2013 年 7 月 4 日,收到该债券 2013 年上半年利息 2 万元:

借:银行存款	20 000
贷:应收利息	20 000

(5) 2013 年 12 月 31 日,该债券的公允价值为 107 万元(不含利息),确认债券公允价值变动和投资收益:

借:公允价值变动损益	30 000
贷:交易性金融资产——公允价值变动	30 000
借:应收利息	20 000
贷:投资收益	20 000

(6) 2014 年 1 月 7 日,收到该债券 2013 年下半年利息 2 万元:

借:银行存款	20 000
贷:应收利息	20 000

(7) 2014 年 3 月 31 日,C 公司将该债券出售,取得价款 112 万元:

借:银行存款	1 120 000
贷:交易性金融资产——成本	1 000 000
——公允价值变动	70 000
投资收益	50 000

同时:

借:公允价值变动损益	70 000
贷:投资收益	70 000

第二节　持有至到期投资

一、持有至到期投资概述

持有至到期投资指到期日固定、回收金额固定或可确定,且企业有明确意图和能力持有至到期的非衍生金融资产。例如,某物业服务企业从二级市场上购买的国债、公司债券等。作为持有至到期投资的金融资产,必须同时满足以下三个条件:

(1) 到期日固定、回收金额固定或可确定。指相关合同明确了投资者在确定的期间内获得或应收取现金流量(如投资利息和本金)的金额和时间。因此,从投资者角度看,如果不考虑其他条件,在将某项投资划分为持有至到期投资时可以不考虑可能存在的发行方重大支付风险。

(2) 企业有明确意图将该金融资产持有至到期。指投资者在取得投资时意图就是明确的,除非遇到一些企业所不能控制、预期不会重复发生且难以合理预计的独立事项,否则将持有至到期。

（3）企业有能力将该金融资产持有至到期。指企业有足够的财力资源，并不受外部因素影响将投资持有至到期。

二、持有至到期投资的会计处理

为了核算持有至到期投资，企业应设置"持有至到期投资"、"持有至到期投资减值准备"、"资产减值损失"、"投资收益"等账户。其中，"持有至到期投资"账户为资产类账户，用来核算企业持有至到期投资的摊余成本，可按持有至到期投资的类别和种类，分别设置"成本"、"利息调整"、"应计利息"等明细账户。

（一）取得持有至到期投资的核算

取得持有至到期投资时，应当按照其公允价值与相关交易费用之和作为初始成本入账。实际支付的价款中包含的已到付息期但尚未领取的债券利息，应单独确认为应收项目。

相关账务处理为：企业取得持有至到期投资，应按该投资的面值，借记"持有至到期投资——成本"账户，按支付的价款中包含的已到付息期但尚未领取的利息，借记"应收利息"账户，按实际支付的金额，贷记"银行存款"等账户，按其差额，借记或贷记"持有至到期投资——利息调整"账户。

持有至到期投资初始确认时，应当计算确定其实际利率，并在该持有至到期投资预期存续期间或适用的更短期间内保持不变。实际利率，是指将金融资产或金融负债在预期存续期间或适用的更短期间内的未来现金流量，折现为该金融资产或金融负债当前账面价值所使用的利率。

（二）利息收入的核算

持有至到期投资在企业持有期间内，应当按照投资面值和票面利率计算确认应收利息，按照投资的摊余成本和实际利率计算确认利息收入，计入投资收益。实际利率与票面利率差别较小的，也可以按照票面利率计算利息收入，计入投资收益。相关账务处理为：

（1）持有至到期投资为分期付息、一次还本债券投资的，应于资产负债表日按票面利率计算确定的应收未收利息，借记"应收利息"账户，按持有至到期投资摊余成本和实际利率计算确定的利息收入，贷记"投资收益"账户，按其差额，借记或贷记"持有至到期投资——利息调整"账户。

（2）持有至到期投资为一次还本付息债券投资的，应于资产负债表日按票面利率计算确定的应收未收利息，借记"持有至到期投资——应计利息"账户，按持有至到期投资摊余成本和实际利率计算确定的利息收入，贷记"投资收益"账户，按其差额，借记或贷记"持有至到期投资——利息调整"账户。

（三）持有至到期投资减值的核算

企业应当在资产负债表日对持有至到期投资的账面价值进行检查，有客观证据表明该金融资产预计未来的现金流量将有较明显下降，并能可靠计量时，应当将该资产的账面价值减记至预计未来的现金流量现值。

相关账务处理为:按应减记的金额,借记"资产减值损失"账户,贷记"持有至到期投资减值准备"账户。预计未来现金流量现值应当按照初始确认该金融资产时计算的实际利率折现确定,也可采用合同规定的现行实际利率作为折现率。

已计提减值准备的持有至到期投资,如有客观证据表明其价值已恢复,且客观上与确认该损失后发生的事项有关,原确认的减值损失应当予以转回,做上述相反会计分录。但是,该转回后的账面价值不应当超过假定不计提准备情况下该资产在转回日的摊余成本。

(四)持有至到期投资转换的核算

企业因持有至到期投资部分出售或重分类的金额较大,且不属于《企业会计准则》所允许的例外情况,使该投资的剩余部分不再适合划分为持有至到期投资的,企业应当将该投资的剩余部分重分类为可供出售金融资产,并以公允价值进行后续计量。重分类日,该投资剩余部分的账面价值与其公允价值之间的差额计入所有者权益(资本公积),在该可供出售金融资产发生减值或终止确认时转出,计入当期损益。

相关账务处理为:持有至到期投资重分类为可供出售金融资产的,应在重分类日按其公允价值,借记"可供出售金融资产"账户,按其账面余额,贷记"持有至到期投资——成本、利息调整、应计利息"账户,按其差额,贷记或借记"资本公积——其他资本公积"账户。已计提减值准备的,还应同时结转减值准备。

(五)持有至到期投资处置的核算

处置持有至到期投资时,企业应将所得价款与持有至到期投资账面价值之间的差额,计入当期损益。

相关账务处理为:按实际收到的金额,借记"银行存款"等账户,按其账面余额,贷记"持有至到期投资——成本、利息调整、应计利息"账户,按其差额,贷记或借记"投资收益"账户。已计提减值准备的,还应同时结转减值准备。

【例6-5】 某物业服务企业甲公司于 2009 年 1 月 1 日以 97 000 元购入一批某公司当日发行的债券,另支付相关交易费用 3 000 元。该批债券面值为 125 000 元、票面利率为 4.72%、债券期限 5 年,每年末付息一次,到期还本。甲公司准备将该债券持有至到期。

甲公司在初始确认该持有至到期投资时先计算确定该债券的实际利率:

$$每年应收利息 = 125\,000 \times 4.72\% = 5\,900(元)$$

设该债券的实际利率为 r,则:

$$5\,900 \times (P/A, r, 5) + 125\,000 \times (P/F, r, 5) = 100\,000$$

可得:$r = 10\%$

甲公司各年的持有至到期投资利息调整和投资收益计算如表 6-1 所示。

表6-1 **持有至到期投资利息调整与投资收益计算表**   单位:元

年 份	期初摊余成本	实际利息收入	现金流入	期末摊余成本
2009 年	100 000	10 000	5 900	104 100
2010 年	104 100	10 410	5 900	108 610

续 表

年 份	期初摊余成本	实际利息收入	现金流入	期末摊余成本
2011 年	108 610	10 861	5 900	113 571
2012 年	113 571	11 357	5 900	119 028
2013 年	119 028	11 872	5 900＋125 000	0

说明:(1) 期末摊余成本＝期初摊余成本＋实际利息收入－现金流入

(2) 2013 年计算实际利息收入时,需考虑前面几年计算过程中出现的尾差,所以采用倒算的方法。

根据上述资料,编制会计分录如下:

(1) 2009 年 1 月 1 日,购入债券:

借:持有至到期投资——本金 125 000

贷:银行存款 100 000

持有至到期投资——利息调整 25 000

(2) 2009 年 12 月 31 日,确认实际利息收入、收到票面利息:

借:应收利息 5 900

持有至到期投资——利息调整 4 100

贷:投资收益 10 000

借:银行存款 5 900

贷:应收利息 5 900

(3) 2010 年 12 月 31 日,确认实际利息收入、收到票面利息:

借:应收利息 5 900

持有至到期投资——利息调整 4 510

贷:投资收益 10 410

借:银行存款 5 900

贷:应收利息 5 900

(4) 2011 年 12 月 31 日,确认实际利息收入、收到票面利息:

借:应收利息 5 900

持有至到期投资——利息调整 4 961

贷:投资收益 10 861

借:银行存款 5 900

贷:应收利息 5 900

(5) 2012 年 12 月 31 日,确认实际利息收入、收到票面利息:

借:应收利息 5 900

持有至到期投资——利息调整 5 457

贷:投资收益 11 357

借:银行存款 5 900

贷:应收利息 5 900

(6) 2013 年 12 月 31 日,确认实际利息收入、收到票面利息和本金:

借:应收利息   5 900
　 持有至到期投资——利息调整   5 457
　 贷:投资收益   11 357
借:银行存款   130 900
　 贷:持有至到期投资——本金   125 000
　　 应收利息   5 900

【例 6-6】 假定【例 6-5】中甲公司购入的债券不是每年末付息一次、到期还本,而是到期一次还本付息,且利息不以复利计算。则:

甲公司在初始确认该持有至到期投资时先计算确定该债券的实际利率:

设该债券的实际利率为 r,则:

$$(5\,900 \times 5 + 125\,000) \times (P/F, r, 5) = 100\,000$$

可得: $r = 9.05\%$

甲公司各年的持有至到期投资利息调整和投资收益计算如表 6-2 所示。

表 6-2　持有至到期投资利息调整与投资收益计算表　　　　　　单位:元

年　份	期初摊余成本	实际利息收入	现金流入	期末摊余成本
2009 年	100 000	9 050	0	109 050
2010 年	109 050	9 869	0	118 919
2011 年	118 919	10 762	0	129 681
2012 年	129 681	11 736	0	141 417
2013 年	141 417	13 083	5 900×5＋125 000	0

说明:(1) 期末摊余成本＝期初摊余成本＋实际利息收入－现金流入

(2) 2013 年计算实际利息收入时,需考虑前面几年计算过程中出现的尾差,所以采用倒算的方法。

根据上述资料,编制会计分录如下:

(1) 2009 年 1 月 1 日,购入债券:

借:持有至到期投资——本金   125 000
　 贷:银行存款   100 000
　　 持有至到期投资——利息调整   25 000

(2) 2009 年 12 月 31 日,确认实际利息收入:

借:持有至到期投资——应计利息   5 900
　　　　　　　　　——利息调整   3 150
　 贷:投资收益   9 050

(3) 2010 年 12 月 31 日,确认实际利息收入:

借:持有至到期投资——应计利息   5 900
　　　　　　　　　——利息调整   3 969
　 贷:投资收益   9 869

（4）2011 年 12 月 31 日,确认实际利息收入:

借:持有至到期投资——应计利息　　　　　　　　5 900

　　　　　　　　——利息调整　　　　　　　　4 862

　　贷:投资收益　　　　　　　　　　　　　　　　　　10 762

（5）2012 年 12 月 31 日,确认实际利息收入:

借:持有至到期投资——应计利息　　　　　　　　5 900

　　　　　　　　——利息调整　　　　　　　　5 836

　　贷:投资收益　　　　　　　　　　　　　　　　　　11 736

（6）2013 年 12 月 31 日,确认实际利息收入、收到票面利息和本金:

借:持有至到期投资——应计利息　　　　　　　　5 900

　　　　　　　　——利息调整　　　　　　　　7 183

　　贷:投资收益　　　　　　　　　　　　　　　　　　13 083

借:银行存款　　　　　　　　　　　　　　　　　154 500

　　贷:持有至到期投资——本金　　　　　　　　　125 000

　　　　　　　　——利息调整　　　　　　　　29 500

第三节　可供出售金融资产

一、可供出售金融资产概述

可供出售金融资产,指初始确认时即被指定为可供出售的非衍生金融资产,以及除下列各类资产以外的金融资产:(1)贷款和应收款项;(2)持有至到期投资;(3)以公允价值计量且其变动计入当期损益的金融资产。例如,企业购入的在活跃市场上有报价的股票、债券和基金等,没有划分为以公允价值计量且其变动计入当期损益的金融资产或持有至到期投资等金融资产的,可归为此类。相对于交易性金融资产和持有至到期投资而言,可供出售金融资产的持有意图不明确。

二、可供出售金融资产的会计处理

为了核算可供出售金融资产,企业应设置"可供出售金融资产"、"投资收益"、"资本公积"、"资产减值损失"等账户。其中,"可供出售金融资产"账户为资产类账户,用来核算企业持有的可供出售金融资产的公允价值,可按可供出售金融资产的类别和品种,分别设置"成本"、"利息调整"、"应计利息"、"公允价值变动"等明细账户。

（一）取得可供出售金融资产的核算

取得可供出售金融资产时,应当按照其公允价值与相关交易费用之和作为初始成本入账。实际支付的价款中包含的已宣告但尚未发放的现金股利或已到付息期但尚未领取的债券利息,应当单独确认为应收项目,不计入可供出售金融资产的初始成本。

相关账务处理为:企业取得可供出售的金融资产为股权投资的,应按其公允价值与交易费用之和,借记"可供出售金融资产——成本"账户,按支付的价款中包含的已宣告但尚未发放的现金股利,借记"应收股利"账户,按实际支付的金额,贷记"银行存款"等账户。

企业取得的可供出售金融资产为债券投资的,应按债券的面值,借记"可供出售金融资产——成本"账户,按支付的价款中包含的已到付息期但尚未领取的利息,借记"应收利息"账户,按实际支付的金额,贷记"银行存款"等账户,按其差额,借记或贷记"可供出售金融资产——利息调整"账户。

(二) 现金股利或债券利息的核算

企业持有可供出售金融资产的股利或利息应区分不同情况进行账务处理。

(1) 取得可供出售金融资产时实际支付的价款中包含已宣告但尚未发放的现金股利或已到付息期但尚未领取的债券利息,在取得可供出售金融资产时单独确认为应收项目,借记"应收股利"或"应收利息"账户。在实际收到现金股利或债券利息时应冲减应收项目,不确认为投资收益。借记"银行存款"账户,贷记"应收股利"或"应收利息"账户。

(2) 可供出售股权投资,持有期间被投资单位宣告分派现金股利时,按应享有的份额,借记"应收股利"账户,贷记"投资收益"账户。实际收到现金股利时,借记"银行存款"账户,贷记"应收股利"账户。

(3) 可供出售债券为分期付息、一次还本债券投资的,应于资产负债表日按票面利率计算确定的应收未收利息,借记"应收利息"账户,按可供出售债券的摊余成本和实际利率计算确定的利息收入,贷记"投资收益"账户,按其差额,借记或贷记"可供出售金融资产——利息调整"账户。在实际收到债券利息时,借记"银行存款"账户,贷记"应收利息"账户。

(4) 可供出售债券为一次还本付息债券投资的,应于资产负债表日按票面利率计算确定的应收未收利息,借记"可供出售金融资产——应计利息"账户,按可供出售债券的摊余成本和实际利率计算确定的利息收入,贷记"投资收益"账户,按其差额,借记或贷记"可供出售金融资产——利息调整"账户。

(三) 可供出售金融资产的期末计量

资产负债表日,可供出售金融资产按其当日的公允价值计价,公允价值高于其账面余额的,则按其差额,借记"可供出售金融资产——公允价值变动"账户,贷记"资本公积——其他资本公积"账户;公允价值低于其账面余额做相反的会计分录。

确定可供出售金融资产发生减值的,按应减记的金额,借记"资产减值损失"账户,按应从所有者权益中转出原计入资本公积的累计损失金额,贷记"资本公积——其他资本公积"账户,按其差额,贷记"可供出售金融资产——公允价值变动"账户。

对于已确认减值损失的可供出售金融资产,在随后会计期间内公允价值已上升且客观上与确认原减值损失事项有关的,应按原确认的减值损失,借记"可供出售金融资产——公允价值变动"账户,贷记"资产减值损失"账户;但可供出售金融资产为股票等权益工具投资的(不含在活跃市场上没有报价、公允价值不能可靠计量的权益工具投资),借记"可供出售金融资产——公允价值变动"账户,贷记"资本公积——其他资本公积"账户。

(四) 持有至到期投资重分类为可供出售金融资产的核算

将持有至到期投资重分类为可供出售金融资产的,应在重分类日按其公允价值,借记

"可供出售金融资产"账户,按其账面余额,贷记"持有至到期投资"账户,按其差额,贷记或借记"资本公积——其他资本公积"账户。

（五）处置可供出售金融资产的核算

处置可供出售金融资产,应按实际收到的金额,借记"银行存款"等账户,按其账面余额,贷记"可供出售金融资产——成本、公允价值变动、利息调整、应计利息"账户,按应从所有者权益中转出的公允价值累计变动额,借记或贷记"资本公积——其他资本公积"账户,按其差额,贷记或借记"投资收益"账户。

【例6－7】　2013年5月9日,某物业服务企业K公司支付价款101.6万元(含交易费用0.1万元和已宣告但尚未发放的现金股利1.5万元),购入M公司发行的股票20万股,占M公司有表决权股份的0.5%。K公司将其划分为可供出售金融资产。不考虑其他因素影响,其他资料及应编制的会计分录如下:

（1）2013年5月9日,购入股票:

借:可供出售金融资产——成本　　　　　　　　　　　1 001 000
　　应收股利　　　　　　　　　　　　　　　　　　　　　15 000
　　贷:银行存款　　　　　　　　　　　　　　　　　　　　1 016 000

（2）2013年5月15日,K公司收到M公司发放的现金股利1.5万元:

借:银行存款　　　　　　　　　　　　　　　　　　　　15 000
　　贷:应收股利　　　　　　　　　　　　　　　　　　　　15 000

（3）2013年6月30日,该股票市价为每股5.2元,确认股票的价格变动:

借:可供出售金融资产——公允价值变动　　　　　　　　39 000
　　贷:资本公积——其他资本公积　　　　　　　　　　　　39 000

（4）2013年12月31日,K公司仍持有该股票;当日,该股票市价为每股5元,确认股票的价格变动:

借:资本公积——其他资本公积　　　　　　　　　　　　40 000
　　贷:可供出售金融资产——公允价值变动　　　　　　　　40 000

（5）2014年5月8日,M公司宣告发放股利共400万元,K公司确认应收现金股利为2万元:

借:应收股利　　　　　　　　　　　　　　　　　　　　20 000
　　贷:投资收益　　　　　　　　　　　　　　　　　　　　20 000

（6）2014年5月15日,K公司收到M公司发放的现金股利:

借:银行存款　　　　　　　　　　　　　　　　　　　　20 000
　　贷:应收股利　　　　　　　　　　　　　　　　　　　　20 000

（7）2014年5月20日,K公司以每股4.9元的价格将该股票全部转让:

借:银行存款　　　　　　　　　　　　　　　　　　　　980 000
　　投资收益　　　　　　　　　　　　　　　　　　　　　21 000
　　可供出售金融资产——公允价值变动　　　　　　　　　1 000
　　贷:可供出售金融资产——成本　　　　　　　　　　　1 001 000
　　　　资本公积——其他资本公积　　　　　　　　　　　　1 000

【例6-8】　2013年1月1日某物业服务企业 Y 公司支付价款 5 141.22 元购入某公司发行的 3 年期公司债券,该公司债券的票面总金额为 5 000 元,票面利率 4%,实际利率为 3%,利息每年末支付,本金到期支付。Y 公司将该公司债券划分为可供出售金融资产。2013 年 12 月 31 日,该债券的市场价格为 5 000.46 元。假定无交易费用和其他因素的影响。Y 公司编制会计分录如下:

(1) 2013 年 1 月 1 日,购入债券:

借:可供出售金融资产——成本　　　　　　　　　　　5 000
　　　　　　　　　　——利息调整　　　　　　　　　141.22
　　贷:银行存款　　　　　　　　　　　　　　　　　　5 141.22

(2) 2013 年 12 月 31 日,收到债券利息、确认公允价值变动:

实际利息 = 5 141.22 × 3% = 154.2366 ≈ 154.24(元)
年末摊余成本 = 5 141.22 + 154.24 - 200 = 5 095.46(元)
公允价值变动 = 5 095.46 - 5 000.46 = 95(元)

借:应收利息　　　　　　　　　　　　　　　　　　　200
　　贷:投资收益　　　　　　　　　　　　　　　　　　154.24
　　　　可供出售金融资产——利息调整　　　　　　　　45.76
借:银行存款　　　　　　　　　　　　　　　　　　　200
　　贷:应收利息　　　　　　　　　　　　　　　　　　200
借:资本公积——其他资本公积　　　　　　　　　　　95
　　贷:可供出售金融资产——公允价值变动　　　　　　95

★★★★★ 练习题 ★★★★★

一、单项选择题

1. 企业取得交易性金融资产的主要目的是(　　　)。
　　A. 利用闲置资金短期获利　　　　　　　B. 控制对方的经营政策
　　C. 向对方提供财务援助　　　　　　　　D. 分散经营风险

2. 企业购入股票作为交易性金融资产,初始入账金额是指(　　　)。
　　A. 股票的面值　　　　　　　　　　　　B. 股票的公允价值
　　C. 实际支付的全部价款　　　　　　　　D. 股票的公允价值与交易费用之和

3. 企业取得交易性金融资产支付的手续费等相关交易费用,应当计入(　　　)。
　　A. 初始入账金额　　B. 投资收益　　　C. 财务费用　　　　D. 管理费用

4. 企业购入股票支付的价款中如果包含已宣告但尚未领取的现金股利,应当(　　　)。
　　A. 计入初始入账金额　　　　　　　　　B. 作为其他应收款
　　C. 作为应收股利　　　　　　　　　　　D. 计入投资收益

5. 企业在持有交易性金融资产期间获得的现金股利,应当(　　　)。
　　A. 计入投资收益　　　　　　　　　　　B. 冲减初始入账金额
　　C. 计入资本公积　　　　　　　　　　　D. 冲减财务费用

6. 企业在持有交易性金融资产期间,公允价值的变动应当计入(　　)。

    A. 投资收益 　　　　　　　　　B. 公允价值变动损益

    C. 资本公积 　　　　　　　　　D. 营业外收入

7. 资产负债表日,交易性金融资产的价值应按(　　)计量。

    A. 初始入账金额 　　　　　　　B. 可变现净值

    C. 公允价值 　　　　　　　　　D. 成本与市价孰低

8. 企业购入债券作为持有至到期投资,该债券的初始入账金额应为(　　)。

    A. 债券面值 　　　　　　　　　B. 债券面值加相关交易费用

    C. 债券公允价值 　　　　　　　D. 债券公允价值加相关交易费用

9. 企业购入债券作为持有至到期投资,支付的价款中所包含的已到付息期但尚未领取的利息,应当作为(　　)。

    A. 利息调整 　　　B. 应收利息 　　　C. 初始入账金额 　　　D. 投资收益

10. 企业购入债券作为持有至到期投资,该债券初始入账金额与其面值的差额,在取得债券时应当作为(　　)。

    A. 财务费用 　　　B. 投资收益 　　　C. 应计利息 　　　D. 利息调整

11. 企业按低于面值的成本购入债券作为持有至到期投资,如果该债券在持有期间没有计提减值准备也没有收回部分本金,其摊余成本是指(　　)。

    A. 债券面值加尚未摊销的利息调整

    B. 债券面值减尚未摊销的利息调整

    C. 债券面值加已经摊销的利息调整

    D. 债券面值减已经摊销的利息调整

12. 企业将持有至到期投资重分类为可供出售金融资产,该项投资重分类日的账面价值与其公允价值的差额,应当计入(　　)。

    A. 公允价值变动损益 　　　　　B. 投资收益

    C. 营业外收入 　　　　　　　　D. 资本公积

13. 企业在持有可供出售金融资产期间获得的现金股利或利息,应当计入(　　)。

    A. 投资收益 　　　　　　　　　B. 公允价值变动损益

    C. 财务费用 　　　　　　　　　D. 其他业务收入

14. 可供出售金融资产期末公允价值的变动,应当计入(　　)。

    A. 公允价值变动损益 　　　　　B. 投资收益

    C. 资本公积 　　　　　　　　　D. 盈余公积

二、多选题

1. 下列各项中,属于金融资产的有(　　)。

    A. 库存现金 　　　B. 债券投资 　　　C. 股票投资 　　　D. 应收账款

    E. 基金投资

2. 下列各项中,不应计入交易性金融资产的入账价值的有(　　)。

    A. 支付的手续费 　　　　　　　B. 已到付息期但尚未领取的债券利息

    C. 取得时交易性金融资产的公允价值 　D. 已宣告但尚未发放的现金股利

E．支付的印花税

3．关于持有至到期投资的会计处理,下列表述中正确的有(　　)。

A．持有至到期投资应按面值和票面利率确认投资收益

B．持有至到期投资应按摊余成本和实际利率确认投资收益

C．持有至到期投资期末应按摊余成本计量

D．持有至到期投资不需要计提减值准备

E．持有至到期投资的投资对象可以是债券但不能是股票

4．关于可供出售金融资产,下列说法中正确的有(　　)。

A．购买价款中包含的已宣告但尚未发放的现金股利应确认为应收项目

B．可供出售金融资产的公允价值变动应计入资本公积

C．可供出售金融资产按公允价值计量因而不需要确认减值损失

D．处置可供出售金融资产时原计入所有者权益的公允价值变动应转入投资损益

E．可供出售金融资产的投资对象既可以是股票也可以是债券

三、判断题

1．交易性金融资产应当按照取得时的公允价值和相关交易费用之和作为初始入账金额。　　　　　　　　　　　　　　　　　　　　　　　　　(　　)

2．企业在持有交易性金融资产期间所获得的现金股利或债券利息,应当冲减交易性金融资产的初始成本。　　　　　　　　　　　　　　　　　　　　(　　)

3．资产负债表日,无论交易性金融资产的公允价值大于还是小于账面价值,其差额均计入当期损益。　　　　　　　　　　　　　　　　　　　　　　(　　)

4．持有至到期投资应当按取得时的公允价值作为初始入账金额,支付的相关交易费用应当计入当期损益。　　　　　　　　　　　　　　　　　　　(　　)

5．如果持有至到期投资的初始入账金额高于其面值,则各期确认的投资收益大于当期的应收利息。　　　　　　　　　　　　　　　　　　　　　　(　　)

6．如果持有至到期投资的初始入账金额低于其面值,则利息调整的摊销会导致持有至到期投资账面摊余成本逐期减少。　　　　　　　　　　　　　　(　　)

7．可供出售金融资产应当按照取得时的公允价值和相关交易费用之和作为初始成本入账。　　　　　　　　　　　　　　　　　　　　　　　　　(　　)

8．企业取得的可供出售金融资产,在持有期间应按公允价值计量,且公允价值的变动计入所有者权益。　　　　　　　　　　　　　　　　　　　　(　　)

9．处置可供出售金融资产时,应将已计入所有者权益的公允价值累计变动额转入公允价值变动损益。　　　　　　　　　　　　　　　　　　　　　(　　)

10．由于可供出售金融资产在持有期间按公允价值计量,因而不确认减值损失。
　　　　　　　　　　　　　　　　　　　　　　　　　　　　　　(　　)

四、实训题

习题一

(一)目的:练习交易性金融资产的核算。

(二)资料:

1. 某物业服务企业甲公司每年 6 月 30 日和 12 月 31 日对外提供财务会计报告。2013 年 5 月 8 日,甲公司以 315 万元(含已宣告但尚未发放的现金股利 15 万元)购入乙公司股票 100 万股作为交易性金融资产,另支付相关税费 3 万元。

2. 2013 年 5 月 15 日,甲公司收到现金股利 15 万元。

3. 2013 年 6 月 30 日,乙公司股票每股市价为 3.2 元。

4. 2013 年 8 月 15 日,乙公司宣告分派现金股利每股 0.2 元。

5. 2013 年 8 月 20 日,甲公司收到发放的现金股利。

6. 2013 年 12 月 31 日,乙公司股票每股市价为 3.1 元。

7. 2014 年 1 月 12 日,甲公司以 316 万元出售乙公司的股票。

(三)要求:根据上述经济业务编制会计分录。

习题二

(一)目的:练习交易性金融资产的核算。

(二)资料:

1. 某物业服务企业 A 公司于 2013 年 1 月 1 日从证券市场上购入 B 公司 2012 年 1 月 1 日发行的债券,面值为 50 万元,票面利率 3%,每年付息一次。取得时 A 公司支付的购买价为 51.5 万元(含已到付息期但尚未领取的利息 1.5 万元),另支付相关税费 0.5 万元。A 公司不准备长期持有,将其划分为交易性金融资产。

2. 2013 年 1 月 5 日,收到利息 1.5 万元。

3. 2013 年 12 月 31 日,该债券的公允价值为 48 万元(不含利息)。

4. 2014 年 1 月 5 日,收到利息 1.5 万元。

5. 2014 年 1 月 10 日,将该债券出售,共收到价款 51 万元。

(三)要求:根据上述经济业务编制会计分录。

习题三

(一)目的:练习持有至到期投资的核算。

(二)资料:2009 年 1 月 1 日,某物业服务企业甲公司购入一批当日发行的面值为 100 000 元、票面利率为 3%、每年付息一次的 C 公司债券,该债券期限 5 年,到期还本。甲公司购入该债券的买价为 90 000 元,相关交易费用为 3 000 元,款项通过银行支付。甲公司将该债券持有至到期。

(三)要求:根据上述经济业务编制会计分录。

习题四

(一)目的:练习可供出售金融资产的核算。

(二)资料:

1. 某物业服务企业 C 公司于 2013 年 7 月 18 日从二级市场购入股票 100 万股,每股市价 15 元,手续费 3 万元;初始确认时,该股票划分为可供出售金融资产。

2. C 公司至 2013 年 12 月 31 日仍持有该股票,该股票当时的市价为 16 元。

3. 2014 年 2 月 13 日,C 公司将该股票售出,售价为每股 13 元,另支付交易费用 13 000 元。

(三)要求:根据上述经济业务编制会计分录。

第七章
长期股权投资

本章导学

一、学习目标与要求

通过本章的学习,应了解长期股权投资的特点和类型,掌握企业合并形成的长期股权投资的初始计量,了解其他方式取得的长期股权投资的初始计量,掌握长期股权投资核算的成本法、权益法以及两种方法的转换,熟悉长期股权投资的减值和处置的核算。

二、重点与难点

● 企业合并形成的长期股权投资的会计处理。

● 长期股权投资的成本法。

● 长期股权投资的权益法。

第一节 长期股权投资概述

一、长期股权投资的概念

长期股权投资指企业持有的期限在 1 年以上(不含 1 年)的各种股权性质的投资,包括股票投资和其他股权投资。

股票投资指企业以购买股票的方式对其他企业所进行的投资。企业购买并持有某股份有限公司的股票后,即成为该公司的股东,投资企业有权参与被投资单位的经营管理,并可根据被投资单位经营的好坏,按持股比例分享利润、分担亏损,如果被投资单位破产,投资企业有可能失去投资本金。

其他股权投资指除股票投资以外具有股权性质的投资,一般是企业直接将现金、实物或无形资产等投资到其他企业而取得股权的一种投资。它是一种直接投资,在我国主要是指联营投资。这种投资与股票投资一样,也是一种权益性投资,其特点与股票投资基本相同。

二、长期股权投资的特点

长期股权投资有如下特点:

(1) 长期持有,不能随时出售。

(2) 企业进行长期股权投资的目的在于控制被投资单位,或对被投资单位施加重大影响,或为长期盈利,或为了与被投资单位建立密切关系,以分散经营风险。

(3) 长期股权投资金额大、风险大,收益较高。

三、长期股权投资的类型

《企业会计准则第 2 号——长期股权投资》中所规范的长期股权投资,包括以下四种类型:

(一) 对被投资单位实施控制的权益性投资,即对子公司投资

控制指有权决定一个企业的财务政策和经营政策,并能据以从该企业的经营活动中获取利益。投资企业能够对被投资单位实施控制的,被投资单位为其子公司,投资企业应将子公司纳入合并财务报表的范围。具体包括:

第一,投资企业直接拥有被投资单位 50%以上的表决权资本。

第二,投资企业虽然拥有被投资单位 50%或 50%以下的表决权资本,但具有实质控制权。具体可通过以下情况判断:

(1) 通过与其他投资者的协议,投资企业拥有被投资单位 50%以上表决权资本的控制权。

(2) 根据章程或协议,投资企业有权控制被投资单位的财务政策和经营政策。

（3）有权任免被投资单位董事会等类似权力机构的多数成员。

（4）在董事会或类似的权力机构会议上有半数以上的投票权。

（二）对被投资单位实施共同控制的权益性投资，即对合营企业投资

共同控制是指按合同约定对某项经济活动所共有的控制，仅在与该项经济活动相关的重要财务决策和经营决策需要分享控制权的投资方一致同意时存在。共同控制实体是指由两个或多个实体共同投资建立的实体，被投资单位的财务决策和经营决策必须由投资双方或若干方共同决定。投资企业与其他方对被投资单位实施共同控制的，被投资单位为其合营企业。

（三）对被投资单位施加重大影响的权益性投资，即对联营企业投资

重大影响是指对一个企业的财务政策和经营政策有参与决策的权利，但并不能够控制或者与其他方一起共同控制这些政策的制定。投资企业能够对被投资单位实施重大影响的，被投资单位为其联营企业。

（四）对被投资单位不具有控制、共同控制或重大影响，且在活跃市场中没有报价、公允价值不能可靠计量的权益性投资

四、长期股权投资核算应设置的账户

为了核算长期股权投资，企业应设置"长期股权投资"、"长期股权投资减值准备"、"资产减值损失"、"投资收益"等账户。"长期股权投资"账户为资产类账户，用来核算企业持有的采用成本法和权益法核算的长期股权投资，可按被投资单位设置明细账户。长期股权投资采用权益法核算的，还应当分别设置"成本"、"损益调整"、"其他权益变动"等明细账户。

第二节　长期股权投资的初始计量

长期股权投资应在取得时以初始投资成本计量。初始投资成本指为获得一项投资而付出的代价。初始投资成本的确定，取决于长期股权投资的取得方式。具体来说，长期股权投资初始投资成本的确定，应当区分企业合并形成的长期股权投资和其他方式取得的长期股权投资两种情况。在企业合并形成的长期股权投资中，还应进一步区分同一控制下的企业合并和非同一控制下的企业合并两种方式。

一、企业合并形成的长期股权投资

企业合并形成的长期股权投资，应当按照下列规定确定其初始投资成本。

（一）同一控制下企业合并形成的长期股权投资

参与合并的各方在合并前后均受同一方或相同的多方最终控制，且该控制并非暂时性的，为同一控制下的企业合并。同一控制下的企业合并，在合并日取得对其他参与合并企业控制权的一方为合并方，参与合并的其他企业为被合并方。合并日，是指合并方实际

取得对被合并方控制权的日期。

同一控制下的企业合并有以下特点:第一,不属于交易事项,而是资产和负债的重新组合;第二,合并作价往往不公允。

其初始投资成本的计量应按以下规定进行:

(1)合并方以支付现金、转让非现金资产或承担债务方式作为合并对价的,应当在合并日按照取得被合并方所有者权益账面价值的份额作为长期股权投资的初始投资成本。长期股权投资初始投资成本与支付的现金、转让的非现金资产以及所承担债务账面价值之间的差额,应当调整资本公积;资本公积不足冲减的,依次冲减盈余公积、未分配利润。

(2)合并方以发行权益性证券作为合并对价的,应当在合并日按照取得被合并方所有者权益账面价值的份额作为长期股权投资的初始投资成本。按照发行股份的面值总额作为股本,长期股权投资初始投资成本与所发行股份面值总额之间的差额调整资本公积;资本公积不足冲减的,依次冲减盈余公积、未分配利润。

(3)合并方为进行企业合并而发生的审计费用、评估费用、法律咨询服务费用等相关费用,于发生时直接计入当期管理费用。

(4)合并方实际支付的价款或对价中包含的已宣告但尚未发放的现金股利或利润,作为应收项目处理。

合并方的相关账务处理为:在合并日按取得被合并方所有者权益账面价值的份额,借记"长期股权投资"账户,按享有被投资单位已宣告但尚未发放的现金股利或利润,借记"应收股利"账户,按支付的合并对价的账面价值,贷记有关资产或借记有关负债账户;按发行权益性证券的面值,贷记"股本"账户,按其差额,贷记"资本公积——资本溢价或股本溢价"账户,为借方差额的,借记"资本公积——资本溢价或股本溢价"账户,资本公积(资本溢价或股本溢价)不足冲减的,借记"盈余公积"、"利润分配——未分配利润"账户。

【例7-1】 甲、乙两物业服务企业同属于 A 公司的子公司。甲公司以货币资金 3 000 万元取得乙公司 60% 的股份,合并日乙公司所有者权益的账面价值为 4 000 万元,甲公司"资本公积"账户的余额为 800 万元。编制会计分录如下:

借:长期股权投资　　　　　　　　　　　　　　　　　24 000 000
　　资本公积　　　　　　　　　　　　　　　　　　　6 000 000
　贷:银行存款　　　　　　　　　　　　　　　　　　30 000 000

【例7-2】 甲、丙两物业服务企业同属于 A 公司的子公司。甲公司以发行股票的方式从丙公司的股东手中取得丙公司 60% 的股份,甲公司为此发行了 1 500 万股普通股股票,该股票面值为每股 1 元,合并日丙公司所有者权益的账面价值为 3 000 万元。编制会计分录如下:

借:长期股权投资　　　　　　　　　　　　　　　　　18 000 000
　贷:股本　　　　　　　　　　　　　　　　　　　15 000 000
　　资本公积　　　　　　　　　　　　　　　　　　3 000 000

(二) 非同一控制下企业合并形成的长期股权投资

参与合并的各方在合并前后不受同一方或相同的多方最终控制的,为非同一控制下的企业合并。非同一控制下的企业合并,在购买日取得对其他参与合并企业控制权的一方为购买方,参与合并的其他企业为被购买方。购买日,是指购买方实际取得对被购买方控制权的日期。

非同一控制下的企业合并有以下特点:第一,它是非关联企业之间进行的合并;第二,以市价为基础,交易作价相对公平合理。购买方取得的长期股权投资应按公允价值计量。购买方为了取得对被购买方的控制权而付出的资产、发生或承担的负债、发行的权益性证券等均应按其在购买日的公允价值计量。

其初始投资成本的计量应按以下规定进行:

(1)购买方应当按照确定的企业合并成本作为长期股权投资的初始投资成本。

(2)通过一次交换交易实现的企业合并,合并成本为购买方在购买日为取得对被购买方的控制权而付出的资产、发生或承担的负债以及发行的权益性证券的公允价值。

(3)通过多次交换交易分步实现的企业合并,合并成本为每一单项交易成本之和。

(4)购买方为进行企业合并所发生的各项直接相关费用应当计入合并成本。

该直接相关费用不包括为企业合并发行的债券或承担其他债务支付的手续费、佣金等,也不包括企业合并中发行权益性证券发生的手续费、佣金等费用。

(5)在合并合同或协议中对可能影响合并成本的未来事项作出约定的,购买日如果估计未来事项很可能发生并且对合并成本的影响金额能够可靠计量的,购买方应当将其计入合并成本。

(6)购买方支付非货币性资产为对价的,所支付的非货币性资产在购买日的公允价值与其账面价值的差额应作为资产处置损益,计入当期损益。具体分下列情况进行处理:

① 付出的资产为原材料、库存商品等存货的,应当作为销售处理,以其公允价值确认收入,同时结转相应的成本。

② 付出的资产为固定资产、无形资产的,应当计入营业外收入或营业外支出。

③ 付出的资产为长期股权投资的,应当计入投资收益。

(7)购买方实际支付的价款或对价中包含的已宣告但尚未发放的现金股利或利润,作为应收项目处理。

合并方的相关账务处理为:在购买日按合并成本,借记“长期股权投资”账户,按享有被投资单位已宣告但尚未发放的现金股利或利润,借记“应收股利”账户,按支付合并对价的账面价值,贷记有关资产或借记有关负债账户,按发生的直接相关费用,贷记“银行存款”等账户,按其差额,贷记“营业外收入”或借记“营业外支出”等账户。涉及以存货作为合并对价的,应按存货的公允价值,贷记“主营业务收入”或“其他业务收入”账户,并同时结转相关的成本。涉及增值税的,还应进行相应的处理。

【例7-3】　甲、丁两物业服务企业为非同一控制下的两家独立公司。甲公司以一项固定资产对丁公司投资,取得丁公司60%的股份。该固定资产原始价值为400万元,已计提折旧50万元,公允价值为380万元。编制会计分录如下:

借:固定资产清理　　　　　　　　　　　　　　　3 500 000
　　累计折旧　　　　　　　　　　　　　　　　　500 000
　　贷:固定资产　　　　　　　　　　　　　　　　4 000 000
借:长期股权投资　　　　　　　　　　　　　　　3 800 000

　　贷:固定资产清理　　　　　　　　　　　　　　　　　3 500 000
　　　营业外收入　　　　　　　　　　　　　　　　　　　300 000

二、其他方式取得的长期股权投资

除企业合并形成的长期股权投资以外,以其他方式取得的长期股权投资,应当按照下列规定确定其初始投资成本。

(一) 支付现金取得的长期股权投资

以支付现金方式取得的长期股权投资,应当按照实际支付的购买价款作为初始投资成本,包括购买过程中支付的手续费等必要支出。

【例 7 - 4】　某物业服务企业 A 公司自公开市场中买入 B 公司 15% 的股份,并准备长期持有,实际支付价款 7 000 万元,在购买过程中另外支付相关税费 200 万元。编制会计分录如下:

　　借:长期股权投资　　　　　　　　　　　　　　　　72 000 000
　　　贷:银行存款　　　　　　　　　　　　　　　　　72 000 000

(二) 发行权益性证券取得的长期股权投资

发行权益性证券取得的长期股权投资,应当按照发行权益性证券的公允价值作为初始投资成本。

(三) 投资者投入的长期股权投资

投资者投入的长期股权投资,应当按照投资合同或协议约定的价值作为初始投资成本,但合同或协议约定价值不公允的除外。

(四) 通过非货币性资产交换取得的长期股权投资

通过非货币性资产交换取得的长期股权投资,其初始投资成本应当按照《企业会计准则第 7 号——非货币性资产交换》确定。

(五) 通过债务重组取得的长期股权投资

通过债务重组取得的长期股权投资,其初始投资成本应当按照《企业会计准则第 12 号——债务重组》确定。

第三节　长期股权投资的后续计量

长期股权投资持有期间,根据投资企业在被投资单位的影响程度等情况的不同,应分别采用成本法和权益法进行核算。

一、长期股权投资核算的成本法

成本法,是指长期股权投资按投资成本计价的方法。

(一) 成本法的适用范围

企业持有的长期股权投资,符合下列情况之一的应当采用成本法核算:

（1）投资企业能够对被投资单位实施控制的长期股权投资。

（2）投资企业对被投资单位不具有共同控制或重大影响，并且在活跃市场中没有报价、公允价值不能可靠计量的长期股权投资。

（二）成本法的核算方法

成本法的核算方法如下：

（1）初始投资或追加投资时，按照初始投资或追加投资的成本，增加长期股权投资的账面价值。

（2）除取得投资时实际支付的价款或对价中包含的已宣告但尚未发放的现金股利或利润外，投资企业应当按照享有被投资单位宣告发放的现金股利或利润确认投资收益；被投资单位宣告分派股票股利，投资企业应于除权日作备忘记录；被投资单位未分派股利，投资企业不作任何会计处理。

（3）投资企业在确认自被投资单位应分得的现金股利或利润后，应当考虑长期股权投资是否发生减值。在判断该类长期股权投资是否存在减值迹象时，应当关注长期股权投资的账面价值是否大于享有被投资单位净资产（包括相关商誉）账面价值的份额等情况。出现类似情况时，企业应当对长期股权投资进行减值测试，可收回金额低于长期股权投资账面价值的，应当计提减值准备。

【例7-5】　2014年2月18日，某物业服务企业甲公司以1 800万元购入乙公司10%的股权。甲公司取得该部分股权后，未派出人员参与乙公司的财务和生产经营决策，同时也未以任何其他方式对乙公司施加控制、共同控制或重大影响。同时，该股权不存在活跃市场，其公允价值不能可靠计量。2014年4月20日，乙公司宣告分派现金股利，甲公司按其持股比例确定可分回60万元。甲公司编制会计分录如下：

（1）取得股权时：

借：长期股权投资	18 000 000
贷：银行存款	18 000 000

（2）乙公司宣告分派现金股利时：

借：应收股利	600 000
贷：投资收益	600 000

（3）收到现金股利时：

借：银行存款	600 000
贷：应收股利	600 000

二、长期股权投资核算的权益法

权益法，是指长期股权投资以初始投资成本计量后，在持有期间根据投资企业享有被投资单位所有者权益份额的变动对长期股权投资的账面价值进行调整的方法。

（一）权益法的适用范围

企业持有的长期股权投资，符合下列情况之一的应当采用权益法核算。

（1）投资企业与其他方对被投资单位实施共同控制的长期股权投资。

(2) 投资企业对被投资单位施加重大影响的长期股权投资。

（二）权益法的核算程序

权益法的一般核算程序为：

(1) 初始投资或追加投资时，按照初始投资或追加投资的成本，增加长期股权投资的账面价值。

(2) 比较初始投资成本与投资时应享有被投资单位可辨认净资产公允价值的份额。对于初始投资成本大于应享有被投资单位可辨认净资产公允价值份额的，不要求调整长期股权投资的成本；对于初始投资成本小于应享有被投资单位可辨认净资产公允价值份额的，应调整长期股权投资的成本，并将差额计入当期损益（营业外收入）。

(3) 持有期间，随着被投资单位所有者权益的变动相应调整增加或减少长期股权投资的账面价值，并分别情况处理。

(4) 被投资单位宣告分派现金股利或利润时，投资企业按持股比例计算应分得的部分，一般应冲减长期股权投资的账面价值。被投资单位宣告分派股票股利，投资企业应于除权日作备忘记录。

（三）权益法的核算方法

权益法的具体核算方法如下：

1. 初始投资成本的调整

投资企业在初始投资时，应当按照投资时确认的初始投资成本，借记"长期股权投资——×公司（成本）"账户，按应向被投资单位收取的已宣告但尚未发放的现金股利或利润，借记"应收股利"账户，贷记"银行存款"等账户。

对于初始投资成本大于投资时应享有被投资单位可辨认净资产公允价值份额的，其差额不调整已确认的初始投资成本，即不做账务处理。这种情况下，投资企业的投资成本不等于投资企业享有的被投资单位可辨认净资产公允价值的份额。

对于长期股权投资的初始投资成本小于投资时应享有被投资单位可辨认净资产公允价值份额的，按其差额，借记"长期股权投资——×公司（成本）"账户，贷记"营业外收入"账户。这种情况下，投资企业的投资成本等于投资企业享有被投资单位可辨认净资产公允价值的份额。

【例7-6】 某物业服务企业甲公司于2010年1月4日以3 000万元取得乙公司40%的股权并准备长期持有，甲公司能够对乙公司实施重大影响，取得投资时乙公司可辨认净资产的公允价值为7 000万元。编制会计分录如下：

借：长期股权投资——乙公司（成本）	30 000 000
贷：银行存款	30 000 000

【例7-7】 承例7-6，如果投资时乙公司可辨认净资产的公允价值为8 000万元，其他条件与上述相同。编制会计分录如下：

借：长期股权投资——乙公司（成本）	32 000 000
贷：银行存款	30 000 000
营业外收入	2 000 000

2. 投资损益的确认

投资企业取得长期股权投资后,应当按照应享有或应分担的被投资单位实现净利润或发生净亏损的份额,确认投资损益并调整长期股权投资的账面价值。

具体账务处理方法为:投资企业在投资后收到被投资单位年度财务报表时,根据被投资单位实现的净利润,按持股比例计算应享有的份额,借记"长期股权投资——×公司(损益调整)"账户,贷记"投资收益"账户。或根据被投资单位发生的净亏损,作相反会计分录,但以"长期股权投资"账户的账面价值减计至零为限;还需要承担的投资损失,应将其他实质上构成对被投资单位长期权益的"长期应收款"等账户的账面价值也减计至零;如果按照投资合同或协议约定,投资企业需承担额外义务的,则需按预计将承担责任的金额确认相关的损失;除按以上步骤已确认的损失外仍有额外损失的,应在账外作备查登记,不再予以确认;在确认了有关投资损失以后,被投资单位于以后期间实现净利润的,应按与上述相反的顺序进行处理。

在确认应享有或应分担的被投资单位的净利润或净亏损时,在被投资单位账面净利润的基础上,应考虑以下因素的影响进行适当调整:

(1) 被投资单位采用的会计政策及会计期间与投资企业不一致的,应按投资企业的会计政策及会计期间对被投资单位的财务报表进行调整。

(2) 以取得投资时被投资单位固定资产、无形资产的公允价值为基础计提的折旧额或摊销额,以及以投资企业取得投资时的公允价值为基础计算确定的资产减值准备金额等对被投资单位净利润的影响。

(3) 除考虑对公允价值的调整外,对于投资企业与其联营企业及合营企业之间发生的未实现内部交易损益应予以抵销。但是产生的未实现内部交易损失,属于所转让资产发生减值损失的,有关的未实现内部交易损失不应予以抵销。

3. 取得现金股利或利润的处理

被投资单位宣告分派现金股利或利润时,投资企业应计算应分得的部分,借记"应收股利"账户,贷记"长期股权投资——×公司(损益调整)"账户。

【例7-8】　承例7-6,假定甲公司在确认投资收益时,不需要对乙公司的净利润进行调整。乙公司于2010年4月8日宣告分派2009年度现金股利300万元,甲公司于2010年4月15日收到分派的现金股利。2010年度乙公司实现净利润500万元。2011年4月7日,乙公司宣告分派2010年度现金股利400万元,甲公司于2011年4月14日收到分派的现金股利。2011年度乙公司发生净亏损700万元。2012年度乙公司发生净亏损7 000万元。2013年度乙公司实现净利润2 000万元。编制会计分录如下:

(1) 2010年4月8日:

借:应收股利　　　　　　　　　　　　　　　　1 200 000
　贷:长期股权投资——乙公司(损益调整)　　　　　　1 200 000

(2) 2010年4月15日:

借:银行存款　　　　　　　　　　　　　　　　1 200 000
　贷:应收股利　　　　　　　　　　　　　　　　1 200 000

(3) 乙公司2010年度实现净利润:

借:长期股权投资——乙公司(损益调整)　　　　　　2 000 000
　　贷:投资收益　　　　　　　　　　　　　　　　　　　　　2 000 000

(4) 2011 年 4 月 7 日:

借:应收股利　　　　　　　　　　　　　　　　　　1 600 000
　　贷:长期股权投资——乙公司(损益调整)　　　　　　　　1 600 000

(5) 2011 年 4 月 14 日:

借:银行存款　　　　　　　　　　　　　　　　　　1 600 000
　　贷:应收股利　　　　　　　　　　　　　　　　　　　　　1 600 000

(6) 乙公司 2011 年度发生净亏损:

借:投资收益　　　　　　　　　　　　　　　　　　2 800 000
　　贷:长期股权投资——乙公司(损益调整)　　　　　　　　2 800 000

(7) 乙公司 2012 年度发生净亏损 7 000 万元,甲公司应承担 2 800 万元(7 000×40%),但可减少的"长期股权投资———乙公司"账户的账面价值为 2 640 万元(3 000－120＋200－160－280),备查簿中应记录未确认的亏损承担金额为 160 万元。

借:投资收益　　　　　　　　　　　　　　　　　　26 400 000
　　贷:长期股权投资——乙公司(损益调整)　　　　　　　26 400 000

(8) 乙公司 2013 年度实现净利润 2 000 万元,可恢复"长期股权投资——乙公司"账户账面价值为 640 万元(2000×40%－160)。

借:长期股权投资——B公司(损益调整)　　　　　6 400 000
　　贷:投资收益　　　　　　　　　　　　　　　　　　　　　6 400 000

4. 对被投资单位除净损益以外所有者权益的其他变动的处理

投资企业长期股权投资的账面价值,应随着被投资单位所有者权益总额的变动而变动。被投资单位所有者权益总额的变动,除实现净损益、分配利润影响外,还包括资本溢价、可供出售金融资产公允价值变动差额等影响。对于因这些原因影响的所有者权益总额的变动,投资企业也应按持股比例计算应享有的份额。

被投资单位发生除净损益以外其他所有者权益变动时,投资企业按持股比例计算应享有或承担的份额,借记"长期股权投资——×公司(其他权益变动)"账户,贷记"资本公积——其他资本公积"账户。

【例 7-9】　某物业服务企业甲公司对丙公司投资占丙公司有表决权股份的 30%,按权益法核算该项投资,2013 年 6 月丙公司因增发股份产生股本溢价 100 万元。编制会计分录如下:

借:长期股权投资——丙公司(其他权益变动)　　　300 000
　　贷:资本公积——其他资本公积　　　　　　　　　　　　　300 000

三、成本法与权益法的转换

长期股权投资在持有期间,因各方面情况的变化,可能导致其核算需要由一种方法转换为另一种方法。

（一）成本法转为权益法

投资企业因追加投资等原因能够对被投资单位实施共同控制或重大影响但不构成控制的,应当终止采用成本法,改按权益法核算。投资企业原持有的对被投资单位具有控制的长期股权投资,因处置投资导致持股比例下降,不再对被投资单位具有控制但仍能够对被投资单位实施共同控制或重大影响,也应当终止采用成本法,改按权益法核算。

长期股权投资的核算由成本法转为权益法时,应以成本法下长期股权投资的账面价值作为按照权益法核算的初始投资成本,并在此基础上比较该初始投资成本与应享有被投资单位可辨认净资产公允价值的份额,确定是否需要对长期股权投资的账面价值进行调整。

（二）权益法转为成本法

因追加投资原因导致原持有的对联营企业或合营企业的投资转变为对子公司投资的,长期股权投资账面价值的调整应当按照初始计量的有关规定处理。除此之外,因收回投资等原因导致长期股权投资的核算由权益法转换为成本法的,应以转换时长期股权投资的账面价值作为按照成本法核算的基础。

四、长期股权投资的减值

计提长期股权投资减值准备分为两种情况:

（一）按成本法核算的、企业持有的对被投资单位不具有共同控制或重大影响、在活跃市场中没有报价、公允价值不能可靠计量的长期股权投资

对于这类长期股权投资,其减值应当按照《企业会计准则第22号——金融工具确认和计量》处理。即在活跃市场中没有报价且其公允价值不能可靠计量的权益工具投资发生减值时,应当将该权益工具投资与按照类似金融资产当时市场收益率对未来现金流量折现确定的现值之间的差额,确认为资产减值损失,计入当期损益,同时计提相应的资产减值准备;资产减值损失一经确认,在以后会计期间不得转回。

【例7-10】　2013年12月31日,某物业服务企业A公司持有B公司10%的股份,按成本法核算该长期股权投资,投资的账面价值为200万元。该投资没有公开的市场价格且不能可靠计量其公允价值,按市场收益率计算,该投资在2013年12月31日预计的未来现金流量现值为190万元。A公司编制会计分录如下:

借:资产减值损失——长期股权投资减值损失　　　　100 000
　贷:长期股权投资减值准备——B公司　　　　100 000

（二）除第一种之外的其他长期股权投资

除第一种之外的其他长期股权投资,即企业持有的对子公司、联营企业及合营企业的投资,其减值应当按照《企业会计准则第8号——资产减值》处理。即可收回金额的计量结果表明,资产的可收回金额低于其账面价值的,应当将资产的账面价值减记至可收回金额,减记的金额确认为资产减值损失,计入当期损益,同时计提相应的资产减值准备;资产减值损失一经确认,在以后会计期间不得转回。

【例7-11】　2013年12月31日,某物业服务企业甲公司持有乙公司100万股股票,占乙公司股份的 30%,甲公司按权益法核算该长期股权投资,投资的账面价值为 800 万元。因 2013 年 8 月乙公司所在地区发生洪灾,乙公司受灾严重,生产受到影响,其股票市价在 2013 年 12 月 31 日下跌为每股 5 元。甲公司编制会计分录如下:

借:资产减值损失——长期股权投资减值损失　　　3 000 000
　　贷:长期股权投资减值准备——乙公司　　　　　　　3 000 000

五、长期股权投资的处置

企业处置长期股权投资时,按实际收到的价款与长期股权投资的账面价值的差额确认为当期损益。按实际收到的金额,借记"银行存款"等账户,按其账面余额,贷记"长期股权投资"账户,按尚未领取的现金股利或利润,贷记"应收股利"账户,按其差额,贷记或借记"投资收益"账户。已计提减值准备的,还应同时结转减值准备。

采用权益法核算的长期股权投资,因被投资单位除净损益以外所有者权益的其他变动而计入所有者权益的,处置该项投资时应当将原计入所有者权益的部分按相应比例转入当期损益,借记或贷记"资本公积——其他资本公积"账户,贷记或借记"投资收益"账户。部分处置某项长期股权投资时,应按该项投资的总平均成本确定其处置部分的成本,并按相应比例结转已计提的减值准备和资本公积项目。

【例 7-12】 某物业服务企业甲公司对持有的丙公司股份采用权益法核算。2014 年 4 月 23 日,甲公司将持有的丙公司股份全部转让,收到价款 760 万元,其中包括甲公司应收丙公司已宣告但尚未发放的现金股利 100 万元。转让时,该项长期股权投资的账面价值为 650 万元,其中,成本为 500 万元,损益调整(借方)50 万元,其他权益变动(借方)100 万元。甲公司编制会计分录如下:

借:银行存款　　　　　　　　　　　　　　　7 600 000
　　贷:长期股权投资——丙公司(成本)　　　　　　5 000 000
　　　　　　　　　　——丙公司(损益调整)　　　　500 000
　　　　　　　　　　——丙公司(其他权益变动)　　1 000 000
　　应收股利　　　　　　　　　　　　　　　1 000 000
　　投资收益　　　　　　　　　　　　　　　100 000
借:资本公积——其他资本公积　　　　　　　1 000 000
　　贷:投资收益　　　　　　　　　　　　　　　1 000 000

★★★★★ 练习题 ★★★★★

一、单选题

1. 非同一控制下企业合并取得的长期股权投资,初始投资成本应当是(　　)。

　　A. 支付合并对价的账面价值

　　B. 支付合并对价的公允价值

　　C. 支付合并对价的账面价值加直接合并费用

D．支付合并对价的公允价值加直接合并费用

2．同一控制下企业合并取得的长期股权投资,初始投资成本是指(　　)。

A．股权投资的公允价值　　　　　　　　B．支付合并对价的账面价值

C．支付合并对价的公允价值　　　　　　D．占被合并方所有者权益的份额

3．合并方或购买方为进行企业合并而发生的各项直接相关费用,如审计费用、评估费用、法律服务费用等,应当于发生时(　　)。

A．计入投资收益　　　　　　　　　　　B．计入管理费用

C．计入初始投资成本　　　　　　　　　D．冲减资本公积

4．下列情况下持有的长期股权投资中,应当采用成本法核算的是(　　)。

A．具有控制或共同控制　　　　　　　　B．具有控制或重大影响

C．具有共同控制或重大影响　　　　　　D．具有控制或无重大影响

5．2014年1月,甲公司取得乙公司5%的股权,采用成本法核算。乙公司于2014年3月宣告派发2013年度现金股利,甲公司对该现金股利的会计处理是(　　)。

A．作为投资收益　　　　　　　　　　　B．冲减财务费用

C．作为资本公积　　　　　　　　　　　D．冲减投资成本

6．长期股权投资采用成本法核算,如果被投资单位发生亏损且未分配股利,投资企业应当(　　)。

A．冲减投资收益　　　　　　　　　　　B．冲减投资成本

C．冲减资本公积　　　　　　　　　　　D．不作会计处理

7．甲公司投资3 000万元(包括12万元的相关税费),持有乙公司有表决权股份的20%,能够对乙公司施加重大影响,采用权益法核算。投资时乙公司可辨认净资产的公允价值为12 000万元。甲公司在初始投资成本的基础上,应当(　　)。

A．调增投资成本600万元　　　　　　　B．调减投资成本600万元

C．调减投资成本588万元　　　　　　　D．不调整投资成本

8．甲公司投资1 160万元(包括6万元的相关税费),持有乙公司有表决权股份的20%,能够对乙公司施加重大影响,采用权益法核算。投资时乙公司可辨认净资产的公允价值为6 000万元。甲公司在初始投资成本的基础上,应当(　　)。

A．调减投资成本40万元　　　　　　　　B．调增投资成本40万元

C．调减投资成本44万元　　　　　　　　D．调增投资成本44万元

9．A公司支付3 000万元(包括交易税费10万元)购入D公司股票2 000万股,该股份占D公司普通股股份的30%,能够对D公司施加重大影响,A公司采用权益法核算。购买当日D公司可辨认净资产公允价值为8 000万元。A公司确定的该项长期股权投资的成本为(　　)万元。

A．2 390　　　　　B．2 400　　　　　C．2 990　　　　　D．3 000

10．A公司支付3 600万元(包括交易税费10万元)购入B公司股票1 500万股,该股份占B公司普通股股份的20%,能够对B公司施加重大影响,A公司采用权益法核算。购买当日B公司可辨认净资产公允价值为20 000万元。A公司确定的该项长期股权投资成本为(　　)万元。

　　　　A. 3 590　　　　　B. 3 600　　　　　C. 3 990　　　　　D. 4 000

11. 长期股权投资采用权益法核算,投资企业收到被投资单位派发的股票股利时,应当(　　)。

　　A. 计入投资收益　　　　　　　　B. 冲减投资成本

　　C. 增加资本公积　　　　　　　　D. 只作备忘记录

12. 长期股权投资采用权益法核算,如果被投资单位发生亏损,投资企业对应负担的亏损额的会计处理是(　　)。

　　A. 冲减投资成本　　　　　　　　B. 冲减资本公积

　　C. 计入营业外支出　　　　　　　D. 不作会计处理

二、多选题

1. 在非同一控制下的企业合并中,购买方以支付现金、转让非现金资产和发行权益性证券三种对价方式取得长期股权投资,构成合并成本的有(　　)。

　　A. 支付的现金金额　　　　　　　B. 发行的权益性证券的公允价值

　　C. 转让的非现金资产的公允价值　D. 发行的权益性证券的账面价值

　　E. 转让的非现金资产的账面价值

2. 长期股权投资采用成本法核算,下列各项中不会导致调整股权投资账面价值的有(　　)。

　　A. 被投资单位派发现金股利　　　B. 被投资单位派发股票股利

　　C. 被投资单位取得利润　　　　　D. 被投资单位发生亏损

　　E. 投资发生减值

3. 长期股权投资采用成本法核算,关于持有股权投资期间的会计处理,下列各项中正确的有(　　)。

　　A. 按获得的现金股利确认投资收益

　　B. 按应享有的收益份额确认投资收益

　　C. 被投资方无论盈亏均不需要对此进行相应处理

　　D. 获得的股票股利不确认投资收益

　　E. 投资发生减值应减记投资的账面价值

4. 企业持有的长期股权投资在下列情况中,应当采用权益法核算的有(　　)。

　　A. 具有控制　　　　　　　　　　B. 具有共同控制

　　C. 无控制但具有重大影响　　　　D. 无共同控制但具有重大影响

　　E. 无重大影响

5. 长期股权投资采用权益法核算时,应当调整股权投资账面价值的情况有(　　)。

　　A. 被投资单位获得利润　　　　　B. 被投资单位发生亏损

　　C. 被投资单位分派现金股利　　　D. 被投资单位分派股票股利

　　E. 被投资单位发生除净损益以外的其他权益变动

6. 长期股权投资采用权益法核算时,下列说法中正确的有(　　)。

　　A. 投资时有可能调整初始投资成本

　　B. 应按在被投资单位实现的净利润中享有的份额确认投资收益

C. 应于被投资单位宣告分派现金股利时确认投资收益

D. 确认的应享有被投资单位其他权益变动份额应计入资本公积

E. 被投资单位宣告分派的现金股利应冲减投资账面价值

三、判断题

1. 同一控制下企业合并形成的长期股权投资,初始投资成本取决于合并方作为合并对价付出资产的账面价值。　　　　　　　　　　　　　　　　　　　　（　　）

2. 投资方为进行企业合并而发生的各项直接相关费用,如审计费用、评估费用、法律服务费用等,同一控制下企业合并应计入发生当期管理费用,非同一控制下企业合并应计入发生当期合并成本。　　　　　　　　　　　　　　　　　　　　（　　）

3. 非同一控制下的企业合并,购买方应当在购买日按照取得的被购买方可辨认净资产公允价值的份额作为长期股权投资的初始投资成本。　　　　　　　　　（　　）

4. 投资企业能够对被投资单位实施控制、共同控制或重大影响的长期股权投资,应当采用权益法核算。　　　　　　　　　　　　　　　　　　　　　　　（　　）

5. 长期股权投资采用成本法核算时,应按被投资单位实现的净利润中投资企业应当分享的份额确认投资收益。　　　　　　　　　　　　　　　　　　　　　（　　）

6. 长期股权投资采用成本法核算的,投资企业应当在被投资单位宣告分派现金股利时,按照应享有的份额确认投资收益。　　　　　　　　　　　　　　　　（　　）

7. 长期股权投资采用权益法核算的,应按照在被投资单位的净收益中投资企业应当分享的份额确认投资收益,分得的现金股利应冲减投资的账面价值。　　（　　）

8. 长期股权投资采用权益法核算,投资企业应当在被投资单位宣告分派现金股利时,按照应享有的份额确认投资收益。　　　　　　　　　　　　　　　　（　　）

9. 长期股权投资采用权益法核算,如果初始投资成本大于投资时应享有的被投资单位可辨认净资产公允价值的份额,应按其差额调整减少已确认的初始投资成本。（　　）

10. 长期股权投资采用权益法核算,如果初始投资成本小于投资时应享有的被投资单位可辨认净资产公允价值的份额,应按其差额调整增加已确认的初始投资成本。

（　　）

11. 采用权益法核算的长期股权投资,处置投资时应将原计入资本公积项目的相关金额转出,计入处置投资当期投资损益。　　　　　　　　　　　　　　　（　　）

12. 无论是追加投资还是处置投资,都可能导致成本法转换为权益法,权益法转换为成本法。　　　　　　　　　　　　　　　　　　　　　　　　　　　　（　　）

四、实训题

习题一

（一）目的:练习长期股权投资成本法的核算。

（二）资料:

1. A公司2011年1月2日以800万元的价格购入B公司3%的股份,准备长期持有,购买过程中另支付相关税费3万元。B公司为一家未上市的民营企业,其股权不存在明确的市场价格。

2. 2011年4月2日,B公司宣告分派2010年现金股利900万元,A公司于4月13日收到现金股利 27 万元。

3. 2011 年 B 公司实现净利润 1 000 万元。

4. 2012 年 4 月 4 日,B 公司宣告分派 2011 年现金股利 1 600 万元,A 公司于 4 月 18 日收到现金股利 48 万元。

5. 2012 年 B 公司实现净利润 2 000 万元。

6. 2013 年 B 公司的经营状况恶化,导致发生亏损 500 万元。年末,A 公司经测算所持 B 公司的投资未来现金流量现值为 700 万元。

7. 2014 年 3 月 1 日,A 公司将持有的 B 公司全部股权转让给 H 公司,收到股权转让款 780 万元,相关手续已办理完毕。

(三)要求:根据上述经济业务编制会计分录。

习题二

(一)目的:练习长期股权投资权益法的核算。

(二)资料:

1. 2012 年 1 月 3 日,甲公司以银行存款 134 万元投资乙公司,持有乙公司 20% 的股权,并具有重大影响,未发生相关税费。投资时,乙公司的各项可辨认资产等的公允价值与其账面价值相等。

2. 2012 年 4 月 6 日,乙公司宣告分派 2011 年度现金股利 15 万元,甲公司于 2012 年 4 月 13 日收到分派的现金股利。

3. 2012 年,乙公司由于政府专项拨款项目完成使资本公积增加 10 万元。

4. 2012 年乙公司实现净利润为 60 万元。

5. 2013 年 3 月 12 日,乙公司宣告分派现金股利 20 万元,甲公司于 4 月 15 日收到分派的现金股利。

6. 2013 年乙公司发生亏损 200 万元。

7. 2013 年年末,经测算甲公司对乙公司的投资可收回金额为 95 万元,没有对乙公司的长期应收项目。

8. 2014 年 1 月 20 日,甲公司经股东大会通过,将持有的乙公司的全部股权转让给丙公司,收到股权转让款 100 万元,相关的股权转让的法律手续均已办理完毕。

(三)要求:根据上述经济业务编制会计分录。

第八章
固定资产、无形资产和其他资产

本章导学

一、学习目标与要求

通过本章的学习,应了解固定资产和无形资产的概念及其内容,熟悉固定资产和无形资产确认、计量的方法,掌握固定资产的增减、固定资产折旧、固定资产减值和固定资产处置的会计处理,熟悉内部研发费用的确认和计量以及无形资产摊销与处置的会计处理。

二、重点与难点

- 固定资产的初始计量。
- 固定资产折旧的计算方法。
- 固定资产处置的会计处理。
- 内部研究开发费用的确认和计量。

第一节 固定资产概述

一、固定资产的定义

固定资产指为生产商品、提供劳务、出租或经营管理而持有的使用寿命超过一个会计年度的有形资产。从固定资产的定义看,固定资产具有以下特征:

第一,固定资产为生产商品、提供劳务、出租或经营管理而持有。这一特征说明了企业持有的固定资产是企业的劳动工具或手段,而不是用于出售的商品。这是固定资产最基本特征,也是区分固定资产与商品等流动资产的重要标志。需要注意的是,其中"出租"的固定资产,是指企业以经营租赁方式出租的机器设备类固定资产,不包括以经营租赁方式出租的建筑物,后者属于企业的投资性房地产,不是固定资产。

第二,固定资产使用寿命超过一个会计年度,并且在使用过程中保持原有的实物形态不变。这一特征表明固定资产属于非流动资产,其价值是通过计提折旧的方式逐渐转移到成本、费用中去的。

第三,固定资产是有形资产。这一特征将固定资产与无形资产区别开来。

二、固定资产的分类

物业服务企业的固定资产种类繁多,根据不同的管理需要、核算要求以及不同的分类标准,可以对固定资产进行不同的分类。

(一) 按经济用途分类

按固定资产的经济用途分类,可以分为生产经营用固定资产和非生产经营用固定资产两大类:(1)生产经营用固定资产,指直接服务于企业生产、经营过程的各项固定资产,如物业经营用的房屋及建筑物、物业维修设备、运输车辆等;(2)非生产经营用固定资产,指不直接服务于企业生产、经营过程的各项固定资产,如职工食堂、宿舍、俱乐部使用的房屋、设备等固定资产。

按固定资产的经济用途分类,可以反映出企业生产经营用固定资产和非生产经营用固定资产在全部固定资产中所占的比重,便于分析和考核企业固定资产的构成和配备是否合理,促使企业合理配置固定资产。

(二) 按使用情况分类

按固定资产的使用情况分类,可以分为使用中的固定资产、未使用的固定资产和不需用的固定资产:(1)使用中固定资产,指正在使用中的经营性和非经营性固定资产。由于季节性经营以及大修理等原因暂停使用的固定资产,以及企业以经营租赁方式出租给其他单位使用的固定资产也属于使用中固定资产;(2)未使用固定资产,指已经完工或新购建的但尚未交付使用的新增固定资产以及因改建、扩建等原因暂停使用的固定资产和经批准停止使用的固定资产;(3)不需用固定资产,指本企业多余或不适用的各种固定资产。

按固定资产的使用情况分类,便于分析和考核固定资产的利用情况,促使企业合理使用固定资产,充分挖掘固定资产的使用潜力,及时处置不需用的固定资产,提高固定资产的利用效率。

(三) 按所有权分类

按固定资产的所有权分类,可分为自有固定资产和租入固定资产。(1)自有固定资产,指所有权归属本企业,企业可以自由支配、使用的各种固定资产;(2)租入固定资产,指企业采用租赁方式从其他单位租入的固定资产。按租入方式的不同,租入固定资产又可以分为经营租入固定资产和融资租入固定资产。

按固定资产的所有权分类,有利于分析企业固定资产的产权结构,便于了解企业固定资产的实有数额及其利用情况,促使企业充分挖掘自有固定资产的潜力,节约租金支出。

(四) 按经济用途和使用情况综合分类

按固定资产的经济用途和使用情况进行综合分类,可以将企业的固定资产分为七大类:(1)经营用固定资产;(2)非经营用固定资产;(3)租出固定资产;(4)未使用固定资产;(5)不需用固定资产;(6)融资租入的固定资产;(7)土地,指过去已经估价单独入账的土地。因征地而支付的补偿费,应计入与土地有关的房屋、建筑物的价值内,不单独作为土地价值入账。企业取得的土地使用权不能作为固定资产进行核算和管理。

按固定资产的经济用途和使用情况进行综合分类,可以反映企业固定资产的构成情况、使用情况以及所有权情况,促使企业合理配备固定资产,充分挖掘固定资产的潜力,提高固定资产的利用效率。

由于企业的经营性质不同,经营规模各异,对固定资产的分类不可能完全一致。因此,实际工作中,企业可以根据各自的具体情况和经营管理、会计核算的需要,对固定资产进行合理的分类,编制本企业的固定资产目录,作为固定资产核算的依据。

第二节 固定资产的初始计量

一、固定资产取得成本的确定

固定资产的初始计量,指固定资产取得成本或初始成本的确定。固定资产应当按照成本进行初始计量。成本是指企业为购建某项固定资产达到预定可使用状态前所发生的一切合理的、必要的支出。在实务中,物业服务企业取得固定资产的方式是多种多样的,取得的方式不同,其成本的具体构成内容及确定方法也不尽相同。

(一) 外购固定资产的成本

外购固定资产的成本包括买价、相关税费、使固定资产达到预定可使用状态前所发生的可直接归属于该项资产的运输费、装卸费、安装费和专业人员服务费等。

(二) 自行建造固定资产的成本

自行建造固定资产的成本,是由建造该项资产达到预定可使用状态前所发生的必要支出构成。包括工程物资成本、人工成本、交纳的相关税费、应予资本化的借款费用以及应分摊的间接费用等。

（三）投资者投入固定资产的成本

投资者投入固定资产的成本应当按照投资合同或协议约定的价值确定，但合同或协议约定价值不公允的除外。在投资合同或协议约定价值不公允的情况下，按照该项固定资产的公允价值作为入账价值。

（四）改建、扩建的固定资产成本

在原有固定资产的基础上进行改建、扩建的，按原固定资产的账面价值，减去改建、扩建过程中发生的变价收入，加上由于改建、扩建而使该项固定资产达到预定可使用状态前发生的支出作为固定资产的成本。

（五）通过非货币性资产交换等方式取得的固定资产的成本

通过非货币性资产交换、债务重组、企业合并、融资租赁等方式取得的固定资产成本应当分别按照《企业会计准则——非货币性资产交换》、《企业会计准则——债务重组》、《企业会计准则——企业合并》、《企业会计准则——租赁》等的规定确定。

（六）盘盈固定资产的成本

盘盈固定资产按以下规定确定其成本：如果同类或类似固定资产存在活跃市场的，按同类或类似固定资产的市场价格，减去按该项资产的新旧程度估计的价值损耗后的余额，作为成本；如果同类或类似固定资产不存在活跃市场的，按该项资产的预计未来现金流量的现值作为成本。

二、固定资产取得的核算

（一）账户设置

为了核算和监督固定资产的增减变动、价值损耗和结存情况，企业应设置"固定资产"、"累计折旧"、"工程物资"、"在建工程"等账户。

"固定资产"账户属于资产类账户，用来核算和监督固定资产的增减变动和结存情况。该账户的借方登记固定资产的增加数，贷方登记固定资产的减少数，期末余额在借方，反映企业实有固定资产原始价值的总额。企业应设置"固定资产登记簿"和"固定资产卡片"，按固定资产类别、使用部门和每项固定资产进行明细核算。

"累计折旧"账户属于资产类账户，也是"固定资产"账户的备抵调整账户。用来核算企业固定资产的累计已提折旧额。该账户的贷方登记按月计提的固定资产折旧，借方登记减少固定资产时转出的累计已提折旧额，期末余额在贷方，反映企业提取的固定资产折旧累计数。本账户只进行总分类核算，不进行明细分类核算。根据固定资产卡片上记载的有关资料即可计算查明某项固定资产的已提折旧额。"固定资产"账户的借方余额减去"累计折旧"账户的贷方余额，其差额即为固定资产的净值。

"工程物资"账户属于资产类账户，用来核算和监督企业为专项工程（包括基建工程、更改工程和大修理工程等）准备的各种物资的实际成本。该账户的借方登记企业购入工程物资的实际成本，贷方登记领用工程物资的实际成本，期末借方余额表示库存的工程物资的实际成本。"工程物资"账户应按工程物资的品种设置明细账户。

"在建工程"账户属于资产类账户,用来核算和监督企业进行各种专项工程(包括基建工程、更改工程和大修理工程等)所发生的实际支出。该账户的借方登记企业进行各项专项工程所发生的实际支出,贷方登记已完工交付使用的专项工程的实际成本,期末借方余额表示尚未完工的专项工程所发生的各项实际支出。本账户应设置"建筑工程"、"安装工程"、"大修理工程"等明细账户,进行明细分类核算。

(二) 固定资产取得的会计处理

1. 购入固定资产

(1) 购入不需要安装的固定资产

企业购入不需要安装的固定资产时,应按实际支付的价款(包括买价、包装费、运杂费、保险费和相关税费等)作为购入固定资产的原价,借记"固定资产"账户,贷记"银行存款"等账户。

【例 8-1】 某物业服务企业购入一台不需要安装的物业管理用设备一台,发票价格50 000 元,增值税额 8 500 元,发生运输费 1 600 元,款项已用银行存款支付。设备现已交付使用。编制会计分录如下:

借:固定资产	60 100
贷:银行存款	60 100

(2) 购入需要安装的固定资产

企业购入需要安装的固定资产时,实际支付的价款以及发生的安装费用等应先记入"在建工程"账户,待安装完毕交付使用时,再从"在建工程"账户转入"固定资产"账户。

【例 8-2】 某物业服务企业购入一台需要安装的物业维修设备,发票价格 80 000元,增值税额 13 600 元,支付运输费 1 000 元,款项均以银行存款支付。委托外单位安装设备,发生安装费用 500 元,以银行存款支付。设备安装完毕交付使用。编制会计分录如下:

(1) 购入设备时:

借:在建工程	94 600
贷:银行存款	94 600

(2) 支付安装费用时:

借:在建工程	500
贷:银行存款	500

(3) 设备安装完毕交付使用时:

借:固定资产	95 100
贷:在建工程	95 100

2. 自行建造的固定资产

物业服务企业自行建造固定资产,主要有自营工程和出包工程两种方式。由于采用的建造方式不同,其核算方式也有所不同。

(1) 自营方式建造固定资产

物业服务企业采用自营方式建造固定资产,意味着企业自行组织工程物资采购、自行组织施工人员从事工程施工。企业购入的为工程准备的物资等,按购入物资的实际成本,借记"工程物资"账户，贷记"银行存款"等账户。企业自营工程领用工程物资，自营工程应负担的职工工资、福利费及发生的其他支出，应先通过"在建工程"账户核算，借记"在建工程"账户，贷记"工程物资"、"应付职工薪酬"、"银行存款"等账户。工程完工达到预定可使用状态时，应将自营工程实际成本从"在建工程"账户转入"固定资产"账户，借记"固定资产"账户，贷记"在建工程"账户。

【例8-3】 某物业服务企业采用自营方式建造材料仓库一座，购买该工程专用物资199 000元，全部用于工程建设。自营工程应负担的职工工资和福利费为32 000元，用银行存款支付自营工程发生的其他支出16 000元。工程完工并达到预定可使用状态交付使用。编制会计分录如下：

（1）购入工程物资时：

借：工程物资	199 000
贷：银行存款	199 000

（2）领用工程物资时：

借：在建工程	199 000
贷：工程物资	199 000

（3）分配自营工程建造人员工资和福利费时：

借：在建工程	32 000
贷：应付职工薪酬	32 000

（4）支付工程发生的其他支出时：

借：在建工程	16 000
贷：银行存款	16 000

（5）工程达到预定可使用状态并交付使用时：

借：固定资产	247 000
贷：在建工程	247 000

（2）出包方式建造固定资产

在出包方式下，物业服务企业通过招标方式将工程项目发包给建造承包商（即施工企业），由建造承包商组织工程项目施工，并负责工程的各项实际支出的核算。企业按合同规定的结算方式和工程进度定期与建造承包商办理工程价款结算，结算的工程价款作为工程成本，通过"在建工程"账户核算。在这种方式下，"在建工程"账户成为企业与承包商办理工程价款的结算账户。企业预付工程款以及补付工程款时，借记"在建工程"账户，贷记"银行存款"等账户，工程完工并达到预定可使用状态时，将"在建工程"账户中所列的工程成本转作固定资产，借记"固定资产"账户，贷记"在建工程"账户。

【例8-4】 某物业服务企业将一栋办公用房的建造工程出包给甲公司承建，按规定先向甲公司预付工程价款900 000元，工程完工后，收到甲公司的工程结算单据，补付工程款620 000元，工程完工并达到预定可使用状态，交付使用。编制会计分录如下：

（1）预付工程款时：

借：在建工程	900 000
贷：银行存款	900 000

（2）补付工程款时：

借：在建工程　　　　　　　　　　　　　　　　620 000

　　贷：银行存款　　　　　　　　　　　　　　　　620 000

（3）工程达到预定可使用状态并交付使用时：

借：固定资产　　　　　　　　　　　　　　　　1 520 000

　　贷：在建工程　　　　　　　　　　　　　　　　1 520 000

3. 投资者投入的固定资产

企业对于投资者投入的固定资产，应按投资合同或协议约定的价值，借记"固定资产"账户，贷记"实收资本"账户。在投资合同或协议约定价值不公允的情况下，按照该项固定资产的公允价值作为入账价值。

【例 8 - 5】 某物业服务企业收到乙公司投入的设备一台，投资合同确定的价值为120 000元。编制会计分录如下：

借：固定资产　　　　　　　　　　　　　　　　120 000

　　贷：实收资本　　　　　　　　　　　　　　　　120 000

4. 租入固定资产

租赁按其性质和形式的不同分为经营租赁和融资租赁。企业采用经营租赁方式租入的资产，主要是为了解决生产经营的季节性、临时性的需要，在租赁期内，承租企业只拥有资产的使用权，而且租期一般较短，租赁期满，企业要将资产退还给出租人。因此，企业经营性租入的固定资产不作为自有固定资产入账，只设备查账簿进行登记，该固定资产的折旧由出租方计提，承租方支付的租金计入各期费用。

融资租赁指企业出于融资或减少投资风险等方面的考虑而从资产租赁机构租入固定资产的行为。与经营租赁相比，融资租赁具有以下的特点：①租赁期较长（一般达到租赁资产使用年限的75％以上）；②租约一般不能取消；③支付的租金较高，一般包括设备的价款和借款利息等；④租赁期满，承租人有优先选择廉价购买租赁资产的权利。也就是说，在融资租赁方式下，与租赁资产有关的主要风险和报酬已由出租人转归承租人。可见，融资租入的固定资产，尽管从法律形式上资产的所有权在租赁期间仍属于出租方，但租入企业实际上已经获得了租赁资产产生的经济利益，也承担了与资产有关的风险。因此，企业应将融资租入固定资产视同自有资产进行核算、管理，并计提固定资产折旧。

5. 盘盈的固定资产

企业在财产清查中发现的盘盈固定资产，应作为前期差错处理，在按管理权限报经批准处理前，应先通过"以前年度损益调整"账户核算。盘盈的固定资产，应按同类或类似固定资产的市场价值，减去按该项资产的新旧程度估计的价值损耗后的余额，作为入账价值，或者按该项资产的预计未来现金流量的现值作为入账价值，借记"固定资产"账户，贷记"以前年度损益调整"账户。

6. 其他固定资产

通过非货币性资产交换、债务重组、企业合并等方式取得的固定资产会计处理，按照《企业会计准则》的相关规定进行会计处理，在本教材中不作介绍。

第三节 固定资产的后续计量

固定资产的后续计量主要包括固定资产折旧的计提、减值损失的确定,以及后续支出的计量。

一、固定资产折旧

(一)固定资产折旧的概念

固定资产是一项价值较高的长期资产,在为企业带来长期经济利益的同时,其价值会随着时间的推移和不断的使用而逐渐消失,使固定资产变得陈旧直至报废。因此,企业应当在固定资产的使用寿命内,采用计提折旧的方法,将其价值逐渐分摊计入各期的成本或费用,与各期的有关收入配比,以合理确定各期损益。因此,计提固定资产折旧实际上是固定资产价值的分摊过程。

(二)影响固定资产折旧的因素

影响固定资产折旧的因素主要有以下几个方面:

1. 固定资产原价

固定资产原价指固定资产取得时的原始成本,它是计提折旧的基数。

2. 固定资产预计净残值

固定资产预计净残值指假定固定资产预计使用寿命已满并处于使用寿命终了时的预期状态,企业从该项资产处置中获得的扣除预计处置费用后的金额。预计净残值通常按固定资产原价的一定百分比来计算,即预计净残值=固定资产原价×预计净残值率。

3. 固定资产减值准备

固定资产减值准备指固定资产已计提的固定资产减值准备累计金额。固定资产计提减值准备后,应当在剩余使用寿命内根据调整后的固定资产账面价值(固定资产账面余额扣减累计折旧和累计减值准备后的金额)和预计净残值重新计算确定折旧率和折旧额。

4. 固定资产的使用寿命

固定资产的使用寿命指企业使用固定资产的预计期间,或者该固定资产所能生产产品或提供劳务的数量。

(三)固定资产折旧的计算方法

固定资产折旧计算方法的选用直接影响到企业成本、费用的计算,也影响到企业的收入和纳税,因此,企业应科学合理地选用固定资产的折旧方法。折旧的计算方法有平均年限法、工作量法、双倍余额递减法和年数总和法。折旧方法一经确定,企业不得随意变更。如需变更,应当在会计报表附注中予以说明。

1. 平均年限法

平均年限法又称直线法,是将固定资产的应提折旧额在固定资产的预计使用寿命内平均分摊的一种方法。采用这种方法计算的每期折旧额均相等。计算公式如下:

$$年折旧额 = \frac{固定资产原价 - 预计净残值}{预计使用寿命(年)}$$

$$= \frac{固定资产原价 \times (1 - 预计净残值率)}{预计使用寿命(年)}$$

$$月折旧额 = 年折旧额 \div 12$$

在实际工作中,一般是根据固定资产原价乘以折旧率来计算折旧额的。固定资产折旧率是指一定时期内固定资产折旧额与原价的比率。其计算公式如下:

$$年折旧率 = \frac{固定资产年折旧额}{固定资产原价} \times 100\%$$

$$= \frac{1 - 预计净残值率}{预计使用寿命(年)} \times 100\%$$

$$月折旧率 = 年折旧率 \div 12$$

$$月折旧额 = 固定资产原价 \times 月折旧率$$

【例 8 - 6】　某物业服务企业有管理用设备一台,该设备的原价为 60 000 元,预计使用寿命为 10 年,预计净残值率 4%,该设备的年折旧率、月折旧率和月折旧额计算如下:

$$年折旧率 = (1 - 4\%) \div 10 \times 100\% = 9.6\%$$

$$月折旧率 = 9.6\% \div 12 = 0.8\%$$

$$月折旧额 = 60 000 \times 0.8\% = 480(元)$$

平均年限法的主要优点是计算简便,易于理解和掌握,一般适用于各期使用程度、负荷程度比较均衡的固定资产。但这种方法也存在缺点,它没有考虑固定资产通常在使用前期的维修费用较小,而在使用后期的维修费用较大,以及固定资产在不同使用年限提供的经济效益和使用强度不同的客观现实,从而使固定资产在整个使用年限内的使用成本不均衡。

2. 工作量法

工作量法是根据固定资产实际完成的工作量计算每期折旧的一种方法。计算公式如下:

$$单位工作量折旧额 = \frac{固定资产原价 \times (1 - 预计净残值率)}{预计总工作量}$$

$$某项固定资产月折旧额 = 该项固定资产当月工作量 \times 单位工作量折旧额$$

实际工作中,工作量可以是行驶里程、工作时数等,如运输工具的运行公里、机器设备的工作小时等。

【例 8 - 7】　某物业服务企业有运货卡车一辆,原价为 120 000 元,预计总行驶里程为 60 万公里,预计净残值率为 5%,本月实际行驶 3 000 公里。则该运货卡车本月的折旧额计算如下:

$$单位里程折旧额 = \frac{120 000 \times (1 - 5\%)}{600 000} = 0.19(元 / 公里)$$

$$本月折旧额 = 3 000 \times 0.19 = 570(元)$$

工作量法的主要优点是将各期计提的折旧额与固定资产使用程度联系起来,固定资产完成的工作量越大,磨损程度越大,计提的折旧费也越多。工作量法的计算也比较简便。但这种方法只注重固定资产使用强度,忽视了无形损耗对固定资产的影响。另外,对于固定资产预计能够完成的总工作量也难以准确估计。因此,工作量法一般适用于损耗程度与完成的工作量密切相关或使用不均衡的固定资产,如运输车辆、机器设备等。

3. 双倍余额递减法

双倍余额递减法指在不考虑固定资产净残值的情况下,用固定资产每期期初的账面净值(原价减累计折旧)乘以双倍的直线法折旧率来计算固定资产折旧额的一种方法。计算公式如下:

$$年折旧率 = \frac{2}{预计使用寿命(年)} \times 100\%$$

$$年折旧额 = 年初固定资产账面净值 \times 年折旧率$$

$$月折旧额 = 年折旧额 \div 12$$

由于在采用双倍余额递减法计算折旧时未考虑固定资产的预计净残值,因此,为了防止在折旧期结束时,出现固定资产账面净值与预计净残值不一致的情况,应当在固定资产折旧年限到期前两年内,将固定资产账面净值扣除预计净残值后的余额在剩余的两年内平均摊销,以避免出现在折旧期限内计提的累计折旧额大于或小于该项固定资产原价扣除预计净残值后的数额。

【例 8-8】 某物业服务企业一项固定资产原价为 20 万元,预计使用 5 年,预计净残值 8 000 元。采用双倍余额递减法计算折旧,每年的折旧额计算如下:

$$年折旧率 = \frac{2}{5} \times 100\% = 40\%$$

$$第一年折旧额 = 20 \times 40\% = 8(万元)$$

$$第二年折旧额 = (20 - 8) \times 40\% = 4.8(万元)$$

$$第三年折旧额 = (20 - 8 - 4.8) \times 40\% = 2.88(万元)$$

从第四年起改用平均年限法计提折旧,则:

$$第四、五年各年的折旧额 = (20 - 8 - 4.8 - 2.88 - 0.8) \div 2 = 1.76(万元)$$

4. 年数总和法

年数总和法是将固定资产原价减去预计净残值后的净额乘以一个逐年递减的分数来计算每年折旧额的一种方法。年数总和法的折旧率是一个分数,这个分数的分子表示固定资产尚可使用的年数,分母表示使用年限的年数总和。计算公式如下:

$$年折旧率 = \frac{尚可使用年限}{预计使用寿命的年数总和} \times 100\%$$

$$= \frac{预计使用寿命 - 已使用年限}{预计使用寿命 \times (1 + 预计使用寿命) \div 2} \times 100\%$$

$$年折旧额 = (固定资产原价 - 预计净残值) \times 年折旧率$$

$$月折旧额 = 年折旧额 \div 12$$

【例 8-9】　仍以【例 8-8】的资料为例,采用年数总和法计算折旧,每年的折旧额计算如下:

$$预计使用寿命的年数总和 = 1+2+3+4+5 = 5\times(1+5)\div2 = 15$$

$$第一年折旧额 = (20-0.8)\times\frac{5}{15} = 6.4(万元)$$

$$第二年折旧额 = (20-0.8)\times\frac{4}{15} = 5.12(万元)$$

$$第三年折旧额 = (20-0.8)\times\frac{3}{15} = 3.84(万元)$$

$$第四年折旧额 = (20-0.8)\times\frac{2}{15} = 2.56(万元)$$

$$第五年折旧额 = (20-0.8)\times\frac{1}{15} = 1.28(万元)$$

上述几种固定资产折旧方法中,双倍余额递减法和年数总和法都属于加速折旧法,其特点是在固定资产使用的早期多提折旧,后期少提折旧,目的是使固定资产成本在预计使用寿命内尽快得到补偿。加速折旧法一般适用于技术含量较高、受无形损耗影响较大的固定资产。必须指出的是,对某项固定资产而言,不论采用直线法,还是采用加速折旧法,其预计使用寿命内应计提的折旧总额是相等的。

（四）固定资产折旧的计提范围

企业所拥有的固定资产,除以下情况外,均应计提折旧:

（1）已提足折旧仍继续使用的固定资产;

（2）未提足折旧提前报废的固定资产;

（3）按照规定单独估价作为固定资产入账的土地。

企业固定资产应当按月计提折旧,当月增加的固定资产,当月不计提折旧,从下月开始计提折旧;当月减少的固定资产,当月仍计提折旧,从下月开始停止计提折旧。

已达到预定可使用状态但尚未办理竣工决算的固定资产,应当按照估计价值确定其成本,并计提折旧;待办理竣工决算后再按实际成本调整原来的暂估价值,但不需要调整原已计提的折旧额。

融资租入的固定资产,应当采用与自有固定资产相一致的折旧政策。能够合理确定租赁期届满时将会取得租赁资产所有权的,应当在租赁资产尚可使用年限内计提折旧;无法合理确定租赁期届满时能否取得租赁资产所有权的,应当在租赁期与租赁资产尚可使用年限两者中较短的期间内计提折旧。

（五）固定资产折旧的核算

企业对固定资产应当按月计提折旧,各月提取折旧时,可在上月计提折旧额的基础上,对上月固定资产增减变动情况进行调整后计算当月应计提的折旧额。这样,每月固定资产应计提的折旧额＝上月固定资产计提的折旧额＋上月增加的固定资产应计提的折旧额－上月减少的固定资产应计提的折旧额。

企业按月计提折旧时,应根据固定资产的用途借记有关成本费用账户,贷记"累计折旧"账户。企业经营主营业务所使用的固定资产,其计提的折旧额应计入"主营业务成本"

账户的借方;企业经营其他业务所使用的固定资产,其计提的折旧额应计入"其他业务成本"账户的借方;企业行政管理部门所使用的固定资产,其计提的折旧额应计入"管理费用"账户;企业自行建造固定资产过程中使用的固定资产,其计提的折旧额应计入"在建工程"账户的借方。

在实际工作中,各月计提折旧的工作一般是由财会部门通过编制"固定资产折旧计算及分配表"来完成的。

【例8-10】　某物业服务企业2013年10月份的"固定资产折旧计算及分配表"如表8-1所示。

表8-1　固定资产折旧计算及分配表

2013年10月　　　　　　　　　　　　　　　　　　　　　　单位:元

固定资产类别	月折旧额	按使用对象分配		
		主营业务成本	其他业务成本	管理费用
房屋建筑物	30 000	12 000		18 000
设备	50 000	25 000	5 000	20 000
运输工具	80 000	48 000		32 000
其他设备	2 000	2 000		
合　计	162 000	87 000	5 000	70 000

根据表8-1的资料,编制会计分录如下:

借:主营业务成本　　　　　　　　　　　　　　　　　　　　87 000
　其他业务成本　　　　　　　　　　　　　　　　　　　　　5 000
　管理费用　　　　　　　　　　　　　　　　　　　　　　70 000
　贷:累计折旧　　　　　　　　　　　　　　　　　　　　　　　162 000

二、固定资产减值

(一) 固定资产减值迹象的判断

固定资产减值指固定资产的可收回金额低于其账面价值。企业应当在资产负债表日判断资产是否存在可能发生减值的迹象。如果固定资产存在减值迹象的,应当进行减值测试,估计固定资产的可收回金额。可收回金额低于账面价值的,应当按照可收回金额低于账面价值的金额,计提减值准备。企业的固定资产存在下列迹象的,表明固定资产可能发生了减值:

(1)资产的市价当期大幅度下跌,其跌幅明显高于因时间的推移或者正常使用而预计的下跌;

(2)企业经营所处的经济、技术或法律等环境以及资产所处的市场在当期或将在近期发生重大变化,从而对企业产生不利影响;

(3)市场利率或者其他市场投资报酬率在当期已经提高,从而影响企业计算固定资产预计未来现金流量现值的折现率,导致固定资产可收回金额大幅度降低;

（4）有证据表明资产已经陈旧过时；

（5）固定资产已经或者将被闲置、终止使用或者计划提前处置；

（6）其他表明资产已发生减值的迹象。

（二）固定资产可收回金额的计量

企业固定资产存在减值迹象的，应当估计其可收回金额。固定资产可收回金额应当根据其公允价值减去处置费用后的净额与固定资产预计未来现金流量的现值两者之间较高者确定。固定资产公允价值减去处置费用后的净额，通常反映的是固定资产如果被出售或者处置时可以收回的净现金收入。其中，固定资产的公允价值是指在公平交易中，熟悉情况的交易双方自愿进行固定资产交换的金额；处置费用是指与固定资产处置有关的法律费用、相关税费、搬运费以及使固定资产达到可销售状态所发生的直接费用等。固定资产预计未来现金流量的现值，应当按照固定资产在持续使用过程中和最终处置时所产生的预计未来现金流量，选择恰当的折现率对其进行折现后的金额加以确定。在折现时，需要综合考虑固定资产预计未来现金流量、使用寿命和折现率这三方面的因素。

（三）固定资产减值损失的确定

企业在对固定资产进行减值测试并计算了固定资产可收回金额后，如果固定资产的可收回金额低于其账面价值，应当将固定资产的账面价值减记至可收回金额，减记的金额确认为固定资产减值损失，计入当期损益，同时计提相应的资产减值准备。

固定资产减值损失确定后，减值固定资产的折旧应当在未来期间作相应调整，以使该固定资产在剩余使用寿命内，系统地分摊调整后的资产账面价值（扣除净残值）。

考虑到固定资产发生减值后，其价值回升的可能性较小，从会计信息稳健性要求考虑，为了避免确认资产重估增值和操纵利润，固定资产减值损失一经确定，在以后会计期间不得转回。以前期间计提的固定资产减值准备，需要等到固定资产处置时才可转销。

（四）固定资产减值准备的核算

为了正确核算计提的固定资产减值准备，企业应当设置"固定资产减值准备"账户。该账户是固定资产的备抵调整账户，贷方登记计提的固定资产减值准备，借方登记处置固定资产时结转的固定资产减值准备金额，期末余额在贷方，反映企业已计提但尚未转销的固定资产减值准备。

当企业确定固定资产发生减值时，应当根据所确认的资产减值金额，借记"资产减值损失"账户，贷记"固定资产减值准备"账户。

固定资产计提了减值准备后，其账面价值将相应抵减，因此，企业在未来计提折旧时，应当按照新的固定资产账面价值以及尚可使用年限重新计算确定折旧额。

【例8-11】　某企业在期末对固定资产进行检查，发现A设备由于陈旧过时，其可收回金额低于其账面价值，该设备的原价为15万元，已提折旧6万元，预计可收回金额为7.5万元。企业对该设备计提减值准备时，编制会计分录如下：

借：资产减值损失——固定资产减值损失　　　　　　　15 000

　　贷：固定资产减值准备　　　　　　　　　　　　　　　　15 000

三、固定资产的后续支出

企业的固定资产投入使用后,由于有形损耗或无形损耗等原因,往往需要对固定资产进行维护、改建、扩建或改良以提高固定资产的使用效能。固定资产的后续支出是指固定资产在使用过程中发生的更新改造支出、修理费用等。按照该支出对固定资产产生的影响来划分,分为资本化的后续支出和费用化的后续支出。

(一) 资本化的后续支出

固定资产在使用过程中发生的与固定资产有关的更新改造等后续支出,符合固定资产确认条件的,应计入固定资产成本,即将后续支出予以资本化,同时将被替换部分的账面价值扣除。固定资产发生可资本化的后续支出时,企业一般应将相关固定资产的原价、已计提的累计折旧和减值准备转销,将固定资产的账面价值转入在建工程,并停止计提折旧。固定资产发生的可资本化的后续支出,通过"在建工程"账户核算。待固定资产的后续支出工程完工并达到预定可使用状态时,再从在建工程转为固定资产,并按重新确定的固定资产原价、使用寿命、预计净残值和折旧方法计提折旧。

(二) 费用化的后续支出

与固定资产有关的修理费用等后续支出不符合固定资产确认条件的,应在发生时计入当期损益。

【例 8－12】 某企业委托汽车修理厂对行政管理部门使用的车辆进行日常维护与修理,用银行存款支付修理费用 1 900 元。编制会计分录如下:

借:管理费用　　　　　　　　　　　　　　　　　　　　　1 900
　　贷:银行存款　　　　　　　　　　　　　　　　　　　　1 900

第四节　固定资产的处置

一、固定资产处置的范围及账户设置

固定资产处置包括固定资产的出售、转让、报废或毁损、对外投资、非货币性资产交换、债务重组等。

处置固定资产应通过"固定资产清理"账户进行核算。该账户属于资产类账户,也是一个计价对比性质的账户,用来核算和监督企业因出售、报废、毁损、对外投资、非货币性资产交易、债务重组等原因转入清理的固定资产账面价值以及在清理过程中所发生的清理费用和清理收入等。其借方登记转入清理的固定资产的账面价值以及发生的清理费用和应交纳的有关税金;贷方登记固定资产清理过程中取得的残料价值或变价收入以及应向保险公司或过失人收取的赔偿款等。固定资产清理工作结束后,应将清理净收益或净损失转入有关账户,结转后,本账户应无余额。

二、固定资产的出售、转让、报废及毁损的核算

企业因出售、转让、报废及毁损等原因减少的固定资产,会计核算一般可分为以下几个步骤:

第一,固定资产转入清理。固定资产转入清理时,应注销固定资产的账面原价、累计已提折旧和已计提的减值准备,按固定资产的账面价值,借记"固定资产清理"账户;按已计提的折旧,借记"累计折旧"账户;按已计提的减值准备,借记"固定资产减值准备"账户;按固定资产账面原价,贷记"固定资产"账户。

第二,清理费用的处理。固定资产在清理过程中发生的有关费用(如支付清理人员的工资等),应按实际发生数,借记"固定资产清理"账户,贷记"银行存款"等账户。

第三,应交营业税的处理。企业出售房屋、建筑物等不动产,按照税法的有关规定,应按其销售额和规定的税率计算交纳营业税。按应交的营业税,借记"固定资产清理"账户,贷记"应交税费——应交营业税"账户。

第四,出售收入和残料等的处理。企业收到出售固定资产的价款、报废和毁损固定资产的残料价值或变价收入等,应冲减清理支出,借记"银行存款"、"原材料"等账户,贷记"固定资产清理"账户。

第五,保险赔款的处理。企业计算或收到的应由保险公司或过失人赔偿的款项,应冲减清理支出,借记"其他应收款"、"银行存款"等账户,贷记"固定资产清理"账户。

第六,清理净损益的处理。固定资产清理完成后的净收益,属于生产经营期间的正常处理收益,应借记"固定资产清理"账户,贷记"营业外收入"账户。固定资产清理完成后的净损失,属于生产经营期间的正常处理损失,应借记"营业外支出"账户,贷记"固定资产清理"账户;属于生产经营期间由于自然灾害等非正常原因造成的,借记"营业外支出"账户,贷记"固定资产清理"账户。

【例 8－13】　某物业服务企业出售设备一台,原价为 150 000 元,累计已提折旧 60 000元,出售收入 110 000 元,款项已收到并存入银行,发生清理费用 800 元,用银行存款支付。编制会计分录如下:

(1) 将出售固定资产转入清理,注销其原价、已提折旧时:

借:固定资产清理　　　　　　　　　　　　　　　　　　　90 000
　　累计折旧　　　　　　　　　　　　　　　　　　　　　60 000
　　贷:固定资产　　　　　　　　　　　　　　　　　　　　　150 000

(2) 收到出售价款时:

借:银行存款　　　　　　　　　　　　　　　　　　　　　110 000
　　贷:固定资产清理　　　　　　　　　　　　　　　　　　　110 000

(3) 支付清理费用时:

借:固定资产清理　　　　　　　　　　　　　　　　　　　　800
　　贷:银行存款　　　　　　　　　　　　　　　　　　　　　800

(4) 结转出售固定资产的净收益 19 200 元(110 000－90 000－800)时:

借:固定资产清理	19 200
贷:营业外收入	19 200

【例 8-14】　某物业服务企业的一辆卡车因使用期满,不能继续使用,经批准予以报废。该卡车的账面原价为 160 000 元,累计已提折旧 150 000 元,已计提减值准备 4 300元,以银行存款支付清理费用 200 元,取得残值变价收入 2 000 元,已存入银行。编制会计分录如下:

(1) 将报废固定资产转入清理,注销其原价、已提折旧和已计提的减值准备时:

借:固定资产清理	5 700
累计折旧	150 000
固定资产减值准备	4 300
贷:固定资产	160 000

(2) 支付清理费用时:

借:固定资产清理	200
贷:银行存款	200

(3) 取得残值变价收入时:

借:银行存款	2 000
贷:固定资产清理	2 000

(4) 结转报废固定资产的净损失 3 900 元(5 700＋200－2 000)时:

借:营业外支出	3 900
贷:固定资产清理	3 900

三、固定资产盘亏的核算

企业在财产清查中查明的各种固定资产盘亏,应通过"待处理财产损溢——待处理固定资产损溢"账户核算。企业发生固定资产盘亏时,应按盘亏固定资产的账面价值,借记"待处理财产损溢——待处理固定资产损溢"账户,按已计提的折旧,借记"累计折旧"账户,按已计提的减值准备,借记"固定资产减值准备"账户,按固定资产原价,贷记"固定资产"账户。盘亏的固定资产报经批准转销时,按可收回的保险赔款或过失人赔款,借记"其他应收款"账户,按应计入营业外支出的金额,借记"营业外支出"账户,贷记"待处理财产损溢"账户。

【例 8-15】　某物业服务企业在财产清查时,发现盘亏维修设备一台,其账面原价为26 000 元,已提折旧 9 200 元。经查明属于被盗,报经批准后,盘亏固定资产的账面价值转为营业外支出。编制会计分录如下:

(1) 发现盘亏固定资产时,在报经批准前:

借:待处理财产损溢——待处理固定资产损溢	16 800
累计折旧	9 200
贷:固定资产	26 000

（2）报经批准后转销时：

借：营业外支出　　　　　　　　　　　　　　　　　16 800

　　贷：待处理财产损溢——待处理固定资产损溢　　　　16 800

第五节　无　形　资　产

一、无形资产概述

（一）无形资产的概念和特征

无形资产指企业拥有或者控制的没有实物形态的可辨认非货币性资产。主要包括专利权、非专利技术、商标权、著作权、特许权、土地使用权等。无形资产具有以下特征：

1. 无形资产不具有实物形态

无形资产通常表现为某种权利、某项技术或某种获取超额利润的综合能力。它没有实物形态，但具有价值，或者能使企业获得高于同行业一般水平的盈利能力。不具有实物形态是无形资产区别于其他资产的特征之一。需要指出的是，某些无形资产的存在虽有赖于实物载体，如计算机软件需要储存在磁盘中，但这并没有改变无形资产本身不具有实物形态的特性。

2. 无形资产具有可辨认性

资产符合以下条件之一的，则认为其具有可辨认性：第一，能够从企业中分离或者划分出来，并能够单独或者与相关合同、资产或负债一起，用于出售、转让、授予许可、租赁或者交换。第二，产生于合同性权利或其他法定权利，无论这些权利是否可以从企业或其他权利和义务中转移或者分离。如一方通过与另一方签订特许权合同而获得的特许权使用权，通过法律程序申请获得的商标权、专利权等。

无形资产的定义要求无形资产是可单独辨认的，如企业持有的专利权、非专利技术、商标权、土地使用权、特许权等，他们具有专门名称、可以单独取得和转让，具有可辨认性。而作为整体购并或企业合并时形成的商誉，由于它是与企业整体价值联系在一起的，不能脱离企业独立存在，也不能单独取得或转让，不具有可辨认性。虽然商誉也是没有实物形态的非货币性资产，但不构成无形资产。

3. 无形资产属于非货币性长期资产

无形资产由于没有发达的交易市场，一般不容易转化成现金，在持有过程中为企业带来未来经济利益的情况不确定性，不属于以固定或可确定的金额收取的资产，属于非货币性资产。从而使其与也是没有实物形态的货币性资产（如应收账款、银行存款）相区别。由于无形资产能够在多个会计期间内使用，使用年限在一年以上，属于一项长期资产。因而企业为取得无形资产所发生的支出属于资本性支出，应在各个受益期内进行摊销。

4. 无形资产为企业创造的未来经济利益的大小具有较大的不确定性

这种不确定性主要表现在两个方面：一是未来经济利益具有不确定性。由于无形资产必须与企业的其他资源（如足够的人力资源、高素质的管理团队、相关的硬件设备、原材料等)相结合,才能为企业创造经济利益,因而其使用效果难以单独、准确地计量。二是有些无形资产的使用期限、受益期限因受外界因素的影响具有不确定性。如由于相关新技术的发明应用,某项无形资产可能很快被其他更先进的无形资产所取代,它原来能为企业带来超额利润的能力可能会很快丧失殆尽。

(二) 无形资产的内容

无形资产主要包括专利权、非专利技术、商标权、著作权、特许权、土地使用权等。

1. 专利权

专利权是国家专利主管机关依法授予发明创造专利申请人在法定期限内,对其发明创造所享有的专利权,包括发明专利权、实用新型专利权和外观设计专利权。专利权允许其发明人或持有者独家使用或控制的特权,但并不保证一定能给发明人或持有者带来经济利益。有的专利可能会被新的更有经济价值的专利所取代。因此,企业不应将其拥有的一切专利权都予以资本化,作为无形资产核算。只有那些能够给企业带来较大经济价值,并且企业为此花费了支出的专利,才能作为无形资产核算。

2. 非专利技术

非专利技术又称专有技术,是指企业在生产经营活动中已采用的、未经公开的、不享有法律保护的可以带来经济效益的各种技术和诀窍,包括各种设计图纸、技术数据、技术规范、工艺流程、材料配方和经营管理经验等。非专利技术不受专利法保护,它是用自我保密的方式来维护其独占性,具有经济性、机密性和动态性等特点。

3. 商标权

商标是用来辨认特定商品或劳务的标记。商标权是指经国家工商行政管理部门商标局批准注册,申请人专门在自己生产的产品或经销的商品上使用特定的名称、图案标记的权利。商标一经注册,就受到法律保护。商标权的价值在于企业拥有信誉卓著的驰名商标,可以获得客户信赖,能使企业产品畅销,从而为企业带来较高的盈利能力。注册商标的有效期为10年,有效期满需要继续使用的,应当在期满前6个月内申请继续注册,每次继续注册的有效期为10年。

4. 著作权

著作权又称版权,指作者对其创作的文学、科学和艺术作品依法享有的发表、制作、出版和发行的专有权利。著作权包括人身权和财产权。人身权主要有发表权、署名权、修改权和保护作品完整权等。财产权主要有复制权、出版权、表演权、广播权、放映权、展览权、改编权、翻译权等。著作权可以转让、出售、继承或赠予。如果未经著作权所有人允许,私自使用著作权作品,就构成侵权行为,应承担法律责任和经济责任。

5. 特许权

特许权又称专营权、经营特许权,指企业在某一地区经营或销售某种特定商品的权利或者是一家企业接受另一家企业使用其商标、商号、技术秘密等的权利。特许权通常有两种形式:一种是由政府机构授权,准许企业使用公共财产或在一定地区享有经营某种业务的权利,如公共交通、邮电通信、自来水、电力、煤气等专营权、烟草专卖权等。另一种是指企业间依照双方签订的合同,一家企业有限期或无限期使用另一家企业的某些权利,如连锁店分店使用总店的名称等。会计上的特许权主要指后一种情况。

6. 土地使用权

土地使用权指国家准许企业在一定期间对国有土地享有开发、利用、经营的权利。企业取得土地使用权的方式主要有以下几种：

（1）根据《中华人民共和国城镇国有土地使用权出让和转让暂行条例》，向政府土地管理部门申请土地使用权，企业要支付一笔出让金，在这种情况下，出让金应予以资本化，作为无形资产核算；

（2）企业原先通过行政划拨获得土地使用权，没有作为无形资产入账，在将土地使用权有偿转让、出租、抵押、作价入股和投资时，应按规定补缴土地出让金，并予以资本化，作为无形资产入账核算；

（3）投资者投入的土地使用权，应作为无形资产核算。此外，作为投资性房地产或者作为固定资产核算的土地，按照投资性房地产或者固定资产核算，不作为无形资产核算。

二、无形资产的初始计量

（一）无形资产初始成本的确定

无形资产初始成本的确定指无形资产取得成本的确定。由于企业取得无形资产的来源渠道不同，其取得时的实际成本也不同。具体来说，无形资产初始成本可按以下方法确定：

（1）外购无形资产的成本，包括购买价款、相关税费以及直接归属于使该项资产达到预定用途所发生的其他支出。

（2）自行开发无形资产的成本，包括自满足无形资产确认条件后至达到预定用途前所发生的支出总额，但是对于以前期间已经费用化的支出不再调整。

（3）投资者投入无形资产的成本，应当按照投资合同或协议约定的价值确定。如果投资合同或协议约定价值不公允的，应按无形资产的公允价值作为无形资产的初始成本入账。

（4）通过非货币性资产交换取得的无形资产。企业通过非货币性资产交换取得的无形资产是指以投资、存货、固定资产或无形资产换入的无形资产。非货币性资产交换具有商业实质且公允价值能够可靠计量的，在发生补价的情况下，支付补价方应当以换出资产的公允价值加上支付的补价（即换入无形资产的公允价值）和应支付的相关税费，作为换入无形资产的成本；收到补价方，应当以换入无形资产的公允价值（或换出资产的公允价值减去补价）和应支付的相关税费，作为换入无形资产的成本。

（5）通过债务重组取得的无形资产的成本。通过债务重组取得的无形资产，是指企业作为债权人取得的债务人用于偿还债务的非现金资产。通过债务重组取得的无形资产的成本，应当以其公允价值入账。

（二）无形资产取得的核算

为了核算和监督无形资产的增减变动和结存情况，企业应设置"无形资产"账户。该账户属于资产类账户，借方登记企业通过各种途径取得的各种无形资产的实际成本；贷方登记企业处置无形资产时结转的无形资产减少金额；期末余额在借方，表示无形资产的成本。企业可按无形资产的类别设置明细账,进行明细分类核算。

1. 购入无形资产的核算

企业购入无形资产时,应按实际支付的价款,借记"无形资产"账户,贷记"银行存款"等账户。

【例8-16】 企业从某公司购入一项专利权,买价98 000元,相关税费7 000元。款项已通过银行转账支付。编制会计分录如下:

借:无形资产　　　　　　　　　　　　　　　　　105 000
　贷:银行存款　　　　　　　　　　　　　　　　　105 000

2. 投资者投入无形资产的核算

企业对于投资者投入的无形资产,应按投资合同或协议约定的价值,借记"无形资产"账户,贷记"实收资本"、"股本"等账户。

【例8-17】 企业接受A公司投资转入的一项非专利技术,双方协议价格为160万元,已办妥相关手续。编制会计分录如下:

借:无形资产　　　　　　　　　　　　　　　　　160 000
　贷:实收资本　　　　　　　　　　　　　　　　　160 000

3. 自行开发取得的无形资产核算

自行开发取得的无形资产核算见下文"内部研究开发费用的确认和计量"。

三、内部研究开发费用的确认和计量

由于确定研究与开发费用是否符合无形资产的定义和相关特征、能否或者何时能够为企业产生预期未来经济利益,以及成本能否可靠地计量尚存在不确定因素,因此,研究与开发活动发生的费用,除了要遵循无形资产确认和初始计量的一般要求外,还需要满足其他特定的条件,才能够确定为一项无形资产:首先,为评价内部产生的无形资产是否满足确认标准,企业应当将资产的形成过程分为研究阶段与开发阶段两部分;其次,对于开发过程中发生的费用,在符合一定条件的情况下,才可确认为一项无形资产。在实务工作中,具体划分研究阶段与开发阶段,以及是否符合资本化的条件,应当根据企业的实际情况以及相关信息予以判断。

(一)研究阶段与开发阶段的划分

对于企业自行进行无形资产研究开发项目,应当区分研究阶段与开发阶段两个部分分别进行核算。

1. 研究阶段

研究阶段指为获取新的技术和知识而进行的探索性的有计划调查。研究阶段是探索性的,是为进一步的开发活动进行资料及相关方面的准备,已进行的研究活动将来是否会转入开发、开发后是否会形成无形资产等均具有较大的不确定性,在这一阶段不会形成阶段性成果。因此,研究阶段的有关支出在发生时,应当予以费用化并计入当期损益。

2. 开发阶段

开发阶段指在进行商业性生产或使用前,将研究成果或其他知识应用于某项计划或设计,以生产出新的或具有实质性改进的材料、装置、产品等。开发阶段是建立在研究阶段基础上的,因而,对项目的开发具有针对性,研发项目形成成果的可能性也较大。

相对于研究阶段而言,进入开发阶段,在很大程度上具备了形成一项新产品或新技术的基本条件。此时,如果企业能够证明开发支出符合无形资产的定义及相关确认条件,则可将开发支出予以资本化,确认为无形资产。

(二)开发阶段有关支出资本化的条件

企业内部研究开发项目开发阶段的支出,同时满足以下条件的,才能予以资本化,确认为无形资产:

(1)完成该无形资产以使其能够使用或出售在技术上具有可行性。企业在判断是否满足该条件时,应提供相关的证据和材料,并以目前阶段的成果为基础,说明在此基础上进一步开发所需的技术条件已具备,基本上不存在技术上的障碍或其他不确定性;

(2)具有完成该无形资产并使用或出售的意图。企业的管理当局应当能够说明其开发无形资产的目的,并具有完成该项无形资产开发并使其能够使用或出售的可能性;

(3)无形资产产生经济利益的方式,包括能够证明运用该无形资产生产的产品存在市场或无形资产自身存在市场,无形资产将在内部使用的,应当证明其有用性;

(4)有足够的技术、财务资源和其他资源支持,以完成该无形资产的开发,并有能力使用或出售该无形资产;

(5)归属于该无形资产开发阶段的支出能够可靠地计量。

(三)内部开发无形资产成本的确定

内部开发无形资产成本包括开发无形资产时耗费的材料、劳务成本、注册费、在开发无形资产过程中使用的其他专利权和特许权的摊销,以及按照借款费用的处理原则可以资本化的利息支出。

需要说明的是,内部开发无形资产的成本仅包括在满足资本化条件的时点至无形资产达到预定用途前发生的支出总和,对于同一项无形资产在开发过程中达到资本化条件之前已经费用化计入当期损益的支出不再进行调整。

(四)内部研究开发费用的会计处理

企业自行开发无形资产发生的研发支出,无论是否满足资本化条件,均应先在"研发支出"账户中归集。不满足资本化条件的研发支出,借记"研发支出——费用化支出"账户,贷记"原材料"、"银行存款"、"应付职工薪酬"等账户。

研究开发项目达到预定用途形成无形资产时,应按"研发支出——资本化支出"账户的余额,借记"无形资产"账户,贷记"研发支出——资本化支出"账户。而对于不符合资本化条件的研发支出,应转入当期管理费用,应借记"管理费用"账户,贷记"研发支出——费用化支出"账户。

外购或以其他方式取得的正在进行中的研究开发项目,应按确定的金额,借记"研发支出——资本化支出"账户,贷记"银行存款"等账户。以后发生的研发支出应当比照上述方法进行会计处理。

【例8-18】 2013年1月1日,某公司经董事会批准研发某项专利技术,该研发项目具有可靠的技术、财务和其他资源的支持,一旦研发成功,将有效地降低该公司的经营成本。该公司在研究开发过程中发生材料费 156 万元,人工费用 82 万元,其他费用 50 万元,总计 288 万元,其中,符合资本化条件的支出为 190 万元。2013 年 12 月 31 日,该专利技术已经达到了预定用途。编制会计分录如下:

（1）发生研发支出时:

借:研发支出——费用化支出	980 000	
——资本化支出	1 900 000	
贷:原材料		1 560 000
应付职工薪酬		820 000
银行存款		500 000

（2）2013 年 12 月 31 日,该专利技术达到预定用途时:

借:管理费用	980 000	
无形资产——专利权	1 900 000	
贷:研发支出——费用化支出		980 000
——资本化支出		1 900 000

四、无形资产的后续计量

(一) 估计无形资产的使用寿命

企业应当于取得无形资产时分析判断其使用寿命。无形资产的使用寿命如为有限的,应当估计其使用寿命的年限或者构成使用寿命的产量等类似计量单位数量;无法预见无形资产为企业带来经济利益期限的,应当视为使用寿命不确定的无形资产。

某些无形资产的取得源自于合同性权利或其他法定权利,其使用寿命不应超过合同性权利或其他法定权利规定的期限。但如果企业使用资产的预期期限短于合同性权利或其他法定权利规定的期限的,则应当按照企业预期使用的期限来确定其使用寿命。

没有明确的合同或法律规定无形资产的使用寿命的,企业应当综合各方面的情况,比如聘请相关专家进行论证、与同行业的情况进行比较以及参考企业的历史经验等,来确定无形资产为企业带来经济利益的期限。如果经过这些努力,仍无法合理确定无形资产为企业带来经济利益的期限的,则应当将其作为使用寿命不确定的无形资产。

(二) 无形资产使用寿命的复核

企业至少应当于每年年度终了,对无形资产的使用寿命及摊销方法进行复核,如果有证据表明无形资产的使用寿命及摊销方法不同于以前的估计,则对于使用寿命有限的无形资产,应改变其摊销年限及摊销方法,并按照会计估计变更进行处理。

对于使用寿命不确定的无形资产,如果有证据表明其使用寿命是有限的,则应视为估计变更,应当估计其使用寿命并按照使用寿命有限的无形资产的处理原则进行处理。

(三) 无形资产的摊销

对于使用寿命有限的无形资产,企业应当在其预计的使用寿命内采用合理的方法对其应摊销金额进行摊销。应摊销金额是指无形资产的成本扣除残值后的金额。已计提减值准备的无形资产,还应扣除已计提的无形资产减值准备累计金额。对于使用寿命不确定的无形资产,企业在持有期间内不需要进行摊销,但应当在各个会计期间进行减值测试,如经减值测试表明已发生减值,则应计提相应的减值准备。

1. 摊销期、摊销方法和残值的确定

无形资产的摊销期应当从其可使用(即其达到预定用途)时起至不再作为无形资产确认时止。无形资产摊销的起始和停止日期为:当月增加的无形资产,当月开始摊销;当月减少的无形资产,当月不再摊销。

无形资产有多种摊销方法,这些方法包括直线法、生产总量法等。企业选择的无形资产摊销方法,应当反映与该项无形资产有关的经济利益的预期实现方式。比如,受技术因素影响较大的专利权和专有技术等无形资产,可采用类似固定资产加速折旧的方法进行摊销;有特定产量限制的特许经营权或专利权,应采用产量法进行摊销。

无形资产的摊销金额一般应计入当期损益,但如果某项无形资产是专门用于生产某种产品或者其他资产,其所包含的经济利益是通过转入到所生产的产品或其他资产中实现的,则无形资产的摊销费用应当计入相关资产的成本。

无形资产的残值一般为零,但下列情况除外:

(1) 有第三方承诺在无形资产使用寿命结束时购买该无形资产;

(2) 可以根据活跃市场得到预计残值信息,并且该市场在无形资产使用寿命结束时可能存在。

2. 无形资产摊销的账务处理

为了核算和监督使用寿命有限的无形资产的摊销情况,企业应当设置"累计摊销"账户。该账户属于"无形资产"账户的备抵调整账户,贷方登记无形资产各期的摊销额,借方登记处置无形资产时相应结转的累计摊销额,期末余额在贷方,反映无形资产的累计摊销额。

无形资产摊销时,应根据该项无形资产的服务对象,将其摊销额计入当期损益或相关资产的成本,借记"管理费用"、"其他业务成本"账户,贷记"累计摊销"账户。

【例8-19】 某企业从外单位购入一项专利权,购买价款等实际成本为24万元,以银行存款支付,预计该专利权的使用寿命为10年,无残值,按直线法摊销。编制会计分录如下:

(1) 购入无形资产时:

借:无形资产——专利权	240 000
贷:银行存款	240 000

(2) 按年摊销时:

借:管理费用	24 000
贷:累计摊销	24 000

(四) 无形资产的减值

企业应当定期或者至少于每年年终对无形资产进行全面检查,检查各项无形资产预计给企业带来经济利益的能力,如果无形资产将来为企业创造的经济利益还不足以补偿无形资产的成本(摊余价值),则说明无形资产发生了减值,具体表现为无形资产的可收回金额低于其账面价值。

企业的无形资产应当按照账面价值与可收回金额孰低计量,对可收回金额低于账面价值的差额,应当计提无形资产减值准备,计入当期的资产减值损失。

当企业的无形资产存在下列一项或若干项情形时,就应当计提无形资产减值准备,确认无形资产减值损失:

(1) 某项无形资产已被其他新技术等所替代,使其为企业创造经济利益的能力受到重大的不利影响;

(2) 某项无形资产的市价在当期大幅度下跌,在剩余摊销年限内预期不会恢复;

(3) 某项无形资产已超过法律保护期限,但仍然具有部分使用价值;

(4) 其他足以证明某项无形资产实质上已经发生了减值的情形。

当企业的无形资产存在下列一项或若干项情形时,应当将无形资产的账面价值全部转入当期损益,予以核销:

(1) 某项无形资产已被其他新技术所替代,并且该项无形资产已无使用价值和转让价值;

(2) 某项无形资产已超过法律保护期限,并且已不能为企业带来经济利益;

(3) 其他足以证明某项无形资产已经丧失了使用价值和转让价值的情形。

五、无形资产的处置

无形资产的处置主要指无形资产出售、对外出租、对外捐赠,或者是无法为企业带来未来经济利益时,应予终止确认并转销。

(一) 无形资产的出售

无形资产的出售是企业转让无形资产所有权的行为。企业出售无形资产时,应按实际收到的出租收入,借记"银行存款"等账户,按已计提的累计摊销,借记"累计摊销"账户,按已计提的减值准备,借记"无形资产减值准备"账户,按应支付的相关税费,贷记"应交税费"等账户,按无形资产的账面成本,贷记"无形资产"账户,按出售无形资产的净收益,贷记"营业外收入"账户,或按出售无形资产的净损失,借记"营业外支出"账户。

【例8-20】 A企业拥有的某项专利权的成本为90万元,已摊销金额为36万元,已计提的减值准备为2万元。A企业将该项专利权出售给乙公司,取得出售收入56万元,营业税税率为5%。A企业有关账务处理如下:

无形资产的账面净值 = 900 000 - 360 000 - 20 000 = 520 000(元)

应交营业税 = 560 000 × 5% = 28 000(元)

出售无形资产净收益 = 560 000 - 520 000 - 28 000 = 12 000(元)

借:银行存款	560 000
累计摊销	360 000
无形资产减值准备	20 000
贷:无形资产	900 000
应交税费——应交营业税	28 000
营业外收入	12 000

(二) 无形资产的出租

无形资产的出租指企业将无形资产在一定时期内的使用权让渡给其他单位或个人并收取租金,承租方只能在合同规定的范围内合理使用。企业出租无形资产使用权取得的租金收入和发生的相关费用,分别确认为企业的其他业务收入和其他业务成本。企业出租无形资产取得的租金收入,应借记"银行存款"等账户,贷记"其他业务收入"账户;发生与无形资产出租有关的各种费用及税金支出、出租无形资产摊销时,应借记"其他业务成本"账户,贷记"银行存款"、"应交税费"、"累计摊销"等账户。

【例8－21】　甲企业将一项专利技术出租给乙企业使用,该专利技术的成本为32万元,摊销期限为8年。出租合同规定,承租期为2年,承租方每年必须付给出租方10万元的专利技术使用费。甲企业在该年以银行存款支付与无形资产出租有关的费用2 100元。适用的营业税税率为5%。甲企业编制会计分录如下:

(1) 取得专利技术使用费时:

借:银行存款　　　　　　　　　　　　　　　　100 000
　　贷:其他业务收入　　　　　　　　　　　　　　　100 000

(2) 该年对专利技术进行摊销并计算应交的营业税时:

借:其他业务成本　　　　　　　　　　　　　　45 000
　　贷:累计摊销　　　　　　　　　　　　　　　　40 000
　　　　应交税费——应交营业税　　　　　　　　　5 000

(3) 支付有关费用时:

借:其他业务成本　　　　　　　　　　　　　　2 100
　　贷:银行存款　　　　　　　　　　　　　　　　2 100

(三) 无形资产的报废

如果无形资产预期不能为企业带来未来经济利益,例如,该无形资产已被其他新技术所替代,不能再为企业带来经济利益的,则不再符合无形资产的定义,应将其报废并予以转销,其账面净值转作当期损益。转销时,应按已计提的累计摊销,借记"累计摊销"账户;若已计提减值准备的,应按已计提的减值准备,借记"无形资产减值准备"账户;按其账面成本,贷记"无形资产"账户;按其差额,借记"营业外支出"账户。

【例8－22】　B企业某项专利权的账面成本为200万元,该专利权的摊销期限为10年,采用直线法进行摊销,已摊销了7年,该专利权的残值为零。已计提减值准备50万元。经过市场调查,用该专利权生产的产品已没有市场,决定将其报废并予以转销。B企业编制会计分录如下:

借:累计摊销　　　　　　　　　　　　　　　　1 400 000
　　无形资产减值准备　　　　　　　　　　　　　500 000
　　营业外支出　　　　　　　　　　　　　　　　100 000
　　贷:无形资产　　　　　　　　　　　　　　　2 000 000

第六节　其 他 资 产

其他资产指除流动资产、长期股权投资、固定资产、无形资产、投资性房地产等以外的资产,主要包括长期待摊费用和其他长期资产。

一、长期待摊费用

长期待摊费用指企业已经支出,但摊销期在1年以上(不含1年)的各项费用,如固定资产大修理支出等。应当由本期负担的借款利息、租金等,不得作为长期待摊费用处理。

长期待摊费用应当单独设置"长期待摊费用"账户核算,一般应在费用项目的受益期限内分期平均摊销。但企业筹建期间发生的费用,应先在"长期待摊费用"账户中归集,待企业开始生产经营时一次计入开始生产经营当期的损益。

二、其他长期资产

其他长期资产主要包括国家批准储备的特种物资、银行冻结存款、涉及诉讼中的财产等。其他长期资产可以根据资产的性质及特点单独设置相关账户进行核算。

★★★★★ 练习题 ★★★★★

一、单项选择题

1. 某企业上月计提的折旧额为11 000元,上月减少设备一台,月折旧额为200元,上月增加设备2台,月折旧额共500元,本月减少设备一台,月折旧额为250元,本月增加设备1台,月折旧额400元,则本月该企业应提折旧额(   )元。

    A. 11 250   B. 11 450   C. 10 950   D. 11 300

2. 下列不应计入固定资产价值的项目是(   )。

    A. 购置固定资产发生的运杂费

    B. 购置固定资产发生的出差人员差旅费

    C. 购置固定资产发生的包装费

    D. 购置固定资产发生的应分摊的借款利息

3. 某企业购入一台不需要安装的设备,已交付使用,其原始价值为30 000元,预计使用年限5年,预计净残值1 000元,按双倍余额递减法计提折旧,第四年的折旧额为(   )元。

    A. 2 740   B. 3 240   C. 2 592   D. 3 312

4. 某项固定资产的原值为1 000万元,预计净残值率为10%,预计使用年限为5年,那么在年数总和法下第四年计提的折旧为(   )万元。

    A. 133.33   B. 266.67   C. 120   D. 240

5. 实行(   )计提折旧的资产,一般应在固定资产折旧年限到期前两年内,将固定资产的净值扣除预计净残值后的净额平均摊销。

    A. 平均年限法   B. 工作量法

    C. 年数总和法   D. 双倍余额递减法

6. 企业下列固定资产中,按规定不应计提折旧的是(   )。

    A. 经营性租出的房屋   B. 未使用的设备

    C．经营租入的设备　　　　　　　　D．融资租入的设备

7. 下列有关无形资产的表述正确的是(　　)。

    A．没有实物形态的资产都是无形资产

    B．无形资产不能用于企业的行政管理

    C．未来的经济利益具有高度的不确定性

    D．无形资产的使用寿命都是可以确定的

8. 企业出售无形资产实现的净收益应计入(　　)。

    A．其他业务收入　　B．投资收益　　　C．营业外收入　　　D．资本公积

二、多项选择题

1. 双倍余额递减法和年数总和法的共同点包括(　　)。

    A．都属于加速折旧的方法　　　　　B．每期折旧率是固定的

    C．前期的折旧高,后期的折旧低　　D．都不考虑残值

    E．每年折旧额是相等的

2. 下列哪些项目需计入"在建工程"账户(　　)。

    A．不需要安装的固定资产

    B．需要安装的固定资产

    C．固定资产的改扩建

    D．应计入固定资产账面价值以外的后续支出

    E．出包方式建造的固定资产

3. 第一年度提取折旧时,就需要考虑固定资产净残值的折旧方法有(　　)。

    A．年限平均法　　　　　　　　　　B．工作量法

    C．双倍余额递减法　　　　　　　　D．年数总和法

    E．直线法

4. "固定资产清理"账户贷方登记的项目有(　　)。

    A．转入清理的固定资产净值

    B．变价收入

    C．结转的清理净收益

    D．结转的清理净损失

    E．发生的清理费用

5. 下列关于无形资产摊销的说法,正确的有(　　)。

    A．使用寿命有限的无形资产,应当自可供使用当月起开始进行摊销

    B．使用寿命有限的无形资产,应当自可供使用当月的下月起开始进行摊销

    C．企业出租无形资产的摊销应该计入管理费用

    D．并不是所有的无形资产都要进行摊销

    E．当月减少的无形资产,当月不再摊销

三、判断题

1. 无形资产的摊销和固定资产折旧的原理相同,会计处理方法也相同。　　(　　)

2. 固定资产是企业的一项重要资产,企业应对所有的固定资产均拥有所有权。

（　　）

3. 已提足折旧继续使用的固定资产不再提取折旧,未提足折旧提前报废的固定资产应补提折旧。（　　）

4. 当月增加的固定资产当月提取折旧,当月减少的固定资产当月不提折旧。（　　）

5. 企业对经营租入和融资租入的固定资产均不拥有所有权,故租入时均不必进行账务处理,只需在备查簿中进行登记。（　　）

6. 年数总和法作为加速折旧法,在计算折旧额时,不考虑固定资产的残值收入。

（　　）

7. 企业应在成功申请专利以后,应将研究与开发费用转入无形资产的价值。（　　）

四、实训题

习题一

（一）目的:练习固定资产增加的核算。

（二）资料:某物业服务企业 2013 年发生如下经济业务:

1. 企业购入设备一台,发票价格 90 000 元,增值税额 15 300 元,运输费 300 元。以银行存款支付上述款项。设备已交付使用。

2. 企业购入需要安装的物业管理用设备一台,发票价格 190 000 元,增值税额 32 300 元,运输费 600 元。上述款项均以银行存款支付。该设备安装完工后交付使用,用银行存款支付安装费 360 元。

3. 企业接受 A 公司投入的汽车一辆,投资合同确认的价值为 350 000 元。汽车已交付使用。

（三）要求:根据上述经济业务编制相应的会计分录。

习题二

（一）目的:练习固定资产折旧的核算。

（二）资料:某物业服务企业的物业管理处有一台设备,原价为 280 000 元,预计净残值率 5%,预计使用寿命 5 年。

（三）要求:

1. 分别用直线法、双倍余额递减法、年数总和法计算该台设备每年的折旧额。

2. 按直线法计算的折旧额,编制第 1 年计提折旧的会计分录。

习题三

（一）目的:练习固定资产减少的核算。

（二）资料:某物业服务企业将一台使用期满的复印机予以报废。该复印机的原始价值为 20 000 元,累计已提折旧 19 500 元,以银行存款支付清理费用 100 元,取得残料变价收入 760 元,存入银行。

（三）要求:根据上述资料编制会计分录。

习题四

（一）目的:练习无形资产的核算。

（二）资料:

1. 某物业服务企业购入一项商标权,以银行存款支付价款 120 000 元。该商标权的使用寿命为 8 年,按直线法进行摊销。

2. 某物业服务企业购入一项专利权,以银行存款支付买价和有关费用共计 200 000 元。该专利权的摊销期限为 10 年,企业在使用了 3 年后,将该项专利权出售给其他企业,取得出售收入 150 000 元,存入银行。营业税税率为 5%。

(三) 要求:根据上述经济业务编制无形资产取得、摊销、处置的会计分录。

第九章
负　债

本章导学

一、学习目标与要求

　　本章主要介绍各种负债的会计处理。通过本章的学习,要了解流动负债和非流动负债的概念和特点,掌握各种流动负债和非流动负债的核算,熟悉借款费用的概念、构成及借款费用的资本化。

二、重点与难点

- 短期借款利息的会计处理。
- 应付票据利息的会计处理。
- 应付职工薪酬的会计处理。
- 借款费用的资本化。
- 长期借款的会计处理。
- 应付债券的会计处理。

负债指企业过去的交易或者事项形成的、预期会导致经济利益流出企业的现时义务。负债按其流动性的不同,可以分为流动负债和非流动负债。

第一节 流动负债

一、流动负债概述

(一) 流动负债的概念

流动负债指预计在一个正常营业周期中清偿,或者主要为交易目的而持有,或者自资产负债表日起1年内(含1年)到期应予以清偿,或者企业无权自主地将清偿推迟至资产负债表日后1年以上的负债。

流动负债包括短期借款、应付票据、应付账款、预收账款、交易性金融负债、应付职工薪酬、应交税费、应付股利、其他应付款和1年内到期的长期借款等。

(二) 流动负债的特点

流动负债除了具备负债的基本特点外,还有其自身的特点:

(1) 偿还期短。在债权人提出要求时到期偿付,或1年内一个营业周期内必须履行偿债义务。

(2) 负债的目的是为了满足经营过程中周转资金的需要。

(3) 债务的数额相对较小。

(4) 一般以企业的流动资产来清偿。在一般情况下,流动负债应当以流动资产或承诺新的流动负债来偿付。因此,流动负债与流动资产或资产总额的比率具有重要的财务意义。

二、流动负债的核算

(一) 短期借款

1. 短期借款的概念

短期借款一般是企业为了维持正常的生产经营所需的资金而借入的,或者为抵偿某项债务而借入的期限在1年以下(含1年)的款项。

2. 短期借款的分类

根据物业服务企业的特点,短期借款的种类有:

(1) 经营周转借款

是指物业服务企业向银行或其他金融机构借入的,用于开展服务性业务的周转借款。例如,用于兼营性服务的小卖部的商品流转业务的借款。

(2) 临时借款

是指物业服务企业向银行或其他金融机构借入的,用于临时性需要的借款。例如,用于住宅维修、公共设施修缮时的临时借款。

3. 短期借款核算应设置的账户

为了核算和监督短期借款的取得和归还情况,企业应设置"短期借款"账户。该账户属于负债类账户,贷方登记取得借款的本金数额;借方登记偿还借款的本金数额;期末余额在贷方,反映尚未偿还的借款本金数额。短期借款可按借款种类、贷款人和币种进行明细核算。

短期借款的利息属于筹资费用,应记入"财务费用"账户。在实际工作中,银行一般于每季度末收取短期借款利息。为此,短期借款利息一般采用月末预提的方式进行核算。

4. 短期借款的账务处理

(1) 取得、归还短期借款时的账务处理

企业从银行或其他金融机构取得短期借款时,借记"银行存款"账户,贷记"短期借款"账户;归还借款时,做相反的会计分录。

(2) 预提利息时的账务处理

资产负债表日,将按照实际利率计算确定的短期借款利息金额,借记"财务费用"账户,贷记"应付利息"。实际利率与合同约定的名义利率差异不大的,也可以采用合同约定的名义利率计算并确定利息费用。

(3) 支付利息时的账务处理

实际支付利息时,根据本次应计利息,借记"财务费用"账户;根据前面已经预提的利息总额,借记"应付利息"账户;根据应计利息总额,贷记"银行存款"账户。

(4) 偿还本金的账务处理

短期借款到期偿还本金时,借记"短期借款"账户,贷记"银行存款"账户。

【例9-1】 某物业服务企业因经营需要,于2013年4月1日向当地工商银行申请临时贷款50 000元,用于购进割草机一批。借款期限3个月,利息按月息9‰计算,款项收存银行,按季付息。编制会计分录如下:

(1) 4月1日取得借款时:

借:银行存款　　　　　　　　　　　　　　　　　50 000
　　贷:短期借款——临时借款　　　　　　　　　　　50 000

(2) 4月30日预提当月负担的利息(50 000元×9‰=450元)时:

借:财务费用　　　　　　　　　　　　　　　　　450
　　贷:应付利息　　　　　　　　　　　　　　　　450

(3) 5月末预提利息的处理与4月份相同:

借:财务费用　　　　　　　　　　　　　　　　　450
　　贷:应付利息　　　　　　　　　　　　　　　　450

(4) 6月30日借款期满,以银行存款偿还本息时:

借:短期借款——临时借款　　　　　　　　　　　50 000
　　财务费用　　　　　　　　　　　　　　　　　450
　　应付利息　　　　　　　　　　　　　　　　　900
　　贷:银行存款　　　　　　　　　　　　　　　51 350

(二) 应付票据

1. 应付票据的概念

应付票据是由出票人出票,委托付款人在指定日期无条件支付确定的金额给收款人或持票人的票据。是企业采用商业汇票结算方式延期支付购买材料、商品和接受劳务供应等而开出、承兑的商业汇票。

应付票据与应付账款不同,虽然都是由于交易而引起的流动负债,但应付账款是尚未结清的债务,而应付票据是一种期票,是委托付款人允诺在一定时期内支付一定款额的书面证明。

2. 应付票据核算应设置的账户

企业应设置"应付票据"账户,该账户属于负债类账户,核算购买材料、商品和接受劳务供应等开出、承兑的商业汇票。开出、承兑时,按票面金额记入贷方;到期承付时,按票面金额记入借方;余额在贷方,表示尚未到期的应付票据的票面金额。应付票据账户可按债权人进行明细核算。

企业应当设置"应付票据备查簿",详细登记商业汇票的种类、号数和日期、到期日、票面金额、交易合同号和收款人姓名或单位名称以及付款日期等资料。应付票据到期结清时,在备查簿中应予注销。

3. 应付票据的账务处理

(1) 发生应付票据时

企业开出、承兑商业汇票或以承兑商业汇票抵付货款、应付账款等,借记"材料采购"、"库存商品"等账户,贷记本账户。涉及增值税进项税额的,还应进行相应的处理。

【例9-2】 2013年4月1日某物业服务企业开出一张面值为25 000元、期限为5个月的不带息商业汇票,用以采购保洁、维修用配件一批。根据有关凭证,编制会计分录如下:

借:原材料——保洁用具   12 000
       ——维修用具   13 000
  贷:应付票据   25 000

【例9-3】 2013年6月1日某物业服务企业购入绿化用农药400斤,每斤30元,按合同开出4个月无息商业承兑汇票,支付购货款。另前欠红砖厂应付款4 600元,现以一张为期2个月的无息商业承兑汇票付款。根据开出的商业承兑汇票,编制会计分录如下:

借:原材料——农药   12 000
  应付账款——红砖厂   4 600
  贷:应付票据   16 600

若开出的商业汇票为银行承兑汇票,在按面值的万分之五向承兑银行交纳手续费时,应当作为财务费用处理,借记"财务费用"账户,贷记"银行存款"账户。在支付票款时,借记本账户,贷记"银行存款"账户。

【例9-4】 假设例9-3中的商业汇票为银行承兑汇票,已交纳承兑手续费8.30元。编制会计分录如下:

借:财务费用   8.30
  贷:银行存款   8.30

(2) 计算应付票据利息

应付票据若为带息票据,企业应于中期期末和年度终了,按票据面值和票面利率计算预提应付利息,借记"财务费用",贷记"应付票据"。票据到期支付票款时,尚未计提的利息部分直接计入当期财务费用。

（3）偿付应付票据时

应付票据到期全额偿付票款时,借记"应付票据"、"财务费用"账户,贷记"银行存款"账户。

如果企业不能按期足额付款,对于商业承兑汇票,应将"应付票据"的账面价值转入"应付账款"账户,待协商后再行处理,如果重新签发新的票据用以清偿原应付票据,再从"应付账款"账户转入"应付票据"账户;对于银行承兑汇票,承兑银行除凭票向持票人无条件付款外,对出票人尚未支付的汇票金额转作逾期贷款处理,并按每天万分之五计取罚息。

开出汇票的企业到期无力支付银行承兑汇票,在接到银行转来的"××号汇票,无款支付转入逾期贷款户"等有关凭证时,应借记"应付票据"账户,贷记"短期借款"账户。

【例9-5】 承例9-3,2个月到期归还红砖厂货款,根据付款凭证,编制会计分录如下:

借:应付票据　　　　　　　　　　　　　　　　　　　　4 600
　　贷:银行存款　　　　　　　　　　　　　　　　　　　4 600

若例9-3中,商业汇票为商业承兑汇票到期,该物业服务企业无力还款,转为企业的应付账款。编制会计分录如下:

借:应付票据　　　　　　　　　　　　　　　　　　　　16 600
　　贷:应付账款　　　　　　　　　　　　　　　　　　　16 600

若例9-3中,商业汇票为银行承兑汇票到期,该物业服务企业无力支付票款,承兑银行已代为支付,转为企业的短期借款。编制会计分录如下:

借:应付票据　　　　　　　　　　　　　　　　　　　　16 600
　　贷:短期借款　　　　　　　　　　　　　　　　　　　16 600

【例9-6】 某物业服务企业从A公司购入保洁用具一批,货款20 000元,增值税3 400元。当日签发并承兑一张为期3个月、面额为23 400元的不带息商业承兑汇票结算,商品已验收入库。编制会计分录如下:

（1）购入商品入库,并签发承兑汇票时:

借:原材料——保洁用具　　　　　　　　　　　　　　　23 400
　　贷:应付票据　　　　　　　　　　　　　　　　　　　23 400

（2）到期支付票款时:

借:应付票据　　　　　　　　　　　　　　　　　　　　23 400
　　贷:银行存款　　　　　　　　　　　　　　　　　　　23 400

（3）如果上述汇票到期,物业服务企业暂时无力付款时:

借:应付票据　　　　　　　　　　　　　　　　　　　　23 400
　　贷:应付账款　　　　　　　　　　　　　　　　　　　23 400

（三）应付账款

1. 应付账款的概念

应付账款指企业因购买材料、商品物资或接受劳务供应等应支付给货物提供者或劳务提供者的款项。这笔款项在未支付前构成一项负债,这是买卖双方在购销活动中由于取得物资与支付货款在时间上不一致而产生的流动负债。

2. 应付账款核算应设置的账户

为了核算和监督应付账款的发生及其偿还情况,企业应设置"应付账款"账户,进行总分类核算。该账户属于负债类账户,贷方登记购买商品、材料和接受劳务等而发生的应付账款;借方登记偿还的应付账款,或开出商业汇票抵付应付账款的款项,或已冲销的无法支付应付账款;余额一般在贷方,反映尚未偿还的应付账款。应付账款账户一般应按照供应单位分别设置明细账,进行明细分类核算。

企业应付的各种赔款、应付租金、应付存入保证金等应在"其他应付款"等账户核算,不在"应付账款"账户核算。

3. 应付账款的账务处理

企业购入材料、商品等验收入库,但货款尚未支付,根据有关凭证(发票账单、随货同行发票上记载的实际价款或暂估价值),借记"材料采购"、"在途物资"等账户,按应付的款项,贷记本账户。

接受供应单位提供劳务而发生的应付未付款项,根据供应单位的发票账单,借记"管理费用"等账户,贷记本账户。支付时,借记本账户,贷记"银行存款"等账户。

应付账款入账时间的确定,应以与所购买物资所有权有关的风险和报酬已经转移或劳务已经接受为标志。但在实际工作中,应区别情况处理:

(1)在物资和发票账单同时到达的情况下,应付账款一般待物资验收入库后,才按发票账单登记入账。这主要是为了确认所购入的物资是否在质量、数量和品种上都与合同上订明的条款相符,以免因先入账而在验收入库时发现购入物资错、漏、破损等问题再进行调账。

(2)在物资验收入库、发票账单未到的情况下,应付账款可暂不入账,待收到发票账单后再根据情况处理;至月份终了仍未收到发票账单的,应按估计价或计划价暂估入账,下月初用红字冲销,待以后收到发票账单时,再按具体情况处理。

应付账款一般按应付金额入账,而不按到期应付金额的现值入账。

【例9-7】 某物业服务企业从外地采购设备配件一批,材料已到并验收入库,但银行的结算凭证和发票等单据未到,货款尚未支付。月末,按暂估价入账,假设其暂估价为50 000元。编制会计分录如下:

借:原材料——设备配件　　　　　　　　　　　　　　50 000
　贷:应付账款——暂估应付账款　　　　　　　　　　　50 000

次月初,用红字作同样的会计分录予以冲回:

借:原材料——设备配件　　　　　　　　　　　　　　50 000
　贷:应付账款——暂估应付账款　　　　　　　　　　　50 000

次月,收到该批设备配件的发票账单,发票上注明的材料价款为50 000元,运输单据表明运费4 000元,款项合计54 000元,已用银行存款支付。编制会计分录如下:

借:原材料——设备配件　　　　　　　　　　　　　　54 000

贷:银行存款	54 000

【例 9-8】 某物业服务企业 5 月 1 日从建材商店购入阀门 30 个,每个 20 元,阀门入库,款未付。编制会计分录如下:

(1) 材料验收入库时:

借:原材料——阀门	600
贷:应付账款——建材商店	600

(2) 支付货款时:

借:应付账款——建材商店	600
贷:银行存款	600

(四) 预收账款

1. 预收账款的概念

预收账款指根据合同规定,向购货方或劳务购买方预先收取的款项。这笔款项构成一项负债,以后要用商品、劳务等偿付。物业服务企业的预收账款包括向业户收取的公共性服务费(按规定 6 个月预收一次)、长期特约服务收取的服务费等。

2. 预收账款核算应设置的账户

为了核算和监督企业预收账款的增减支出情况,在预收账款较多的企业,应设置“预收账款”账户。该账户属于负债类账户,贷方登记预收账款的数额和补付的账款;借方登记提供的服务金额以及退回多收的余额;期末余额在贷方,反映已预收账款但尚未提供劳务的预收款项。预收账款账户应按提供服务对象设置明细账。预收账款情况不多的企业,也可以不设置本账户,将预收的款项直接记入“应收账款”账户。

3. 预收账款的账务处理

企业向购货单位预收的款项,借记“银行存款”等账户,贷记本账户;确认收入时,借记本账户,贷记“主营业务收入”账户。涉及增值税销项税额的,还应进行相应的处理。

【例 9-9】 某物业服务企业预收 2013 年 1～6 月公共服务费 8 760 元,收到现金,编制会计分录如下:

(1) 收到现金时:

借:库存现金	8 760
贷:预收账款	8 760

(2) 每月末结转当期公共服务费收入 1 445 元时:

借:预收账款	1 445
贷:主营业务收入	1 445

这笔业务处理,物业服务企业共需做 6 个月。

(五) 应付股利

1. 应付股利的概念

应付股利指企业经过董事会或股东大会,或类似机构决议确定分配给投资者的现金股利或利润。

2. 应付股利核算应设置的账户

企业应设置“应付股利”账户用来核算应付股利的情况。该账户属于负债类账户,确认应支付的现金股利或利润时登记贷方,实际向投资者支付股利或利润时登记借方,期末余额在贷方,反映企业尚未支付的现金股利或利润。应付股利账户可按投资者进行明细核算。

3. 应付股利的账务处理

企业根据董事会或股东大会决议通过的股利或利润分配方案,确认应付给投资者的股利或利润时,借记"利润分配——应付利润"账户,贷记"应付股利"账户;向投资者支付股利或利润时,借记"应付股利"账户,贷记"银行存款";分配现金股利时,借记"应付股利"账户,贷记"库存现金"账户。

【例 9-10】　经股东大会表决通过,某物业服务公司 2013 年度的利润分配方案为每10 股派发 1.30 元的现金股利,共计 260 000 元。编制会计分录如下:

(1) 宣告发放现金股利时:

借:利润分配——应付现金股利或利润　　　　　　260 000
　　贷:应付股利　　　　　　　　　　　　　　　　　260 000

(2) 支付现金股利时:

借:应付股利　　　　　　　　　　　　　　　　　260 000
　　贷:银行存款　　　　　　　　　　　　　　　　　260 000

【例 9-11】　某有限责任公司有甲、乙两个股东,分别占注册资本的 40% 和 60%。2013 年该公司实现净利 690 000 元,经过董事会批准,决定 2013 年度分配股利 90 000 元。股利已经用银行存款支付。编制会计分录如下:

甲股东应分得的股利＝90 000×40%＝36 000(元)

乙股东应分得的股利＝90 000×60%＝54 000(元)

借:利润分配——应付现金股利或利润　　　　　　90 000
　　贷:应付股利——甲股东　　　　　　　　　　　36 000
　　　　　　　　——乙股东　　　　　　　　　　　54 000
借:应付股利——甲股东　　　　　　　　　　　　36 000
　　　　　　——乙股东　　　　　　　　　　　　54 000
　　贷:银行存款　　　　　　　　　　　　　　　　90 000

(六) 应付职工薪酬

1. 职工薪酬的概念

职工薪酬指企业为获得职工提供的服务而给予的各种形式的报酬,以及其他相关支出。具体包括以下几个方面:

(1) 职工工资、奖金、津贴和补贴;

(2) 职工福利费;

(3) 医疗保险费、养老保险费、失业保险费、工伤保险费、生育保险费等社会保险费;

(4) 住房公积金;

(5) 工会经费和职工教育经费;

(6) 非货币性福利;

(7) 因解除与职工的劳动关系给予的补偿;

(8) 其他与获得职工提供的服务相关的支出。

原则上,企业因职工提供服务而产生的义务,全部纳入职工薪酬的范围。对职工股份的支付本质上也属于职工薪酬,但其具有期权的性质,股利支付的确认和计量,由相关准则进行规范。

对职工薪酬定义的理解应注意以下几个方面:

(1) 职工的范围

这里的职工是指与企业订立劳动合同的所有人员,含全职、兼职和临时职工,也包括虽未与企业订立劳动合同但由企业正式任命的人员,如董事会成员、监事会成员和内部审计委员会成员等;在企业的计划、领导和控制下,虽未订立劳动合同或企业未正式任命,但为企业提供了类似服务的,也纳入职工的范畴。

(2) 薪酬的范围

① 职工薪酬包括职工在职期间的薪酬(如工资),以及职工离职后企业提供给职工的薪酬。薪酬最基本的内容是工资和福利费。工资要包括一切构成工资总额的部分,如奖金、津贴、补贴等。对于退休人员而言,企业支付退休人员的工资和福利是其获得职工在职期间提供服务的一种代价。

② 职工薪酬不仅包括职工在职期间和离职后提供给职工的全部货币性薪酬,还包括非货币性薪酬。非货币性薪酬主要指非货币性福利,通常包括以下几个方面:

● 企业以自己的产品或其他有形资产发给职工作为福利;

● 企业向职工无偿提供自己拥有的资产使用权;

● 企业为职工无偿提供类似医疗保健的服务;

● 企业提供给职工的实物福利、服务性福利、优惠性福利以及有偿休假性福利。

③ 职工薪酬包括能够量化给职工本人和提供给职工集体享有的福利。

职工福利费主要是指用于职工个人的福利支出,包括职工的医药费、厂内医院医护人员的工资、医务经费、职工因工伤赴外地就医的路费、职工生活困难补助、后勤人员的工资等。

④ 职工薪酬包括给职工本人的薪酬,也包括提供给职工配偶、子女或其他被赡养人的福利。

⑤ 对于不同的养老费用,只要是企业为其职工缴纳的,无论是国家法定的基本养老保险,还是设立提存计划的补充养老保险,均为职工薪酬。

⑥ 以商业保险形式提供给职工的各种保险待遇均属于职工薪酬。

2. 应付职工薪酬核算应设置的账户

企业应设置"应付职工薪酬"账户进行职工薪酬的核算。该账户属于负债类账户,发生应付职工薪酬时登记贷方;发放职工薪酬时登记借方;期末贷方余额,反映企业应付未付的职工薪酬。应付职工薪酬账户可按"工资"、"职工福利"、"社会保险费"、"住房公积金"、"工会经费"、"职工教育经费"、"非货币性福利"、"辞退福利"、"股份支付"等进行明细核算。

3. 应付职工薪酬的账务处理

(1) 发生应付职工薪酬的主要账务处理

物业服务企业应当根据职工提供劳务的受益对象,对发生的职工薪酬分别按具体情况进行处理。

① 服务部门人员的薪酬,借记"主营业务成本"账户,贷记"应付职工薪酬"。

② 管理部门人员的职工薪酬,借记"管理费用"账户,贷记"应付职工薪酬"。

③ 应由在建工程、研发支出负担的职工薪酬,借记"在建工程"、"研发支出"账户,贷记"应付职工薪酬"。

④ 外商投资企业按规定从净利润中提取的职工奖励及福利基金,借记"利润分配——提取的职工奖励及福利基金"账户,贷记"应付职工薪酬"。在实际支付时,再冲减"应付职工薪酬"。

⑤ 职工福利费、社会保险费、住房公积金、工会经费、职工教育经费等计提时,借记相关成本费用账户,贷记"应付职工薪酬——职工福利费、社会保险费、住房公积金、工会经费、职工教育经费"等明细账户。

(2) 物业服务企业发放职工薪酬的主要账务处理

① 企业按照有关规定向职工支付工资、奖金、津贴等,借记"应付职工薪酬",贷记"银行存款"、"库存现金"等账户。

② 企业从"应付职工薪酬"中扣还的各种款项(代垫的家属医药费、个人所得税等),借记"应付职工薪酬",贷记"其他应付款"、"应交税费——应交个人所得税"等账户。

③ 企业向职工支付职工福利费,借记"应付职工薪酬",贷记"银行存款"、"库存现金"等账户。

④ 企业支付工会经费和职工教育经费用于工会运作和职工培训,借记"应付职工薪酬",贷记"银行存款"等账户。

⑤ 企业按照国家规定缴纳社会保险费和住房公积金,借记"应付职工薪酬——社会保险费"账户和"应付职工薪酬——住房公积金"账户,贷记"银行存款"等账户。

【例 9-12】 地处上海的某物业服务企业甲公司 2013 年 11 月应发工资为 3.6 万元,其中,办公、后勤管理人员工资 1 万元,物业服务人员工资 2.6 万元。根据上海市有关规定,分别按照工资总额的 12%、22%、2% 和 7% 计提应缴纳给社会保险经办机构和住房公积金管理机构的医疗保险费、养老保险费、失业保险费和住房公积金。根据 2012 年实际发生的职工福利费情况,公司预计 2013 年应承担的职工福利费义务金额为职工工资总额的 2%,职工福利的受益对象为上述所有人员。公司分别按照职工工资总额的 2% 和 1.5% 计提工会经费和职工教育经费。则:

应计入管理费用的职工薪酬金额

$= 10\,000 + 10\,000 \times (12\% + 22\% + 2\% + 7\% + 2\% + 2\% + 1.5\%)$

$= 14\,850(元)$

应计入主营业务成本的职工薪酬金额

$= 26\,000 + 26\,000 \times (12\% + 22\% + 2\% + 7\% + 2\% + 2\% + 1.5\%)$

$= 38\,610(元)$

公司在分配工资、职工福利费、各种社会保险费、住房公积金、工会经费和职工教育经费等职工薪酬时,编制会计分录如下:

借:管理费用 14 850
　主营业务成本 38 610
　贷:应付职工薪酬——工资 36 000
　　　　　　　　——职工福利 720 （36 000×2％）
　　　　　　　　——社会保险费 12 960 （36 000×36％）
　　　　　　　　——住房公积金 2 520 （36 000×7％）
　　　　　　　　——工会经费 720 （36 000×2％）
　　　　　　　　——职工教育费用 540 （36 000×1.5％）

【例 9-13】　承例 9-12,根据上海市有关规定,分别按照工资总额的 2％、8％、1％和 7％,从职工薪酬中扣除应由职工个人缴纳的医疗保险费、养老保险费、失业保险费和住房公积金,代扣职工个人所得税 1 200 元,实发工资 28 320 元,已通过银行转账支付给职工。则:

代扣的社会保险费金额＝36 000×(2％＋8％＋1％)＝3 960(元)
代扣的住房公积金金额＝36 000×7％＝2 520(元)
编制会计分录如下:
借:应付职工薪酬——工资 36 000
　贷:银行存款 28 320
　　其他应付款——代扣社会保险费 3 960
　　　　　　　——代扣住房公积金 2 520
　　应交税费——应交个人所得税 1 200

【例 9-14】　承例 9-12、13,将公司和个人负担的社会保险费和住房公积金分别转账缴纳给社会保险经办机构和住房公积金管理机构。编制会计分录如下:
借:应付职工薪酬——社会保险费 12 960
　　　　　　　　——住房公积金 2 520
　其他应付款——代扣社会保险费 3 960
　　　　　　　——代扣住房公积金 2 520
　贷:银行存款 21 960

【例 9-15】　承例 9-13,转账交纳个人所得税。编制会计分录如下:
借:应交税费——应交个人所得税 1 200
　贷:银行存款 1 200

【例 9-16】　企业支付 1 000 元用于工会运作,支付 1 900 元用于职工培训时:
借:应付职工薪酬——职工教育经费 1 900
　　　　　　　　——工会经费 1 000
　贷:银行存款 2 900

【例 9-17】　甲公司以现金支付职工张某生活困难补助 2 000 元。编制会计分录如下:
借:应付职工薪酬——职工福利 2 000
　贷:库存现金 2 000

【例 9-18】　某物业服务企业为副总经理级别以上职工共 4 人,每人提供一辆桑塔纳

汽车免费使用,假定每辆桑塔纳每月计提折旧1 000元。编制会计分录如下:

借:管理费用		4 000
贷:应付职工薪酬		4 000
借:应付职工薪酬		4 000
贷:累计折旧		4 000

(七) 其他应付款

1. 其他应付款的概念

其他应付款指企业应收、暂收其他单位或个人的款项。例如,物业服务企业应付租入固定资产和包装物的租金,管辖区内业主和物业管户存入的装修保证金,应付职工统筹退休金,职工未按期领取的工资以及应暂付上级单位、所属单位的款项。

2. 其他应付款核算应设置的账户

为了总括核算和监督应付、暂收其他单位或个人的款项,企业应设置"其他应付款"账户。该账户属于负债类账户,贷方登记发生的各种应付、暂收款项;借方登记偿还或转销的各种应付、暂收款项;期末余额在贷方,反映应付未付的其他应付款项。其他应付款账户应按应付和暂收等款项的类别、单位或个人设置明细账。

3. 其他应付款的账务处理

企业发生的各种应付暂收款项,借记"银行存款"、"管理费用"、"营业外支出"等账户,贷记"其他应付款"账户。支付或退回有关款项时,借记"其他应付款"账户,贷记"银行存款"账户。

通过其他应付款账户,支付给职工的各种费用,包括职工的养老保险、住房公积金、医疗保险金,其来源一是从职工工资中扣除由职工个人承担的部分,二是企业为职工交纳的部分,这部分计入当期损益,一般包括下列几项:

(1) 养老保险费;

(2) 住院医疗保险费;

(3) 失业保险费;

(4) 住房公积金;

(5) 工会经费。企业每月按工资总额2%提取工会经费,计入当期损益。

(6) 职工教育经费。企业每月按工资总额1.5%计提职工教育经费。

另外,企业应该提取工伤保险费、生育保险费等,均通过"其他应付款"账户核算。

【例9-19】 某物业服务企业规定,凡小区内业主入住后要进行装修,需支付3 000元的装修保证金。业主装修完毕,经验收,如没有违反规定,装修保证金如数退还。如果发现破坏主体结构,则要扣除部分保证金。2013年3月收取18号楼6户业主装修保证金18 000元。3个月后,6户均装修完毕,发现5户业户没有违反规定,其中1户有破坏主体结构的行为,需扣除保证金3 000元,根据扣款通知单,编制会计分录如下:

(1) 收取装修保证金时:

借:库存现金		18 000
贷:其他应付款——装修保证金		18 000

(2) 退还及没收保证金时:

借:其他应付款——装修保证金   18 000

  贷:库存现金   15 000

    营业外收入   3 000

(八) 应交税费

1. 应交税费的概念

物业服务企业是集管理、服务、经营于一体的服务性行业,企业在一定时期内取得的营业收入和实现的利润,要按照规定向国家交纳各种税金。

2. 应交税费核算应设置的账户

企业应设置"应交税费"账户,该账户属于负债类账户,总括反映各种税金的交纳情况,并在"应交税费"账户下设置有关明细账户进行核算。物业服务企业按规定计算应交的消费税、营业税、资源税、城市维护建设税、教育费附加等,借记"营业税金及附加"账户,贷记本账户。实际交纳时,借记本账户,贷记"银行存款"等账户。

3. 应交税费的账务处理

下面分别介绍各种税金的账务处理方法。

(1) 应由营业收入负担的税金

① 营业税

营业税指对在我国境内提供应税劳务、转让无形资产或销售不动产的单位和个人,就其所取得的营业收入额征收的一种税。营业税的税目、税率按行业设置,税率从 3%～20%不等。

物业服务企业向业主提供的有偿服务,所收取的各种管理费、服务费(包括公共性、代办性、特约性服务费等),以及兼营其他属于营业税征收范围业务的营业收入,都应作为营业税的计税依据,依法缴纳营业税。企业只要取得营业收入,就应按规定交纳营业税,而与该公司的盈亏无关。物业服务企业的营业收入,属于税目中的服务业,相应税率一般为5%。其计算公式为:

$$应纳营业税＝营业额×适用税率$$

值得注意的是,在物业服务企业兼有不同税目应税行为时,应分别核算不同税目的营业额,未分别核算的,从高适用税率。

② 城市维护建设税

为了维护城市的维护建设,扩大和稳定城市维护建设资金的来源,国家开征了城市维护建设税。城市维护建设税是以纳税人实际交纳的营业税、增值税、消费税三税为计税依据征收的一种税。其计算公式如下:

$$应纳税额＝(应交营业税＋应交增值税＋应交消费税)×适用税率$$

城市维护建设税按纳税人所在市区、县城其他地区分别实行 7%、5%和 1%的差别税率。物业服务企业在哪个环节缴纳"三税",就在哪个环节缴纳城建税。

③ 教育费附加

教育费附加以各单位实际缴纳的增值税、营业税、消费税的税额为计税依据,并分别

与"三税"同时缴纳,征收率为"三税"税额的 3%。其计算公式为:

$$教育附加费=(应交增值税+应交营业税+应交消费税)×3\%$$

教育费附加是为扩大地方基础教育经费的资金来源而征收的一种带有规费性质的专项资金。它不是一种税,而是专项用于发展地方教育事业的经费。

【例 9-20】　某物业服务企业本月收到的各种服务费营业收入额为 50 000 元,适用营业税税率 5%,城市维护建设税税率为 7%,教育费附加征收率为 3%。编制会计分录如下:

(1) 根据规定的税率,提取营业税时:

借:营业税金及附加　　　　　　　　　　　　　　　　　2 500

　贷:应交税费——应交营业税　　　　　　　　　　　　　　2 500

(2) 计算提取城市维护建设税和教育费附加时:

借:营业税金及附加　　　　　　　　　　　　　　　　　　250

　贷:应交税费——应交城市维护建设税　　　　　　　　　　175

　　　　　　——教育费附加　　　　　　　　　　　　　　　75

(3) 上缴税费时:

借:应交税费——应交营业税　　　　　　　　　　　　　2 500

　　　　　——应交城市维护建设税　　　　　　　　　　　175

　　　　　——教育费附加　　　　　　　　　　　　　　　75

　贷:银行存款　　　　　　　　　　　　　　　　　　　2 750

(2) 应由管理费用负担的税金

① 房产税

房产税是国家对在城市、县城、建制镇和工矿区征收的由产权所有人缴纳的一种税。房产税依照房产原值一次减除 10% 至 30% 后的余额计算缴纳。没有房产原值作为依据的,由房产所在地税务机关参考同类房产核定;房产出租的,以房产租金收入为房产税的计税依据。房产税的税率有两种,从价计征的年税率为 1.2%,从租计征的年税率为 12%。其计算公式如下:

依房产原值征税的计算公式:

$$年应纳房产税税额=房产原值×(1-扣除比例)×1.2\%$$

依房产租金收入征税的计算公式:

$$年应纳房产税税额=房产租金收入×12\%$$

房产税按年计算征收,每半年缴纳一次。

【例 9-21】　某物业服务企业出租写字楼一幢,年租金收入 200 000 元,计算其应纳房产税。编制会计分录如下:

借:管理费用　　　　　　　　　　　　　　　　　　24 000

　贷:应交税费——应交房产税　　　　　　　　　　　　24 000

上缴税金时:

借:应交税费——应交房产税　　　　　　　　　　　24 000

  贷:银行存款   24 000

  ② 土地使用税

  土地使用税是国家为了合理利用城镇土地,调节土地级差收入,提高土地使用收益,加强土地管理而开征的一种税,以纳税人实际占用的土地面积为计税依据,依照规定税率计算征收。其税率按城市的大小,分为 4 个档次,以每平方米定额税率按年征收。其计算公式如下:

$$年应纳税额＝年计税的土地面积×适用税率$$

  【例 9 - 22】 坐落在某市一类区的物业服务企业占地面积 50 000 m²(单位税额 5 元/m²),计算该企业每年应纳土地使用税。编制会计分录如下:

  (1) 根据规定的税率,提取土地使用税时:

  借:管理费用   250 000

   贷:应交税费——城镇土地使用税   250 000

  (2) 上缴税金时:

  借:应交税费——城镇土地使用税   250 000

   贷:银行存款   250 000

  ③ 车船税

  车船税是对在我国境内拥有并使用车船的单位和个人,按照车船的种类、吨位和规定的税额计算征收的一种行为税。计提时,借记"管理费用",贷记"应交税费";上缴税金时,借记"应交税费",贷记"银行存款"。

  ④ 印花税

  印花税是对书立、领受购销合同等凭证行为征收的税款,实行由纳税人根据规定计算应纳税额,购买并一次贴足印花税票的交纳方法。对载有金额的应税凭证,如各类合同,采用比例税率,由金额的 0.03‰～3‰不等。对各种产权转移书据、权利许可证照、营业账簿(除资金账簿)均实行定额税率,每件贴花 5 元。其计算公式如下:

  按金额比例贴花时计算公式:

$$应纳税额＝计税金额×适用税率$$

  按件定额贴花时计算公式:

$$应纳税额＝计税数量×定额税率$$

  一般情况下,企业需要预先购买印花税票,待发生应税行为时,再根据凭证的性质和规定的比例税率或者按件计算应纳税额,将已购买的印花税票粘贴在应税凭证上,并在每枚税票的骑缝处盖戳注销或者划销,办理完税手续。企业交纳的印花税,不会发生应付未付税款的情况,不需要预计应税金额,同时也不存在与税务机关结算或清算的问题,因此,企业交纳的印花税不需要通过"应交税费"账户核算,于购买印花税票时,直接借记"管理费用"账户,贷记"银行存款"账户。

  (3) 应由消费者和投资者负担的税金

  应由消费者和投资者负担的税金主要是增值税。增值税是对在我国境内销售货物或提供加工、修理修配劳务以及进口货物的单位或个人,就其销售额或进口额计算税款,并实行税款抵扣制的一种流转税。物业服务企业管理性的收费,应按时交纳营业税。如果物业服务企业兼营商店向业主销售货物,就应交纳增值税。增值税的计算公式如下:

一般纳税人应纳税额＝当期销项税额－当期进项税额

小规模纳税人应纳税额＝销售额×征收率

当购进销售所需货物时,借记"库存商品"、"应交税费——应交增值税"账户,贷记"银行存款"或"应付账款"账户;销售应税货物时,借记"银行存款"或"应收账款"账户,贷记"其他业务收入"、"应交税费——应交增值税"等账户。

(4) 应由公司利润支付的税金

企业所得税是对在中国境内企业来源于中国境内外的生产、经营所得和其他所得征收的一种税。凡是在流转环节依法交纳增值税、营业税、消费税的企业,经成本利润核算后,都应按其应纳税所得额依法交纳企业所得税。

物业服务企业是从事劳务服务的服务行业,对其劳务服务所得和其他经营所得均要交纳所得税。企业所得税的计税依据为应纳税所得额,即应纳税所得额＝收入－准予扣除的项目金额。物业服务企业所得税计算公式如下:

应纳所得税＝应纳税所得额×税率

物业服务企业所得税的基本税率为25%。

【例9-23】　某物业服务企业本年度1~11月份累计应纳税所得额为360 000元,累计已纳所得税88 000元。本期(12月份)实现的应纳税所得额为40 000元,按25%的税率计算物业服务企业所得税。编制会计分录如下:

本年累计应纳所得税额＝(360 000＋40 000)×25%＝100 000(元)

本月应纳所得税额＝100 000－88 000＝12 000(元)

1) 按规定税率计算所得税时:

借:所得税费用　　　　　　　　　　　　　　　　　12 000

　　贷:应交税费——应交所得税　　　　　　　　　　　　12 000

2) 上交税金时:

借:应交税费——应交所得税　　　　　　　　　　　12 000

　　贷:银行存款　　　　　　　　　　　　　　　　　　　12 000

第二节　非流动负债

一、非流动负债概述

(一) 非流动负债的概念及特点

非流动负债指偿还期在1年或者超过1年的一个营业周期以上的负债。非流动负债是企业向债权人筹集的,可供长期使用的资金。主要包括长期借款、应付债券、长期应付款等。

非流动负债除了具有负债的共同特点外,与流动负债相比,还具有偿还期限长、可以分期偿还、债务金额较大等特点。

(二)借款费用

1. 借款费用的概念和构成

借款费用指企业因借款而发生的利息及其他相关成本。包括借款利息、折价或溢价的摊销、辅助费用,以及因外币借款而发生的汇兑差额等。

借款利息指企业因向银行或其他金融机构等借入资金、发行公司债券以及承担带息债务而发生的利息。

折价或溢价的摊销指企业发行债券而发生的折价或溢价在每期的摊销金额。

辅助费用指企业在借款过程中发生的手续费、佣金、印刷费、承诺费等交易费用。

因外币借款而发生的汇兑差额指由于汇率变动导致市场汇率与账面汇率出现差异,从而对外币借款本金及其利息的记账本位币金额所产生的影响金额。

【例9-24】 某物业服务企业发生了借款手续费1万元,发行公司债券佣金10万元,发行公司股票佣金20万元,借款利息2万元。

在本例中,借款手续费1万元,发行公司债券佣金10万元和借款利息2万元均属于借款费用。但是,发行公司股票属于公司股权性融资性质,不属于借款范畴,因此,所发生的佣金也就不属于借款费用范畴,不应作为借款费用进行会计处理。

2. 借款费用的确认原则

企业发生的各项借款费用,可以直接归属于符合资本化条件的资产的购建或者生产的,应当予以资本化,计入符合资本化条件的资产成本。其他借款费用,应当在发生时根据其发生额确认为财务费用,计入当期损益。

符合资本化条件的资产,指需要经过相当长时间的购建或者生产活动才能达到预定可使用或者可销售状态的固定资产、投资性房地产和存货等资产。其中,"相当长时间"是指为资产的购建或者生产所必要的时间,通常为1年以上。

【例9-25】 某物业服务企业于2013年1月1日起,用银行借款开工建设一幢办公楼,定于当年2月15日完工,达到预定可使用状态。

在本例中,虽然该物业服务企业借款用于固定资产的建造,但是由于该固定资产建造时间较短,不属于经过相当长时间的购建才能达到预定可使用状态的资产。因此,所发生的相关借款费用不应予以资本化计入在建工程成本。而应当根据发生额计入当期财务费用。

3. 借款费用应予以资本化的借款范围

借款费用应予以资本化的借款范围既包括专门借款,也包括一般借款。

专门借款指为购建或者生产符合资本化条件的资产而专门借入的款项。专门借款应当有明确的专门用途,即为购建或者生产某项符合资本化条件的资产而专门借入的款项,通常应当有标明专门用途的借款合同。

一般借款指除专门借款之外的借款。一般借款在借入时,通常没有特指必须用于符合资本化条件的资产的购建或者生产。但是,只有在购建或者生产符合资本化条件的资产占用了一般借款时,才应将与该部分一般借款相关的借款费用资本化。否则,所发生的借款费用应当计入当期损益。

　　4. 借款费用资本化期间的确定

　　借款费用资本化期间指从借款费用开始资本化至终止资本化的期间,但借款费用暂停资本化的期间不包括在内。因此,借款费用资本化期间的确定包括三个时间点的确定,即借款费用开始资本化时间点的确定、借款费用暂停资本化时间点的确定和借款费用终止资本化时间点的确定。

　　(1)借款费用开始资本化时间点的确定

　　企业的借款费用允许开始资本化必须同时满足下列三个条件:

　　① 资产支出已经发生;

　　② 借款费用已经发生;

　　③ 为使资产达到预定可使用状态所必要的购建活动已经开始。

　　只有在上述三个条件同时满足的情况下,有关借款费用才能开始资本化,只要其中的任何一个条件没有满足,借款费用都不能开始资本化。

　　【例9-26】 某物业服务企业为了建造一项符合资本化条件的固定资产,使用自有资金购置了工程物资,该固定资产已经开始动工兴建,但专门借款资金尚未到位,也没有占用一般借款资金。

　　在本例中,因为该物业服务企业只满足了借款费用开始资本化的第一个和第三个条件,没有满足第二个条件。所以,不允许开始借款费用资本化。

　　(2)借款费用暂停资本化时间点的确定

　　符合资本化条件的资产在购建或者生产过程中发生非正常中断,且中断时间连续超过3个月的,应当暂停借款费用的资本化。

　　在中断期间所发生的借款费用,应当计入当期损益,直至购建或者生产活动重新开始。但是,如果是正常中断,中断期间所发生的借款费用应当继续资本化。非正常中断,通常是由于企业管理决策上的原因或者其他不可预见的原因等所导致的中断。正常中断,通常仅限于因购建或者生产符合资本化条件的资产达到预定可使用或者可销售状态所必要的程序,或者事先可预见的不可抗力因素导致的中断。例如,雨季或冰冻季节导致施工出现停顿。

　　【例9-27】 某物业服务企业于2013年1月1日利用专门借款开工兴建一幢办公楼,支出已经发生,因此借款费用从当日起开始资本化。工程预计于2014年3月完工。2013年5月15日,由于工程施工发生了安全事故,导致工程中断,直到9月10日才复工。

　　在本例中的中断就属于非正常中断。因此,上述专门借款在5月15日~9月10日间所发生的借款费用不应资本化,而应作为财务费用计入当期损益。

　　【例9-28】 某物业服务企业位于北方某地,在兴建办公楼期间,遇上冰冻季节(通常为6个月),工程施工因此中断,待冰冻季节过后方能继续施工。

　　在本例中,由于该地区在施工期间出现较长时间的冰冻为正常情况,由此导致的施工中断是可预见的不可抗力因素导致的,属于正常中断。在正常中断期间所发生的借款费用可以继续资本化,计入相关资产的成本。

（3）借款费用停止资本化时间点的确定

购建或者生产符合资本化条件的资产达到预定可使用或可销售状态时，借款费用应当停止资本化。在符合资本化条件的资产达到预定可使用或可销售状态之后所发生的借款费用，应当在发生时根据其发生额确认为费用，计入当期损益。

资产达到预定可使用或者可销售状态，指所购建或者生产的符合资本化条件的资产已经达到建造方、购买方或者企业自身等预先设计、计划或者合同约定的可以使用或者可以销售的状态。

企业在确定借款费用停止资本化的时点时需要运用职业判断，应当遵循实质重于形式的原则。

二、长期借款

（一）长期借款的概念

长期借款指企业向银行或其他金融机构借入的期限在1年以上（不含1年）的各项借款。

（二）长期借款核算应设置的账户

为了核算和监督长期借款的借入和归还情况，企业应设置"长期借款"账户。该账户属于负债类账户，贷方登记企业借入的长期借款；借方登记已经归还的长期借款；期末余额在贷方，反映尚未偿还的长期借款。本账户可按贷款单位和贷款种类，分别"本金"、"利息调整"等进行明细核算。

（三）长期借款的账务处理

（1）企业借入长期借款，应按实际收到的金额，借记"银行存款"账户，贷记"长期借款——本金"账户。如存在差额，还应借记"长期借款——利息调整"账户。

（2）资产负债表日，应按长期借款的摊余成本和实际利率计算确定的利息费用，借记"在建工程"、"财务费用"、"研发支出"等账户，按长期借款本金和合同利率计算确定的应付未付利息，贷记"应付利息"账户，按其差额，贷记"长期借款——利息调整"账户。实际利率与合同利率差异较小的，也可以采用合同利率计算确定利息费用。

（3）归还长期借款，按归还的借款本金，借记"长期借款——本金"账户，按转销的利息调整金额，贷记"长期借款——利息调整"账户，按实际归还的款项，贷记"银行存款"账户，按借贷双方之间的差额，借记"在建工程"、"财务费用"、"研发支出"等账户。

【例9-29】　某物业服务企业为建造一栋办公楼，2012年1月1日借入期限为两年的长期专门借款500万元，款项已存入银行。借款利率为7%，每年付息一次，期满后一次还清本金。2012年初，以银行存款支付工程价款共计300万元，2013年初又以银行存款支付工程费用200万元。该办公楼于2013年6月底完工，达到预定可使用状态。根据上述业务编制会计分录如下：

（1）2012年1月1日，取得借款时：

借：银行存款　　　　　　　　　　　　　　　　　5 000 000

　　贷：长期借款——本金　　　　　　　　　　　　　5 000 000

（2）2012年初，支付工程款时：

| 借:在建工程 | 3 000 000 |
| 贷:银行存款 | 3 000 000 |

（3）2012年12月31日,计算2012年应计入工程成本的利息时:

借款利息＝5 000 000×7％＝350 000(元)

| 借:在建工程 | 350 000 |
| 贷:应付利息 | 350 000 |

（4）2012年12月31日支付借款利息时:

| 借:应付利息 | 350 000 |
| 贷:银行存款 | 350 000 |

（5）2013年初支付工程款时:

| 借:在建工程 | 2 000 000 |
| 贷:银行存款 | 2 000 000 |

（6）2013年6月底,办公楼达到预定可使用状态,该期应计入工程成本的利息
＝5 000 000×7％÷12×6＝175 000(元)

| 借:在建工程 | 175 000 |
| 贷:应付利息 | 175 000 |

办公楼总成本＝3 000 000＋350 000＋2 000 000＋175 000＝5 525 000(元)

| 借:固定资产 | 5 525 000 |
| 贷:在建工程 | 5 525 000 |

（7）2013年12月31日,计算2013年7～12月应计入财务费用的利息:

5 000 000×7％÷12×6＝175 000(元)

| 借:财务费用 | 175 000 |
| 贷:应付利息 | 175 000 |

（8）2013年12月31日支付利息并到期还本时:

借:长期借款——本金	5 000 000
应付利息	350 000
贷:银行存款	5 350 000

三、应付债券

(一) 应付债券的概念

应付债券是企业长期使用资金而发生的一种书面凭证。通过凭证上所记载的债券面值、债券利率、到期期限等具体内容,表明发行债券企业允诺在未来某一特定日期还本付息。企业发行的超过一年期以上的债券,构成了一项长期负债。

债券的发行方式有三种,即面值发行、溢价发行、折价发行。

（1）如果债券的票面利率与同期银行存款利率相同,则可以按照票面价值发行,这种发行方式称为面值发行。

（2）假设其他条件不变,当债券的票面利率高于同期银行存款利率时,可以按照超过

债券票面价值的价格发行,这种发行方式称为溢价发行。溢价发行表明企业要为以后各期多付利息而预先得到补偿,或者说投资者要为以后各期多得利息而预先付出代价。

（3）假设其他条件不变,当债券的票面利率低于同期银行存款利率时,可以按照低于债券票面价值的价格发行,这种发行方式称为折价发行。折价发行表明企业要为以后各期少付利息而预先付出代价,或者说投资者要为以后各期少得利息而预先得到补偿。

溢价或折价是发行债券企业在债券存续期内对利息费用的一种调整。

（二）应付债券核算应设置的账户

为了核算和监督债券的发行、利息的计提与支付、溢价与折价的摊销、债券的偿还情况,企业应设置"应付债券"账户。该账户属于负债类账户,贷方登记发行债券的面值、债券溢价、按期计提的利息和摊销的债券折价;借方登记发行时的债券折价、按期摊销的债券溢价、到期偿还的债券本息;余额在贷方,反映企业尚未偿还的应付债券。应付债券账户可按"面值"、"利息调整"、"应计利息"等明细账户核算。

（三）应付债券的账务处理

1. 债券的发行

企业发行债券时,按实际收到的款项,借记"银行存款"、"库存现金"账户,按债券票面价值,贷记"应付债券——面值"账户,按实际收到的款项与票面价值之间的差额,贷记或借记"应付债券——利息调整"账户。

【例 9-30】 某物业服务企业于 2014 年 1 月 1 日发行 5 年期面值为 50 000 元的债券,票面利率为年利率 6%,企业按 51 000 元的价格出售（债券发行费用略）。根据上述经济业务,债券发行后收到发行债券款时,编制会计分录如下:

借:银行存款 51 000
　贷:应付债券——面值 50 000
　　　　　　——利息调整 1 000

2. 利息调整的摊销

（1）计算方法

利息调整应在债券存续期内,采用实际利率法进行摊销。

实际利率法,是指按照应付债券的实际利率计算其摊余成本以及各期利息费用的方法;实际利率,是指将应付债券在债券存续期间的未来现金流量,折现为该债券当前账面价值所使用的利率。

在实际利率法中,溢折价的摊销额是倒挤出来的。其计算方法如下:

① 按照摊余成本和实际利率计算的利息费用＝摊余成本×实际利率

② 按照面值和票面利率计算的应付未付利息＝面值×票面利率

③ 在溢价发行的情况下,当期溢价的摊销额＝应付未付利息－利息费用

④ 在折价发行的情况下,当期折价的摊销额＝利息费用－应付未付利息

其中,债券的摊余成本＝面值＋尚未摊销的溢价（或－未摊销的折价）。

（2）账务处理

企业发行的债券通常分为到期一次还本付息和一次还本、分期付息两种。针对不同的付息方式,资产负债表日利息调整的摊销分为以下两种情况处理:

① 对于到期一次还本付息的债券,应按计算确定的利息费用,借记"在建工程"、"财务费用"等账户,按计算确定的应付未付利息,贷记"应付债券——应计利息"账户,按其差额,借记或贷记"应付债券——利息调整"账户。

② 对于一次还本、分期付息的债券,应按计算确定的利息费用,借记"在建工程"、"财务费用"等账户,按计算确定的应付未付利息,贷记"应付利息"账户,按其差额,借记或贷记"应付债券——利息调整"账户。

3. 债券的偿还

针对不同的付息方式,债券的偿还分为以下两种情况处理:

(1) 采用到期一次还本付息方式的,应于债券到期支付债券本息时,借记"应付债券——面值、应付利息"账户,贷记"银行存款"账户。

(2) 采用一次还本、分期付息方式的,在每期支付利息时,借记"应付利息"账户,贷记"银行存款"账户;债券到期偿还本金并支付最后一期利息时,借记"应付债券——面值"、"在建工程"、"财务费用"等账户,贷记"银行存款"账户,按借贷双方之间的差额,借记或贷记"应付债券——利息调整"账户。

【例9-31】 2009年1月1日,某物业服务企业经批准发行5年期一次还本、分期付息的公司债券10 000 000元,债券利息在每年12月31日支付,票面利率为年利率6%。假定债券发行时的市场利率为5%。企业发行债券所筹资金用于企业日常的经营活动。

经查复利系数表可知:$(P/F,5\%,5)=0.783\,5$;$(P/A,5\%,5)=4.329\,5$

则,企业该批债券实际发行价格为:

$$10\,000\,000 \times (P/F,5\%,5) + 10\,000\,000 \times 6\% \times (P/A,5\%,5) = 10\,432\,700(元)$$

2009年12月31日,采用实际利率法和摊余成本计算确定利息费用时,相关计算如下:

利息费用$=10\,432\,700 \times 5\% = 521\,635(元)$

应付未付利息$=10\,000\,000 \times 6\% = 600\,000(元)$

溢价的摊销额(利息调整的摊销)$=600\,000 - 521\,635 = 78\,365(元)$

应付债券摊余成本$=10\,432\,700 - 78\,365 = 10\,354\,335(元)$

2010年、2011年、2012年、2013年年末在采用实际利率法和摊余成本计算确定的利息费用时,有关计算同2009年。

根据上述资料,采用实际利率法和摊余成本计算确定的利息费用,如表9-1。

表9-1　利息费用一览表　　　　　　　　　　　　　　单位:元

付息日期	应付利息	利息费用	摊销的利息调整	应付债券摊余成本
2009年1月1日				10 432 700.00
2009年12月31日	600 000.00	521 635.00	78 365.00	10 354 335.00
2010年12月31日	600 000.00	517 716.75	82 283.25	10 272 051.75
2011年12月31日	600 000.00	513 602.59	86 397.41	10 185 654.34
2012年12月31日	600 000.00	509 282.72	90 717.28	10 094 937.06
2013年12月31日	600 000.00	505 062.94	94 937.06(尾数调整)	10 000 000.00

根据表 9-1 的资料,编制会计分录如下:

(1) 2009 年 1 月 1 日发行债券时:

借:银行存款　　　　　　　　　　　　10 432 700.00
　贷:应付债券——面值　　　　　　　　　10 000 000.00
　　　　　　——利息调整　　　　　　　　　432 700.00

(2) 2009 年 12 月 31 日计算利息费用并支付利息时:

借:财务费用　　　　　　　　　　　　521 635.00
　应付债券——利息调整　　　　　　　　78 365.00
　　贷:应付利息　　　　　　　　　　　　600 000.00
借:应付利息　　　　　　　　　　　　600 000.00
　　贷:银行存款　　　　　　　　　　　　600 000.00

2010 年、2011 年、2012 年确认利息费用和支付利息的会计处理类似 2009 年。

(3) 2013 年 12 月 31 日计算利息费用并归还债券本金及最后一期利息时:

借:财务费用　　　　　　　　　　　　505 062.94
　应付债券——利息调整　　　　　　　　94 937.06
　　贷:应付利息　　　　　　　　　　　　600 000.00
借:应付债券——面值　　　　　　　　10 000 000.00
　应付利息　　　　　　　　　　　　600 000.00
　　贷:银行存款　　　　　　　　　　　10 600 000.00

或合并为一个分录:

借:财务费用　　　　　　　　　　　　505 062.94
　应付债券——面值　　　　　　　　10 000 000.00
　　　　　　——利息调整　　　　　　　　94 937.06
　　贷:银行存款　　　　　　　　　　　10 600 000.00

四、长期应付款

(一) 长期应付款的概念

长期应付款是指企业除长期借款和应付债券以外的其他各种长期应付款。如应付融资租入固定资产租赁费、以分期付款方式购入固定资产发生的应付款项、房屋维修基金等。

(二) 长期应付款的核算内容

1. 应付融资租入固定资产租赁费

融资租入的固定资产,应在租赁开始日,按租赁资产的公允价值与最低租赁付款额的现值两者中较低者,加上初始直接费用,作为融资租入固定资产的入账价值,借记"固定资产"等账户,按最低租赁付款贷记"长期应付款"账户,按发生的初始直接费用,贷记"银行存款"等账户,按其差额,借记"未确认融资费用"账户。未确认融资费用应当在租赁期内各个期间进行分摊。企业应当采用实际利率法计算确认当期的融资费用。

企业融资租入固定资产时,应与出租方签订租赁合同。通常,承租方所付租金的总额要高于购置固定资产的费用,租赁期满后,一般由承租人支付一笔名义买价,即可购入该固定资产。

2. 具有融资性质的延期付款购买资产

企业购买资产有可能延期支付有关价款。如果延期支付的购买价款超过正常信用条件,实质上具有融资性质的,所购资产的成本应当以延期支付购买价款的现值为基础确定。实际支付的价款与购买价款的现值之间的差额,应当在信用期间内采用实际利率法进行摊销,计入相关资产成本或当期损益。具体来说,企业购入资产超过正常信用条件延期付款实质上具有融资性质时,应按购买价款的现值,借记"固定资产"、"在建工程"等账户,按应支付的价款总额,贷记"长期应付款"账户,按其差额,借记"未确认融资费用"账户。

企业采用补偿贸易方式引进国外设备时,应按设备、工具、零配件等的价款以及国外运杂费的外币金额和规定的汇率折合为人民币确认长期应付款。

3. 维修基金

(1) 维修基金的概念

维修基金又称代管基金,指物业服务企业接受业主委员会或物业产权人、使用人委托代管的,用于房屋共用部位、共用设施设备保修期满后的维修、更新的专项基金,具体包括共用部位维修基金和共用设备设施维修基金。

房屋共用部位维修基金,指专项用于房屋共用部位大修理的资金。共用部位是指住宅主体承重结构部位(包括基础、内外承重墙体、柱、梁、楼板、屋顶等)、户外墙面、门厅、楼梯间、走廊通道。

共用设备设施维修基金,指专项用于共用设施和共用设备大修理和更新的基金。共用设施设备是住宅小区或单幢住宅内,建设费用已分摊进入住房销售价格的共用的上下水管道、落水管、水箱、加压水泵、电梯、天线、供电线、照明、暖气线路、锅炉、煤气线路、消防设施、绿地、道路、路灯、沟渠、地井、非经营性车场车库、公益性文体设施和共用设备设施使用的房屋等。

(2) 维修基金的来源

凡商品住房和公有住房出售后都应当建立住宅共用部位、共用设施设备维修基金(以下简称"维修基金"),专项用于住宅共用部位、共用设施设备保修期满后的大修改造。

① 商品住宅维修基金的来源

商品住宅在销售时,购房者与售房单位应当签署有关维修基金缴交约定,购房者应当按照购房款2%~3%的比例向售房单位缴交维修基金。售房单位代为收取的维修基金属全体业主共同所有,不计入住宅销售收入。

② 公有住房售后的维修基金来源

公有住房售后的维修基金来源于两部分:

第一,售房单位按照一定比例从售房款中提取,原则上多层住宅不低于售房款的20%,高层住宅不低于售房款的30%,该部分基金属售房单位所有。

第二,购房者按购房款2%的比例向售房单位缴交维修基金。售房单位代为收取的维修基金属全体业主共同所有,不计入住宅销售收入。

(3) 维修基金的管理

维修基金属于物业产权人、使用人所有,专项用于物业共用部位、共用设施设备保修期满后的大修、更新、改造。根本目的是保障住房售后的维修管理。

① 维修基金账户的管理

维修基金应当在银行专户存储,专款专用。为了保证维修基金的安全,维修基金闲置时,除可用于购买国债或者用于法律法规规定的其他范围外,严禁挪作他用。

售房单位在收到住宅售房款后,向售房基金管理中心缴纳房屋共用部位维修基金和公用设施设备维修基金。购房人在办理房屋产权手续前,向住房资金管理中心缴纳两项基金。售房管理中心收取的售房单位交纳的部分,存入房屋所在住宅小区业主委员会账户。购房人交纳的部分,存入房屋所在住宅小区业主委员会为购房人设立的专门账户。

维修基金明细账户一般按单幢住宅设置,具体办法由房地产行政管理部门制定。维修基金自存入维修基金专户存储账户之起按规定计息,维修基金利息净收益转作维修基金滚存使用和管理。

物业服务企业发生变换时,代管的维修基金账目经业主委员会审核无误后,应当办理账户转移手续,账户转移手续应当自双方盖章之日起十日内送当地房地产行政管理部门和业主委员会备案。

② 维修基金使用的管理

在业主办理房屋权属证书时,商品住房销售单位应当将代收的维修基金移交给当地房地产行政管理部门代管。

业主委员会成立前,维修基金的使用由售房单位或售房单位委托的管理单位提出使用计划,经当地房地产行政管理部门审核后划拨。业主委员会成立后,维修基金的使用由物业服务企业提出年度使用计划,经业主委员会审核后实施。维修基金不敷使用时,经当地房地产行政管理部门或业主委员会研究决定后,按业主占有的住宅建设面积比例向业主续筹。

物业服务企业应该定期向物业产权人、使用人公布维修基金的使用情况,接受业主委员会的检查和监督。

(4) 维修基金的账务处理

① 物业服务企业收到代管的房屋公用部位维修基金和公用设施设备维修基金时,借记"银行存款"账户,贷记"长期应付款——维修基金"账户。

② 物业服务企业收到维修基金的银行存款利息时,经业主委员会或物业产权人、使用人认可后转入维修基金滚存使用,借记"银行存款"账户,贷记"长期应付款——维修基金"账户。

③ 本企业承接房屋共用部位、公用设施设备大修、更新、改造工程的,实际发生工程支出时,借记"在建工程——物业工程"账户,贷记"银行存款"、"库存商品"或"原材料"等账户;工程完工,经业主委员会或物业产权人、使用人验收,借记"长期应付款——维修基金"账户,贷记"主营业务收入——物业大修收入"账户;同时,结转完工工程成本时,借记"主营业务成本——物业大修成本"账户,贷记"在建工程——物业工程"账户。

④ 外单位承接大修、更新、改造工程的,工程经业主委员会或物业产权人、使用人同意付款时,借记"长期应付款——维修基金"账户,贷记"银行存款"账户。

【例9-32】 2014年2月,某物业服务企业发生以下业务,编制会计分录如下:

(1) 收到A座物业产权人交来的房屋公用部位维修基金和公用设施设备维修基金500 000元:

借:银行存款	500 000
贷:长期应付款——维修基金	500 000

(2) 物业服务企业对小区配电室进行技术改造,领用材料费60 000元,并以存款支付有关费用40 000元:

借:在建工程——物业工程	100 000
贷:银行存款	40 000
原材料	60 000

(3) 工程完工,经物业产权人验收,办理竣工结算手续(假定该企业按成本的20%的加成率计算确认修理收入)时:

借:长期应付款——维修基金	120 000
贷:主营业务收入——物业大修收入	120 000

同时,结转成本:

借:主营业务成本——物业大修成本	100 000
贷:在建工程——物业工程	100 000

★★★★★ 练习题 ★★★★★

一、单项选择题

1. 企业在资产负债日,按合同利率计提短期借款利息费用时的会计处理为(　　)。

　　A. 借记"短期借款"账户,贷记"应付利息"账户

　　B. 借记"财务费用"账户,贷记"短期借款"账户

　　C. 借记"财务费用"账户,贷记"应付利息"账户

　　D. 借记"应付利息"账户,贷记"财务费用"账户

2. 下列有关应付票据处理的表述中,不正确的是(　　)。

　　A. 企业开出并承兑商业汇票时,应按票据的到期值贷记"应付票据"

　　B. 企业支付的银行承兑手续费,计入当期"财务费用"

　　C. 应付票据到期支付时,按票面金额结转

　　D. 企业到期无力支付的商业承兑汇票,应按票面金额转入"应付账款"

3. 期末,应付票据按其面值和票面利率计提利息时,应作的会计分录是(　　)。

　　A. 借记"财务费用"账户,贷记"应付利息"账户

　　B. 借记"管理费用"账户,贷记"应付利息"账户

　　C. 借记"财务费用"账户,贷记"应付票据"账户

　　D. 借记"管理费用"账户,贷记"应付票据"账户

4. 如果企业不设置"预收账款"账户,应将预收的货款计入(　　)。

    A. 应收账款的借方　　　　　　　　B. 应收账款的贷方

    C. 应付账款的借方　　　　　　　　D. 应付账款的贷方

5. 企业从职工工资中代扣代缴的职工个人所得税,应借记的会计账户是(　　)。

    A. 其他应付款　　　　　　　　　　B. 应付职工薪酬

    C. 银行存款　　　　　　　　　　　D. 应交税费

6. 下列项目中,不属于其他应付款核算范围的有(　　)。

    A. 应付管理人员工资　　　　　　　B. 应付经营租入固定资产租金

    C. 应付租入包装物租金　　　　　　D. 应付、暂收所属单位、个人的款

7. 下列各项中,不属于借款费用的项目是(　　)。

    A. 债券发行的溢价或折价　　　　　B. 取得借款发生的前期费用

    C. 因外币借款而发生的汇兑差额　　D. 借款期间各期应支付的利息

8. 甲企业2013年1月1日以630万元的价格发行5年期债券600万元。该债券到期一次还本付息,票面年利率为5%。则甲企业2014年12月31日应计入"应付债券——应计利息"账户的数额为(　　)万元。

    A. 30　　　　　　　　　　　　　　B. 31.5

    C. 60　　　　　　　　　　　　　　D. 63

二、多项选择题

1. 下列经济业务或事项中,属于负债的是(　　)。

    A. 预收账款　　　　　　　　　　　B. 应交的教育费附加

    C. 应付经营租入的固定资产租金　　D. 借款计划

    E. 预付账款

2. 下列关于应付账款的处理中,正确的是(　　)。

    A. 货物与发票账单同时到达,待货物验收入库后,按发票账单登记入账

    B. 货物已到但发票账单未同时到达,待月份终了时暂估入账

    C. 应付账款一般按到期应付金额的现值入账

    D. 如果购入的资产在形成一笔应付账款时是带有现金折扣的,则获得的现金折扣,冲减财务费用。

    E. 应付账款的入账时间应以所购买物资所有权有关的风险和报酬已经转移或劳务已经接受为标志

3. 企业按规定交纳营业税的项目有(　　)。

    A. 销售商品取得收入　　　　　　　B. 销售不动产取得收入

    C. 出租无形资产取得收入　　　　　D. 提供运输劳务取得收入

    E. 银行存款取得利息

4. 企业交纳的下列税费中,应通过"应交税费"账户核算的有(　　)。

    A. 城市维护建设税　　　B. 财产保险费　　　　C. 车船税

    D. 耕地占用税　　　　　E. 个人所得税

5. 下列税金中,企业应计入管理费用的税费有(　　)。

A．土地使用税　　　　　　　　B．印花税

C．房产税　　　　　　　　　　D．耕地占用税

E．车船税

6．下列各项中,应通过"应付职工薪酬"账户核算的项目有(　　　)。

A．职工工资

B．解除劳务关系给予的补偿

C．职工的社会保险费

D．职工离职后提供给职工的非货币性福利

E．个人所得税

7．长期借款所发生的利息支出,可能借记的账户有(　　　)。

A．在建工程　　　　　　　　　B．销售费用

C．管理费用　　　　　　　　　D．财务费用

E．应付利息

三、判断题

1．应付票据是指企业购买材料、商品和接受劳务供应等而开出、承兑的商业汇票,包括商业承兑汇票和银行承兑汇票。　　　　　　　　　　　　　　　　　　　(　　　)

2．企业开出并承兑带息商业汇票时,应按其到期应付金额贷记"应付票据"账户。

(　　　)

3．企业到期无力偿付的银行承兑汇票,应按其账面余额转入"应付账款"账户。

(　　　)

4．企业购入货物验收入库后,若发票账单尚未收到,应在月末按照估计的金额确认一笔负债,反映在资产负债表有关负债项目内。　　　　　　　　　　　　　(　　　)

5．企业预收账款业务不多时,可以不设置"预收账款"账户,直接计入"应付账款"账户的借方账户。　　　　　　　　　　　　　　　　　　　　　　　　　　(　　　)

6．预收账款虽然与应付账款均属于负债项目,但与应付账款不同,它通常不需要以货币偿付。　　　　　　　　　　　　　　　　　　　　　　　　　　　　　(　　　)

7．职工离职后,企业提供给职工的全部货币性薪酬和非货币性福利,不应通过"应付职工薪酬"账户核算。　　　　　　　　　　　　　　　　　　　　　　　　(　　　)

8．企业应付各种赔款、应付租金、应付存入保证金等应在"其他应付款"账户核算。

(　　　)

9．资本化期间内,如果符合资本化条件的资产构建活动发生中断,则中断期间发生的专门借款费用应当直接计入当期损益。　　　　　　　　　　　　　　　　(　　　)

10．企业采用实际利率法对应付债券的溢价进行摊销时,应付债券的摊余成本逐期减少,溢价的摊销额也随之逐期减少。　　　　　　　　　　　　　　　　　(　　　)

四、实训题

习题一

(一)目的:练习短期借款的核算。

(二)资料:某物业服务企业3月发生如下关于短期借款的业务。

1. 3月5日,向银行借入为期15天的借款50 000元,用于周转,年利率12%。

2. 3月20日,3月5日用于周转的短期借款现已到期,以存款支付本息。

3. 3月31日,预提上月借入的短期借款200 000元的利息,年利率12%。

(三)要求:根据上述经济业务编制会计分录。

习题二

(一)目的:练习应付票据的核算。

(二)资料:某物业服务企业10月发生下列经济业务。

1. 从煤炭公司购入取暖用煤5吨,300元/吨,运费200元,煤已入库,款未付。

2. 10月29日开出银行承兑汇票一张,面值40 000元,用于支付购入高压水泵款,付款期三个月。

3. 按票面值5‰向银行交纳承兑手续费。

4. 12月31日汇票到期支付票款60 000元。

(三)要求:根据上述经济业务编制会计分录。

习题三

(一)目的:练习应付职工薪酬的核算。

(二)资料:某物业服务企业2014年2月发生如下与职工薪酬有关的业务:

1. 某上海房地产开发公司2月应发工资为10万元,其中,物业服务人员工资7万元,公司行政管理人员工资3万元。根据有关规定,分别按照工资总额的12%、22%、2%和7%计提医疗保险费、养老保险费、失业保险费和住房公积金。公司预计2014年应承担的职工福利费义务金额为职工工资总额的3.5%,职工福利的受益对象为上述所有人员。公司分别按照职工工资总额的2%和1.5%计提工会经费和职工教育经费。

2. 分别按照工资总额的2%、8%、1%和7%,从职工薪酬中扣除应由职工个人缴纳的医疗保险费、养老保险费、失业保险费和住房公积金,代扣职工个人所得税3 500元,将实发工资通过银行转账支付给职工。

3. 将公司和个人负担的社会保险费和住房公积金分别转账缴纳给社会保险经办机构和住房公积金管理机构。

4. 转账缴纳职工的个人所得税。

5. 以现金支付职工李某因公负伤赴外地就医的路费3 000元。

6. 报销职工的培训费用2 000元。

7. 为总经理免费提供一套住房使用,住房每月折旧额8 000元。

(三)要求:根据上述经济业务编制会计分录。

习题四

(一)目的:练习其他流动负债的核算。

(二)资料:某物业服务企业6月发生如下其他流动负债业务。

1. 小卖部将周转箱出租10只,每只收押金40元,收现金。

2. 根据习题三,5月职工工资总额按3%计提工会经费,按1.5%计提职工教育经费。

3. 开支票支付给联营单位红旗贸易商行应付利润14 000元。

4. 以存款2 450元,购入各种工会所需奖品。

5. 周转箱退回,原借 10 只,现退回 6 只,以现金支付押金,另 4 只押金没收。

(三) 要求:根据上述经济业务编制会计分录。

习题五

(一) 目的:练习相关税费的核算。

(二) 资料:某物业服务企业发生下列有关业务。

1. 2013 年 12 月份取得各种管理性收入为 20 000 元,计算应交营业税。

2. 2013 年 12 月 31 日,按应交的营业税计算应交城市维护建设税(税率 7%)。

4. 2013 年 12 月 31 日,按应交的营业税计算教育费附加(征收率 3%)。

5. 2014 年 1 月 5 日以银行存款交纳营业税、城市维护建设税和教育费附加。

6. 该物业服务企业房屋原值为 500 000 元,计算 2013 年全年应纳房产税。

7. 2014 年 4 月 1 日,交纳房产税。

(三) 要求:根据上述经济业务编制会计分录。

习题六

(一) 目的:练习长期借款的核算。

(二) 资料:某物业服务企业于 2013 年 1 月 1 日向银行借款人民币 100 万元,用于固定资产的建造。2 年到期,年利率 6%,每年末付息,到期还本,该项固定资产 2013 年年末完工交付使用。

(三) 要求:根据上述经济业务编制会计分录。

习题七

(一) 目的:练习应付债券的核算。

(二) 资料:某物业服务企业于 2013 年 1 月 1 日发行 3 年期、面值为 300 万元的债券,票面利率为 6%,发行价格为 309 万元(债券发行费用略),到期一次还本付息,实际利率为 4.64%。企业于每年末计提该年度利息。企业发行债券所筹资金用于企业日常的经营活动。

(三) 要求:根据上述经济业务编制会计分录。

习题八

(一) 目的:练习应付债券的核算。

(二) 资料:某物业服务企业于 2013 年 1 月 1 日发行面值为 200 万元的 2 年期债券,票面利率 3%,每年 6 月 30 日和 12 月 31 日各付息一次,到期还本。发行价格为 196 万元,假设无发行费用。实际利率为 4.06%,发行债券所筹资金用于企业日常的经营活动。

(三) 要求:根据上述经济业务编制会计分录。

第十章
所有者权益

本章导学

一、学习目标与要求

通过本章的学习,要了解所有者权益的概念和组成内容,熟悉实收资本的概念和范围,掌握实收资本和股本的核算,熟悉资本公积的来源和用途,掌握资本公积的核算,熟悉盈余公积的内容和用途,掌握盈余公积的核算,掌握未分配利润的核算。

二、重点与难点

- 资本溢价的核算。
- 股本和股本溢价的核算。
- 盈余公积的内容和核算。

第一节 所有者权益概述

一、所有者权益的概念

所有者权益指所有者在企业资产中享有的经济利益,又称产权或净资产。其金额为资产减去负债后的余额。任何企业取得资产的渠道不外乎两个:一是由投资者投入,二是由债权人提供。两者都向企业提供了资产,因而他们对企业资产也就有了相应的要求权,这种要求权被称为权益。债权人对企业资产的要求权称为债权人权益,形成企业的负债,投资者对企业资产的要求权称为所有者权益,形成企业的所有者权益。因此,就形成了"资产＝负债＋所有者权益"这一会计恒等式。

二、所有者权益的组成内容

企业的所有者权益主要有以下几个部分组成:

(1) 投入资本。包括国家、其他单位、个人对企业的各种投资。

(2) 资本公积。包括资本溢价(或股本溢价)和直接计入所有者权益的利得和损失等。

(3) 盈余公积。是从税后利润中提取的具有特定用途的资金,包括法定盈余公积和任意盈余公积。

(4) 未分配利润。是企业税后利润分配后的剩余部分。

第二节 实 收 资 本

一、实收资本概述

(一) 实收资本的概念

企业要进行经营,必须有一定的本钱,这笔开办企业的本钱就是企业的资本金。企业申请开业,必须具有符合国家规定并与其生产经营和服务规模相适应的注册资金。资本金就是企业在工商行政管理部门登记的注册资金。企业筹集的资本金主要有国家资本金、法人资本金、个人资本金、外商资本金。

实收资本是企业根据国家有关规定和合同、协议约定,实际收到投资人作为资本投入到企业中的各种资产的价值,是企业注册登记的法定资本总额的来源。投资者的出资比例也是企业向投资者进行利润分配的主要依据。我国目前实行的是注册资本制度,要求企业的实收资本与注册资本一致。企业的实收资本比原注册资本数额增减超过 20% 时,应持资金使用证明或者验资证明,向原登记主管机关申请变更登记。如擅自改变注册资本数额或抽逃资金等,要受到工商行政管理部门的处罚。

投资者可以用货币出资,也可以用实物、知识产权、土地使用权等可以用货币估价并可以依法转让的非货币财产作价出资。对作为出资的非货币财产应当评估作价,核实财产,不得高估或者低估作价。法律、行政法规对评估作价有规定的,从其规定。有限责任公司全体投资者的货币出资金额不得低于其注册资本的百分之三十。

（二）实收资本的范围

一般而言,投资者投入企业的资金应构成实收资本。但在某些情况下,投资者投入企业的资金并不全部构成实收资本。投资者投入的资金,只有按投资比例计算的部分,才作为实收资本,超过按投资比例计算的部分应作为资本溢价或股本溢价单独核算,不作为实收资本核算。如有限责任公司在增加注册资本时,新加入的投资者缴纳的出资额超过其按约定比例计算的其在注册资本中所占的份额部分,应作为资本溢价,计入"资本公积"账户。股份有限公司溢价发行股票取得的超过面值的股票溢价收入应作为股本溢价,计入"资本公积"账户。

二、实收资本的核算

由于组织形式不同,所有者投入资本的会计核算方法也有所不同。企业组织形式有独资企业、合伙企业、有限责任公司、国有独资公司和股份有限公司。除股份有限公司对股东投入资本应设置"股本"账户外,其余企业均设置"实收资本"账户,核算企业实际收到的投资者投入的资本。

（一）一般企业实收资本的核算

这里的一般企业是指股份有限公司以外的其他类型企业。为核算和监督投资者投入资本的增减变动情况,企业应设置"实收资本"账户。该账户属于所有者权益类账户,贷方登记企业实际收到投资者投入的资本数额以及以资本公积金和盈余公积金转增的资本数额;借方登记按法定程序批准减少的资本数额。期末贷方余额反映投资者实际投入企业的资本额。本账户应按投资人设置明细账,进行明细分类核算。

实收资本账务处理方法如下:

（1）企业收到投资者以货币资金、实物资产、无形资产投入的资本时,应按实际收到的金额或投资各方确认的价值,借记"银行存款"、"库存现金"、"固定资产"、"原材料"、"库存商品"、"无形资产"等有关资产账户,贷记"实收资本"账户。有限责任公司在增加注册资本时,如有新投资者加入,应按其缴纳的出资额,借记"银行存款"等有关资产账户,按其在企业注册资本中所占的份额部分,贷记"实收资本"账户,出资额大于其在注册资本中所占的份额部分,贷记"资本公积"账户。

（2）企业收到投资者投入的外币时,外币实收资本账户和外币资产账户均按交易日即期汇率折算记账本位币金额。企业应按收到外币当日的即期汇率折合的人民币金额,借记"银行存款"账户,贷记"实收资本"账户。

（3）企业用资本公积、盈余公积转增资本时,借记"资本公积"、"盈余公积"账户,贷记"实收资本"账户。

（4）企业将重组债务转为资本的,应按重组债务的账面余额,借记"应付账款"等账户,按债权人因放弃债权而享有本企业股份的面值总额,贷记"实收资本"账户,按股份的公允价值总额与相应的实收资本之间的差额,贷记或借记"资本公积——资本溢价"账户,按其差额,贷记"营业外收入——债务重组利得"账户。

(5)以权益结算的股份支付换取职工或其他方提供服务的,应在行权日,按实际行权情况确定的金额,借记"资本公积——其他资本公积"账户,按应记入实收资本的金额,贷记"实收资本"账户,按其差额,贷记"资本公积——资本溢价"账户。

(6)企业因资本过剩等原因,按法定程序报经批准减少注册资本的,借记"实收资本"账户,贷记"库存现金"、"银行存款"等账户。

【例10-1】 某企业收到国家以货币资金投入的资本90万元,已存入银行。编制会计分录如下:

借:银行存款	900 000
贷:实收资本——国家资本金	900 000

【例10-2】 某新建企业由甲、乙、丙三个企业各投资100万元,甲企业以银行存款投资100万元;乙企业投资30万元专利权,另70万元以原材料投入;丙企业以100万元的设备作为投资。编制会计分录如下:

借:银行存款	1 000 000
无形资产	300 000
原材料	700 000
固定资产	1 000 000
贷:实收资本——法人资本金(甲)	1 000 000
——法人资本金(乙)	1 000 000
——法人资本金(丙)	1 000 000

【例10-3】 某企业收到某外商投入的外币资本100 000美元,收到出资额当日的市场汇率为1美元=6.06元人民币。编制会计分录如下:

借:银行存款——美元户(100 000×6.06)	606 000
贷:实收资本——外商资本金	606 000

【例10-4】 某企业因资本过剩,经批准减少注册资本50万元,以银行存款支付。编制会计分录如下:

借:实收资本	500 000
贷:银行存款	500 000

(二)股份有限公司股本的核算

为了核算股东投入企业的股本,股份有限公司应设置"股本"账户,企业应将核定的股本总额、股份总数、每股面值,在股本账户中作备查记录。该账户属于所有者权益类账户,贷方登记在核定的股份总额范围内实际发行的股票面值总额,借方登记公司按照法定程序经批准减少的股本总额,期末贷方余额表示公司实有的股本数额。本账户应按股东单位或姓名设置明细账。

股份有限公司股本的账务处理方法如下:

(1)股份有限公司股票的发行价格有面值发行、溢价发行和折价发行三种。我国不允许企业折价发行股票,主要是为了与目前的注册资本制度相符,以稳定股份有限公司的财产基础。发行股票时,按实际收到的金额,借记"银行存款"等账户,按每股面值与核定的股份总额计算的股票面值总额,贷记"股本"账户,差额部分在扣除发行手续费、佣金等发行费用后记入"资本公积——股本溢价"账户的贷方。

（2）股份有限公司采取发放股票股利的方式增资时,应按实际发放的股票股利数,借记"利润分配—转作股本的普通股股利"账户,贷记"股本"账户。

（3）股份有限公司用资本公积、盈余公积转增股本时,按转增的金额,借记"资本公积"、"盈余公积"账户,贷记"股本"账户。转增股本时,应按原股东所持股份同比例增加各股东的股权。

（4）股份有限公司发行的可转换公司债券按规定转为股票时,按可转换公司债券的余额,借记"应付债券——可转换公司债券（面值、利息调整）"账户,按其权益成分的金额,借记"资本公积——其他资本公积"账户,按股票面值和转换的股数计算的股票面值总额,贷记"股本"账户,按其差额,贷记"资本公积——股本溢价"账户。

（5）企业将重组债务转为资本的,应按重组债务的账面余额,借记"应付账款"等账户,按债权人因放弃债权而享有本企业股份的面值总额,贷记"股本"账户,按股份的公允价值总额与相应的股本之间的差额,贷记或借记"资本公积——股本溢价"账户,按其差额,贷记"营业外收入——债务重组利得"账户。

（6）以权益结算的股份支付换取职工或其他方提供服务的,应在行权日,按实际行权情况确定的金额,借记"资本公积——其他资本公积"账户,按应记入股本的金额,贷记"股本"账户,按其差额,贷记"资本公积——股本溢价"账户。

（7）股份有限公司采用收购本公司股票的方式减资的,由于回购股票的价格可能与股票面值不同,会计处理比较复杂。在此不作具体介绍。

（8）股份有限公司发行股票所支付的手续费、佣金等发行费用,从溢价款中抵销;无溢价或溢价不够支付的部分,应直接计入当期损益。

【例10-5】 某股份有限公司委托某证券公司代理发行普通股1 000万股,每股面值1元,每股发行价格5元。支付证券公司发行费用100万元,从发行收入中扣除。发行完毕,股款已收到并存入银行。

实际收到股款＝1 000×5－100＝4 900(万元)

应记入"股本"账户的金额＝1 000×1＝1 000(万元)

应记入"资本公积"账户的金额＝(5－1)×1 000－100＝3 900(万元)

编制会计分录如下:

借:银行存款	49 000 000
贷:股本	10 000 000
资本公积	39 000 000

【例10-6】 某股份有限公司经股东大会批准,用资本公积300万元、法定盈余公积200万元转增普通股股本500万元,已按规定办理增资手续。编制会计分录如下:

借:资本公积	3 000 000
盈余公积	2 000 000
贷:股本——普通股	5 000 000

第三节 资 本 公 积

一、资本公积概述

资本公积指由投资者或其他单位及个人投入到企业,所有权归属于投资者,但不能作为实收资本(或股本)的那部分资本或者资产。资本公积主要包括资本溢价(或股本溢价)和其他资本公积。

资本溢价指投资者实际缴付的出资额超过其在注册资本中所占份额的部分。股本溢价是股份有限公司溢价发行股票时实际收到的款项超过股票面值总额的差额。

其他资本公积指除资本溢价(或股本溢价)项目以外所形成的资本公积,主要包括直接计入所有者权益的利得和损失。直接计入所有者权益的利得和损失是指不应计入当期损益、会导致所有者权益发生增减变动的、与所有者投入资本或者向所有者分配利润无关的利得和损失。主要有以下交易或事项引起:(1)采用权益法核算的长期股权投资,由于被投资单位除净损益以外所有者权益的其他变动,投资企业按持股比例计算应享有的份额;(2)以权益结算的股份支付换取职工或其他方提供服务,按规定形成的资本公积;(3)自用房地产或作为存货的房地产转换为采用公允价值模式计量的投资性房地产,按规定形成的资本公积;(4)可供出售金融资产公允价值变动形成的资本公积;(5)金融资产的重分类形成的资本公积。

资本公积是企业的一种准资本,其用途主要是用于转增资本(或股本)。资本公积与盈余公积有本质区别,盈余公积是企业实现净利润的转化形式,而资本公积不是由企业实现的净利润转化而来,而是投资者投入的资本金额中超过注册资本部分的资本以及其他单位和个人投入的不能够成为实收资本的资产的转化形式。因此,从本质上讲,资本公积应属于投入资本的范畴。资本公积与实收资本虽然都属于投入资本范畴,但两者又有区别,实收资本是投资者投入、为谋求价值增值的原始投资,属于企业的法定资本,应与企业的注册资本相一致,因此,实收资本无论是在来源上还是金额上,都有比较严格的限制。资本公积在金额上并没有严格的限制,来源上也多样化,可以来源于投资者投入的资本(或股本)溢价,也可以来源于其他交易或事项。

二、资本公积的核算

为了核算和监督资本公积的增减变动及其结存情况,企业应设置"资本公积"账户。该账户属于所有者权益类账户,贷方登记不同来源形成的资本公积,借方登记按规定用途转增资本(或股本)而减少的资本公积,期末贷方余额表示企业资本公积的结余数额。在"资本公积"账户下,应设置"资本溢价"、"股本溢价"、"其他资本公积"等明细账户,进行明细分类核算。

(一)资本溢价或股本溢价的核算

1. 资本溢价的核算

资本溢价是指投资者实际缴付的出资额超过其在注册资本中所占份额的部分。就一般企业而言,在企业创立时,出资者认缴的出资额全部计入"实收资本"账户。在企业重组并有新的投资者加入时,为了维护原有投资者的权益,新加入的投资者的出资额并不一定全部作为实收资本处理。因为在企业正常经营过程中投入的资金即使与企业创立时投入的资金在数量上一致,但由于出资时间不同,其对企业的影响程度不同,企业从创立到投资回报,创立者付出了一定的代价,由此而带给投资者的权力也不同,往往前者大于后者。所以,新加入的投资者要付出大于原有投资者的出资额,才能取得与原投资者相同的比例。另外,企业生产经营过程中实现利润的一部分留在企业,形成留存收益,如果新的投资者加入,则将与原投资者共享这部分留存收益。因此,为补偿原有投资者的权益损失,新加入的投资者也应付出大于原有投资者的出资额。

投资者实际缴付出资额时,按其在企业注册资本中所占有的份额,贷记"实收资本"账户,投资者实际缴付的出资额超过其在企业注册资本中所占的份额部分,作为资本溢价,记入"资本公积"账户的贷方。

【例10-7】 某有限责任公司由甲、乙两位股东各自出资100万元而设立,设立时的实收资本为200万元。经过两年的经营,公司的留存收益为50万元,这时又有丙投资者有意加入该公司,并表示愿意出资130万元而仅占该企业股份的1/3。编制会计分录如下:

借:银行存款　　　　　　　　　　　　　　　　1 300 000
　　贷:实收资本　　　　　　　　　　　　　　　1 000 000
　　　资本公积　　　　　　　　　　　　　　　　300 000

2. 股本溢价的核算

股本溢价是股份有限公司溢价发行股票时实际收到的款项超过股票面值总额的差额。股份有限公司是以发行股票的方式筹集股本的,股票是企业签发的证明股东按其所持股份享有权利和承担义务的书面证明。股票可以按面值发行,也可以溢价发行,我国目前不允许折价发行。股份有限公司的股本总额应按股票面值与股票总数的乘积计算。国家规定,实收股本总额应与注册资本相符。在溢价发行股票的情况下,企业发行股票取得的收入,相当于股票面值部分计入"股本"账户的贷方,超过股票面值的溢价收入在扣除发行股票支付的手续费、佣金等发行费用后,计入"资本公积"账户的贷方。在按面值发行的情况下,企业没有溢价收入,应将发行收入全部计入"股本"账户的贷方,支付的股票发行费用应直接列入当期损益。

股本溢价的会计处理可参看本章【例10-5】。

(二) 其他资本公积的核算

(1) 采用权益法核算的长期股权投资,由于被投资单位除净损益以外所有者权益的其他变动,投资企业按持股比例计算应享有的份额。

投资企业采用权益法核算长期股权投资时,对于被投资单位除净损益以外所有者权益的其他变动,在持股比例不变的情况下,投资企业应按其在被投资企业中的持股比例计算应享有的份额,相应调整长期股权投资的账面价值,同时增加或减少资本公积。如果是利得,应当增加长期股权投资和资本公积,借记"长期股权投资——其他权益变动"账户,贷记"资本公积——其他资本公积"账户;如果是损失,应当作相反的分录。当处置采用权益法核算的长期股权投资时,应当将原记入资本公积的相关金额转入投资收益。

（2）以权益结算的股份支付换取职工或其他方提供服务,按规定形成的资本公积。

企业以权益结算的股份支付换取职工或其他方提供服务的,应按照确定的金额,借记"管理费用"等账户,贷记"资本公积——其他资本公积"账户。在行权日,应按实际行权的权益工具数量计算确定的金额,借记"资本公积——其他资本公积"账户,按记入实收资本或股本的金额,贷记"实收资本"或"股本"账户,并将其差额记入"资本公积——资本溢价"或"资本公积——股本溢价"账户。

3. 将自用房地产或作为存货的房地产转换为投资性房地产

企业将自用房地产转换为采用公允价值模式计量的投资性房地产时,应按该项房地产在转换日的公允价值,借记"投资性房地产——成本"账户,原已计提减值准备的,借记"固定资产减值准备"账户,按已计提的累计折旧或累计摊销,借记"累计折旧"、"累计摊销"账户,按其账面余额,贷记"固定资产"、"无形资产"账户,转换日的公允价值大于账面价值的差额,贷记"资本公积——其他资本公积"账户,转换日的公允价值小于账面价值的差额,借记"公允价值变动损益"账户。

企业将作为存货的房地产转换为采用公允价值模式计量的投资性房地产时(这种情况通常发生于房地产开发企业,物业服务企业一般无这种情况),应按该项作为存货的房地产在转换日的公允价值,借记"投资性房地产——成本"账户,原已计提跌价准备的,借记"存货跌价准备"账户,按其账面余额,贷记"开发产品"等账户,转换日的公允价值大于账面价值的差额,贷记"资本公积——其他资本公积"账户,转换日的公允价值小于账面价值的差额,借记"公允价值变动损益"账户。

待该项投资性房地产处置时,因转换记入资本公积的部分应转入当期的其他业务收入,借记"资本公积——其他资本公积"账户,贷记"其他业务收入"账户。

4. 可供出售金融资产公允价值的变动

可供出售金融资产公允价值变动形成的利得,借记"公允价值变动损益"账户,贷记"资本公积——其他资本公积"账户,公允价值变动形成的损失,做相反的分录。

5. 金融资产的重分类

企业将持有至到期投资重分类为可供出售金融资产,并以公允价值进行后续计量的,在重分类日,该项投资的账面价值与其公允价值之间的差额记入"资本公积——其他资本公积"账户的借方或贷方,在该可供出售金融资产发生减值或终止确认时转出,计入当期损益。

按照金融工具确认和计量的规定,应当以公允价值计量,但以前公允价值不能可靠计量的可供出售金融资产,企业应当在其公允价值能够可靠计量时改按公允价值计量,将相关账面价值与公允价值之间的差额记入"资本公积——其他资本公积"账户,在其发生减值或终止确认时转出差额,计入当期损益。

（三）资本公积转增资本(或股本)的核算

企业形成的资本公积,按照规定程序,可以转增资本或股本。按照《公司法》的规定,法定公积金(资本公积和盈余公积)转为资本或股本时,所留存的该项公积金不得少于转增前公司注册资本的25%。资本公积转增资本(或股本)时,借记"资本公积"账户,贷记"实收资本"或"股本"账户。并按转增资本(或股本)前的投资比例,在实收资本(或股本)明细账中相应增加各投资者的实收资本(或股本)数额。

【例10-8】　某企业经批准将资本公积200万元转增资本,已按法定程序办妥转增手续。编制会计分录如下:

借:资本公积　　　　　　　　　　　　　　　　2 000 000

　　贷:实收资本　　　　　　　　　　　　　　　　　2 000 000

第四节　盈余公积

一、盈余公积概述

(一) 盈余公积的内容

盈余公积指企业按照规定从税后利润中提取的各种积累资金。企业的盈余公积分为法定盈余公积和任意盈余公积。

法定盈余公积指企业按照规定比例从净利润中提取的盈余公积。根据公司法规定,公司制企业(有限责任公司、股份有限公司)的法定盈余公积按照税后利润的10%提取,非公司制企业也可按照超过10%的比例提取。当计提的法定盈余公积累计额达到注册资本的50%以上时,可以不再提取。

任意盈余公积指企业经股东大会或类似机构批准,按照一定比例从净利润中提取的盈余公积。任意盈余公积的提取不具有强制性,公司制企业和非公司制企业可自行决定提取,可提也可不提,可以多提也可以少提。

(二) 盈余公积的用途

法定盈余公积和任意盈余公积的用途主要包括以下三个方面:

1. 弥补亏损

企业发生亏损,应由企业自行弥补,弥补亏损的渠道主要有:

(1) 用以后年度税前利润弥补。根据规定,企业发生亏损,可以用发生亏损后五年内实现的税前利润弥补,即用税前利润弥补亏损的期限为五年;

(2) 用以后年度税后利润弥补。发生的亏损在五年内仍不足弥补的,尚未弥补的亏损应用交纳所得税后的利润弥补;

(3) 用盈余公积弥补。用盈余公积弥补亏损应当由公司董事会提议,并经股东大会批准。

2. 转增资本(或股本)

当提取的盈余公积累积较多时,经股东大会或类似机构批准,可以用盈余公积转增资本(或股本),转增资本时,应按股东原有持股比例结转。股份有限公司可采用派送新股的方法增加股本。法定公积金(资本公积和盈余公积)转为资本或股本时,所留存的该项公积金不得少于转增前公司注册资本的25%。

3. 扩大企业生产经营

企业提取盈余公积,并不是单独将这部分资金从企业资金周转过程中抽出,实际上,企业提取的盈余公积是企业生产经营资金的一项来源,其形成的资金可表现为一定的货币资金和实物资产,随同企业的其他来源所形成的资金进行循环周转,用于企业的生产经营。

二、盈余公积的核算

为了核算和监督盈余公积的提取和使用情况,企业应设置"盈余公积"账户。该账户属于所有者权益类账户,贷方登记企业按规定提取的各项盈余公积的数额,借方登记企业因弥补亏损、转增资本(或股本)、分配现金股利或利润而减少的盈余公积数额,期末贷方余额表示企业盈余公积的结存数。在本账户下应设置"法定盈余公积"、"任意盈余公积"等明细账户。

盈余公积的账户处理方法如下:

(1) 企业提取盈余公积时,借记"利润分配——提取法定盈余公积"、"利润分配——提取任意盈余公积"账户,贷记"盈余公积——法定盈余公积"、"盈余公积——任意盈余公积"账户。

(2) 企业用盈余公积弥补亏损时,应借记"盈余公积"账户,贷记"利润分配——盈余公积补亏"账户。

(3) 企业用盈余公积转增资本(或股本)时,按实际转增金额,借记"盈余公积"账户,贷记"实收资本"或"股本"账户。

【例 10-9】 某企业某年度实现税后利润 50 万元,分别按税后利润的 10%、5%提取法定盈余公积和任意盈余公积。编制会计分录如下:

借:利润分配——提取法定盈余公积　　　　　　　　　　　50 000
　　　　　　——提取任意盈余公积　　　　　　　　　　　25 000
　贷:盈余公积——法定盈余公积　　　　　　　　　　　　50 000
　　　　　　——任意盈余公积　　　　　　　　　　　　　25 000

【例 10-10】 企业经股东大会批准用法定盈余公积 15 万元弥补以前年度亏损。编制会计分录如下:

借:盈余公积——法定盈余公积　　　　　　　　　　　　150 000
　贷:利润分配——盈余公积补亏　　　　　　　　　　　　150 000

【例 10-11】 企业经批准,用法定盈余公积 200 万元转增资本。编制会计分录如下:

借:盈余公积——法定盈余公积　　　　　　　　　　　2 000 000
　贷:实收资本　　　　　　　　　　　　　　　　　　2 000 000

需要说明的是,外商投资企业按净利润的一定比例提取的储备基金、企业发展基金、职工奖励及福利基金,应借记"利润分配——提取储备基金"、"利润分配——提取企业发展基金"、"利润分配——提取职工奖励及福利基金"账户,贷记"盈余公积——储备基金"、"盈余公积——企业发展基金"、"应付职工薪酬"账户。

第五节　未分配利润

一、未分配利润的概念

未分配利润是企业留待以后年度进行分配的结存利润,也是企业所有者权益的组成部分。从数量上来说,未分配利润是期初未分配利润,加上本期实现的税后利润,减去提取的各种盈余公积和分出利润后的余额。

二、未分配利润的核算

未分配利润是通过"利润分配"账户进行核算的,"利润分配"账户应当分别设置"提取法定盈余公积"、"提取任意盈余公积"、"应付现金股利或利润"、"转作股本的股利"、"盈余公积补亏"、"未分配利润"等明细账户进行明细核算。为了反映企业历年累积的未分配利润情况,企业应在"利润分配"账户下设置"未分配利润"明细账户。在会计期末,企业应将在生产经营过程中取得的收入和发生的成本费用都归集到"本年利润"账户下,计算出净利润(或净亏损)。年度终了,企业应将全年实现的净利润,从"本年利润"账户的借方转入"利润分配——未分配利润"账户的贷方,应借记"本年利润"账户,贷记"利润分配——未分配利润"账户。如发生亏损,则作相反分录。同时,将"利润分配"账户下的其他各明细账户(提取法定盈余公积、提取任意盈余公积、应付现金股利或利润、转作股本的股利、盈余公积补亏等)的余额转入"未分配利润"明细账户。结转后,"利润分配——未分配利润"明细账户的贷方余额就是未分配利润的数额,如为借方余额,则表示未弥补的亏损数额。"利润分配"账户所属的其他明细账户应无余额。

★★★★★ 练习题 ★★★★★

一、单项选择题

1. 下列经济业务中,能引起所有者权益总额发生增减变动的是(　　)。
   A. 提取盈余公积　　　　　　　　　B. 以资本公积转增资本
   C. 发生净亏损　　　　　　　　　　D. 用利润弥补以前年度亏损

2. 有限责任公司在增资扩股时,新的投资者缴纳的出资额大于其在注册资本中所占的份额部分,记入(　　)账户。
   A. 实收资本　　　　B. 股本　　　　C. 盈余公积　　　　D. 资本公积

3. 法定盈余公积金已达到注册资本的(　　)时可不再提取。
   A. 20%　　　　　　B. 25%　　　　　　C. 10%　　　　　　D. 50%

4. 某股份有限公司委托某证券公司代理发行普通股 100 000 股,每股面值 1 元,每股按 2.3 元价格出售。按协议,证券公司从发行收入中收取 2% 的手续费,从发行收入中扣除。则该公司计入资本公积的数额为(　　)。

  A. 130 000   B. 128 000   C. 225 400   D. 125 400

  5. 采用溢价发行股票方式筹集资本,其"股本"账户所登记的金额是(　　)。

    A. 实际收到的款项

    B. 实际收到的款项减去付给证券商的费用

    C. 实际收到的款项加上冻结资金期间的利息收入

    D. 股票面值乘以股份总数

  6. 下列各项中,会引起留存收益总额发生增减变动的是(　　)。

    A. 盈余公积转增资本   B. 盈余公积补亏

    C. 资本公积转增资本   D. 用税后利润补亏

二、多项选择题

  1. "利润分配——未分配利润"账户的借方发生额表示(　　)。

    A. 转入"本年利润"账户年末余额

    B. 转入"盈余公积"账户年末余额

    C. 转入"利润分配"账户下的其他明细账户期末余额

    D. 转入"资本公积"账户年末余额

    E. 转入的历年结存的未分配利润

  2. 所有者权益的来源包括(　　)。

    A. 所有者投入的资本   B. 直接计入所有者权益的利得

    C. 直接计入所有者权益的损失 D. 未分配利润

    E. 盈余公积

  3. 下列各项中,能够引起企业留存收益总额发生变动的有(　　)。

    A. 本年度实现净利润   B. 提取法定盈余公积

    C. 向投资者宣告分配现金股利 D. 将法定盈余公积金转为资本

    E. 将资本公积金转为资本

三、判断题

  1. 企业按规定用盈余公积弥补以前年度的亏损,会使企业的所有者权益总额减少。

                            (　　)

  2. "利润分配——未分配利润"账户年终结账后一般无余额。   (　　)

  3. 股份有限公司"股本"账户的期末贷方余额,就是股票的发行价与发行股数的乘积。   (　　)

  4. 企业以盈余公积向投资者分配现金股利,不会引起留存收益总额的变动。(　　)

  5. 某企业年初未分配利润 100 万元,本年实现净利润 500 万元,提取法定盈余公积 75 万元,提取任意盈余公积 25 万元,该企业年末可供投资者分配利润为 500 万元。

                            (　　)

四、实训题

  习题一

  (一)目的:练习投入资本和资本公积的核算

  (二)资料:

1. 某有限责任公司由 A、B 两企业各投资 150 万元而设立。A 企业以 20 万元商标权及 130 万元的现金作为投资,已办妥有关手续,款项已存入银行。B 企业则以 150 万元的机械设备作为投资。机械设备已验收并交付使用。

2. 某股份有限公司委托某证券公司代理发行普通股 2 000 万股,每股面值 1 元,每股发行价 5.5 元。该证券公司按承销协议收取发行费用 220 万元,从发行收入中扣除。其余发行收入已存入股份公司的银行存款账户。

3. 某企业收到外商投入外币资本 60 万美元,已存入银行。该企业以人民币作为记账本位币。合同未约定汇率,收到出资额当日的汇率为 1 美元＝7.58 元人民币。

4. 某股份有限公司经股东大会批准,以资本公积 700 万元转增资本,已办理增资手续。

(三) 要求:根据上述经济业务编制会计分录。

习题二

(一) 目的:练习盈余公积的核算

(二) 资料:某企业某年度有关盈余公积的经济业务如下:

1. 分别按税后利润 126 万元的 10％和 5％提取法定盈余公积和任意盈余公积。

2. 经批准,企业以法定盈余公积 100 万元转增资本。已办妥转增手续。

(三) 要求:根据上述经济业务编制会计分录。

习题三

(一) 目的:练习未分配利润的核算

(二) 资料:某物业服务企业 2007 年度发生亏损 50 万元,2008、2009、2010、2011、2012 年实现税前利润分别为 6 万元、10 万元、5 万元、8 万元、12 万元。2013 年实现税前利润 15 万元,无其他纳税调整事项,所得税率 25％。

(三) 要求:

1. 编制有关会计分录。

2. 计算 2013 年年末未分配利润数额。

第十一章
收入、费用和利润

本章导学

一、学习目标与要求

通过本章的学习,要了解收入的定义和分类,掌握各种主营业务收入的核算,熟悉各种其他业务收入的核算;了解营业成本的定义和分类,掌握各种主营业务成本的核算,熟悉各种其他业务成本的核算;掌握营业税金及附加和期间费用的核算;了解利润的构成,掌握利润形成和利润分配的核算。

二、重点与难点

- 主营业务收入的核算。
- 主营业务成本的核算。
- 所得税费用的核算。
- 利润形成的计算和核算。
- 利润分配的核算。

第一节　营业收入

一、主营业务收入概述

1. 主营业务收入的定义和分类

收入指企业在日常活动中形成的、会导致所有者权益增加的、与所有者投入资本无关的经济利益的总流入。其中,日常活动是指企业为完成其经营目标所从事的经常性活动以及与之相关的其他活动。

物业服务企业的营业收入是其从事物业管理和其他经营活动所取得的各项收入。按照经营业务在企业经营中的重要性,物业服务企业的营业收入分为主营业务收入和其他业务收入。

(1)主营业务收入指物业服务企业在从事物业管理活动中,为物业产权人、使用人提供维修、管理和服务取得的收入,包括物业管理收入、物业经营收入和物业大修收入。

(2)其他业务收入指物业服务企业从事主营业务以外的其他业务活动取得的收入,包括房屋中介代销手续费收入、材料物资销售收入、废品回收收入、商品用房经营收入及无形资产使用权转让收入等。

2. 收入的确认

物业服务企业必须以权责发生制为基础,在劳务已经提供,同时收讫价款或取得收取价款的凭证时确认营业收入的实现。同时,根据物业服务企业的经营特点,对营业收入的确认原则又有两方面具体补充规定:

(1)企业与业主委员会或者物业产权人、使用人双方签订付款合同或协议的,应当根据合同或者协议所规定的付款日期,确认营业收入的实现。在这一日期,无论企业是否实际收到价款,均应作为营业收入处理。

(2)物业大修收入应当根据业主委员会或者物业产权人、使用人签证认可的工程价款结算账单确认营业收入的实现。物业服务企业接受业主委员会或物业产权人、使用人委托,对住宅小区和商业楼宇等进行物业大修理等工程施工活动,由物业服务企业自行出具工程价款结算账单,但必须经委托方签章认可后,才能作为营业收入处理。

二、主营业务收入的核算

为了核算和监督主营业务收入的发生和结转情况,企业应设置"主营业务收入"账户。该账户属于损益类账户,贷方登记企业实现的主营业务收入;借方登记主营业务收入的结转数,即期末将当期实现的全部主营业务收入结转到"本年利润"账户;期末无余额。该账户应按主营业务收入的类别设置明细账,一般包括"物业管理收入"、"物业经营收入"、"物业大修收入"三个明细账户,在二级明细账下还可以设置必要的三级明细账户。

(一)物业管理收入的核算

物业管理收入是指物业服务企业利用自身的专业技术,为物业产权人、使用人提供服务,为保持房产物业完好无损而从事日常维修、管理活动而取得的收入,分为公共性服务费收入、公众代办性服务费收入和特约服务收入三部分。

1. 公共性服务费收入的核算

公共性服务费收入是指物业服务企业为物业产权人、使用人提供公共卫生清洁、公共设施的维修保养和保安、绿化等服务而收取的公共性服务费收入。

公共性服务收费的内容一般由以下项目构成:管理、服务人员的工资、福利费;公共设施、设备日常运行、维修及保养费;绿化服务费;清洁卫生费;保安费;办公费;物业管理单位固定资产折旧费;法定税费。此外,对实行物业保险的住宅小区,还应包括投保财产保险(如火险、灾害险等)及各种责任保险的支出。

(1) 公共性服务费收入金额的核定

公共性服务费收入是以物业产权人或使用人的该套房屋的建筑面积(包括套内建筑面积和应分摊的公用建筑面积)为依据,根据测算的物业管理服务收费标准计算核定的。即:

$$\begin{matrix} \text{物业产权人或使用人每} \\ \text{月应交的公共性服务费} \end{matrix} = \begin{matrix} \text{物业产权人或使用人} \\ \text{的该套房屋的建筑面积} \end{matrix} \times \begin{matrix} \text{公共性服务收费} \\ \text{标准}[\text{元}/(\text{月}\cdot\text{m}^2)] \end{matrix}$$

① 物业产权人或使用人的每套房屋的建筑面积的计算:

$$\begin{matrix} \text{某套房屋的} \\ \text{建筑面积} \end{matrix} = \begin{matrix} \text{该套房屋套} \\ \text{内建筑面积} \end{matrix} \times \left(1 + \begin{matrix} \text{公用建筑面} \\ \text{积分摊系数} \end{matrix}\right)$$

$$\text{公用建筑面积分摊系数} = \frac{\text{公用建筑面积}}{\text{套内建筑面积总和}} \times 100\%$$

其中,各套房屋的套内建筑面积包括各套房屋的门户以内的墙体、阳台、过道、起居室(厅)、卧室、卫生间、厨房和储藏室等。各套房屋应分摊的公用建筑面积包括公用的大堂、公用门厅、走廊、过道、公用厕所、电(楼)梯前厅、楼梯间、电梯井、电梯机房、垃圾道、管道井、消防控制室、水泵房、水箱间、冷冻机房、消防通道、变(配)电室、值班警卫室、物业管理用房等以及其他功能上为该建筑物服务的专用设备用房。

② 公共性服务收费标准的核定。根据《城市住宅小区物业管理服务收费暂行办法》的规定,公共性服务费实行政府指导价,由各个地区的物价部门根据费用构成制定基准和浮动幅度。其中公共设施、设备日常运行、维修及保养费,绿化服务费,清洁卫生费,保安费,办公费等物业管理服务收费的利润率由各省、自治区、直辖市政府物价部门根据当地的实际情况制定。

例如,某物业服务企业甲公司根据本市物价局关于物业管理服务收费的规定并综合考虑本市物价指数变化、各服务项目的成本支出情况(如管理、服务人员的工资及福利费、公共设施、设备日常运行的维修保养费、绿化服务费、办公费、物业管理单位固定资产折旧费、法定税费等)、小区各项设施及服务的档次等进行测算,得出其管理的某小区各种费用项目的收费标准为 1.8 元/(月·m²)。

【例 11-1】　甲公司管理的 A 小区的 3 号楼房建筑面积共 10 000 m²,各套房屋自用

建筑面积总和为 8 300 m²,公用建筑面积 1 700 m²,其中 402 室自用建筑面积 100 m²。A
小区物业管理公共性服务收费标准为:1.8 元/(月·m²)。则:

公用建筑面积分摊系数＝1 700/8 300×100％＝20.48％

402 室的建筑面积＝100×(1+20.48％)＝120.48(m²)

402 室应交公共性服务费＝1.8×120.48＝216.86(元/月)

(2) 公共性服务费收入的会计处理

公共性服务费可以按自然月收取,也可以定期预收。绝大多数物业服务企业采用定
期预收的办法,如每季度、每半年或每年收取一次。

按自然月收取公共性服务费时,物业服务企业根据实际每月收取的公共性服务费,借
记"库存现金"或"银行存款"账户,贷记"主营业务收入——物业管理收入(公共服务费)"
账户。

【例 11-2】 承例 11-1,如甲公司对 A 小区的物业管理公共性服务采取按自然月收
取费用,1 月份收到 3 号楼 402 室业主交来的物业管理公共性服务费 216.86 元(现金收
讫)。编制会计分录如下:

借:库存现金　　　　　　　　　　　　　　　216.86

　贷:主营业务收入——物业管理收入(公共服务费)　216.86

采用定期预收的,应设置"预收账款"账户,预收公共性服务费时借记"库存现金"或
"银行存款"账户,贷记"预收账款"账户;分月份计算结转时,借记"预收账款"账户,贷记
"主营业务收入——物业管理收入(公共服务费)"账户。

【例 11-3】 承例 11-1,如甲公司对 A 小区的物业管理公共性服务采取定期预收,1
月份预收 3 号楼 402 室业主交来一年的物业管理公共性服务费 2 602.32 元(银行转账收
讫)。编制会计分录如下:

(1) 预收公共性服务费时:

借:银行存款　　　　　　　　　　　　　　　2 602.32

　贷:预收账款——公共服务费(3 号楼 402 室)　2 602.32

(2) 每月末计算结转时:

借:预收账款——公共服务费(3 号楼 402 室)　216.86

　贷:主营业务收入——物业管理收入(公共服务费)　216.86

2. 公众代办性服务费收入的核算

公众代办性服务费收入是指物业服务企业接受物业产权人、使用人委托代收代缴水
电费、煤气费、有线电视费、电话费等服务而向相关单位收取的手续费。随着银行代办各
种费用结算的业务增加,物业服务企业的这部分业务逐渐减少。

确认公众代办性服务费收入时,借记"库存现金"或"银行存款"账户,贷记"主营业务
收入——物业管理收入(代办服务费)"账户。

【例 11-4】 甲公司管理的 A 小区物业管理所属服务组 1 月份为各物业产权人、使
用人代收代缴自来水费 100 000 元,按 1％向自来水公司收取手续费 1 000 元。编制会计
分录如下:

(1) 代收自来水费:

借:库存现金   100 000
  贷:其他应付款——自来水公司   99 000
    主营业务收入——物业管理收入(代办服务费)   1 000
(2)以银行存款解缴自来水费:
借:其他应付款——自来水公司   99 000
  贷:银行存款   99 000

3. 特约服务收入的核算

特约服务收入指物业服务企业为满足物业产权人、使用人的特殊需求,受托进行服务而取得的收入。通常包括房屋装修和自用设备维修、家政服务等。对这类特约服务的收费,除物价部门规定有统一收费标准的内容之外,其余一律实行市场调节价,由物业服务企业和业主协商定价。

收取特约服务费时,借记"库存现金"或"银行存款"账户,贷记"主营业务收入——物业管理收入(特约服务费)"账户。

【例 11-5】 甲公司 1 月份接受 A 小区 1 号楼 503 室业主委托,安装 4 个吊灯,收取服务费 200 元。编制会计分录如下:

借:库存现金   200
  贷:主营业务收入——物业管理收入(特约服务费)   200

(二)物业经营收入的核算

物业经营收入指物业服务企业经营业主委员会或物业产权人、使用人提供的房屋建筑物和公共设施取得的收入。如房屋出租收入和经营停车场等共用设施的收入。

房屋出租收入指物业服务企业对业主委员会或者物业产权人、使用人提供的房屋不添加任何设施,直接出租,其租金作为主营业务收入。如果物业服务企业根据经营需要,对业主委员会或者物业产权人、使用人提供的房屋,再添加一部分设施,增加房屋的经济功能,用作健身房、美容美发厅、商店、饭店等经营活动所取得的收入,应作为物业服务企业的其他业务收入。

根据《物业管理条例》的规定,物业出售单位应提供物业管理用房及相关的配套设施,如道路、绿地、停车场等。上述房屋及设施归全体业主共同所有,因此物业服务企业应与业主委员会协商后,有偿使用上述全体业主的公有财产,并将其收入冲减一部分物业管理费。

物业服务企业收到各种经营收入时,借记"库存现金"或"银行存款"账户,贷记"主营业务收入——物业经营收入"账户。

【例 11-6】 甲公司 1 月份停车场收入 20 000 元,款项已收到并存入银行。编制会计分录如下:

借:银行存款   20 000
  贷:主营业务收入——物业经营收入(停车场)   20 000

(三)物业大修收入的核算

物业大修收入是指物业服务企业接受业主委员会或者物业产权人、使用人的委托,对房屋共用部位、共用设施设备进行大修取得的收入。

物业服务企业收到代管基金时,借记"银行存款"账户,贷记"长期应付款——维修基金"账户;物业服务企业承接房屋共用部位、共用设施设备大修工程,工程完工,其工程款经业主委员会或者物业产权人、使用人签字认可后进行转账,借记"长期应付款——维修基金"账户,贷记"主营业务收入——物业大修收入"账户。

【例 11-7】 甲公司 1 月份接受业主委员会委托,对公共通道进行维修,工程验收完工,工程价款 12 000 元,经业主委员会签字认可。编制会计分录如下:

借:长期应付款——维修基金　　　　　　　　　　　　　12 000
　　贷:主营业务收入——物业大修收入　　　　　　　　　　12 000

三、其他业务收入的核算

为了核算和监督其他业务收入的发生和结转情况,企业应设置"其他业务收入"账户。该账户属于损益类账户,贷方登记企业实现的其他业务收入;借方登记其他业务收入的结转数,即期末将当期实现的全部其他业务收入结转到"本年利润"账户;期末无余额。该账户应按其他业务收入的类别设置明细账,一般包括"房屋中介代销手续费收入"、"材料物资销售收入"、"废品回收收入"、"商业用房经营收入"、"无形资产使用权转让收入"等明细账户。

(一)房屋中介代销手续费收入的核算

房屋中介代销手续费收入指物业服务企业在从事物业维修和服务的同时,受房地产开发商的委托,对其开发的房屋从事代理销售活动,所取得的代销手续费收入。

收到手续费时,借记"库存现金"或"银行存款"账户,贷记"其他业务收入——房屋中介代销手续费收入"账户。

【例 11-8】 甲公司接受某房地产开发公司委托销售房屋,1 月份销售房屋 5 套,手续费共计 9 000 元已通过银行转账收讫。编制会计分录如下:

借:银行存款　　　　　　　　　　　　　　　　　　　　9 000
　　贷:其他业务收入——房屋中介代销手续费收入　　　　　9 000

(二)材料物资销售收入的核算

材料物资销售收入指物业服务企业将不需要的材料物资对外转让、出售所取得的收入。

物业服务企业对外转让、出售材料物资时,借记"库存现金"或"银行存款"等账户,贷记"其他业务收入——材料物资销售收入"账户。

【例 11-9】 甲公司 1 月份将一批积压的水泥出售,收到现金 800 元。编制会计分录如下:

借:库存现金　　　　　　　　　　　　　　　　　　　　800
　　贷:其他业务收入——材料物资销售收入　　　　　　　　800

(三)废品回收收入的核算

废品回收收入是指物业服务企业将从事物业经营管理过程中所形成或回收的废旧物资对外出售所取得的收入。

物业服务企业处理废品时,借记"库存现金"或"银行存款"账户,贷记"其他业务收入——废品回收收入"账户。

【例 11-10】　甲公司清洁部门 1 月份回收、整理垃圾后,将废品出售,收到现金 500元。编制会计分录如下:

借:库存现金　　　　　　　　　　　　　　　　　　800
　贷:其他业务收入——废品回收收入　　　　　　　　800

(四) 商业用房经营收入的核算

商业用房经营收入是指物业服务企业利用业主委员会或者物业产权人、使用人提供的商业用房,并根据经营活动的需要对这些商业用房进行改造,通过增添一定的设施设备,改变或增加房屋的经济用途和功能,以从事某种经营活动所取得的收入。如开办餐厅、超市、美容美发厅等所取得的经营收入。由于这部分经营收入不是完全依靠房屋本身形成的,因此构成了物业服务企业的其他业务收入核算的内容。

物业服务企业收到商业用房经营收入时,借记"库存现金"或"银行存款"账户,贷记"其他业务收入——商业用房经营收入"账户。

【例 11-11】　甲公司经营的彩印扩洗店 1 月份的经营收入为 10 000 元,款项已存入银行。编制会计分录如下:

借:银行存款　　　　　　　　　　　　　　　　　10 000
　贷:其他业务收入——商业用房经营收入　　　　　10 000

第二节　营业成本、营业税金及附加

一、营业成本概述

物业服务企业的营业成本是其从事物业管理和其他经营活动所发生的各项支出,分为主营业务成本和其他业务成本。

(1) 主营业务成本指物业服务企业在从事物业管理活动中,为物业产权人、使用人提供维修、管理和服务所发生的各项直接支出,包括直接人工费、直接材料费和间接费用等。

(2) 其他业务成本指物业服务企业从事主营业务以外的其他日常业务活动所发生的各项支出。

二、主营业务成本的核算

主营业务成本包括以下三个成本项目:

(1) 直接人工费,包括物业服务企业直接从事物业管理活动等人员的工资、奖金及职工福利费等。

(2) 直接材料费,包括物业服务企业在物业管理活动中直接消耗的各种材料、辅助材料、燃料和动力、构配件、零件、低值易耗品、包装物等。

(3) 间接费用,包括物业服务企业所属物业管理单位管理人员的工资、奖金及职工福利费、固定资产折旧费及修理费、水电费、取暖费、办公费、差旅费、邮电通讯费、交通运输费、租赁费、财产保险费、劳动保护费、保安费、绿化维护费、低值易耗品摊销及其他费用等。实行一级成本核算的物业服务企业,主营业务成本中可不设间接费用,直接将间接费用全部计入管理费用。

为了核算和监督主营业务成本的发生和结转情况,企业应设置"主营业务成本"账户。该账户属于损益类账户,借方登记企业发生的主营业务成本;贷方登记主营业务成本的结转数,即期末将当期发生的全部主营业务成本结转到"本年利润"账户;期末无余额。该账户应按主营业务成本的类别设置明细账,一般包括"物业管理成本"、"物业经营成本"、"物业大修成本"三个明细账户,在二级明细账下还可以设置必要的三级明细账户。

（一）物业管理成本的核算

物业管理成本指物业服务企业为物业产权人、使用人提供服务,为保证房产物业完好无损而从事的日常维修、管理活动而发生的各项支出。具体包括:管理、服务人员的工资、福利费,楼内公共设施维修和保养费,绿化管理费,清洁卫生费,保安费,办公费,物业服务企业固定资产折旧费等。

结合物业服务企业的生产经营管理特点和实际情况,物业管理成本又可细分为:公共性服务成本、公众代办性服务成本、特约服务成本。

1. 公共性服务成本的核算

公共性服务成本是物业服务企业营业成本中的主要内容,指物业服务企业对公共设施如电梯、水泵、照明、消防、水箱、停车棚的维修保养,公共环境的清洁、照明、绿化、保安等各项支出。具体包括:材料费、人工费、间接费用。

（1）材料费的核算

公共性服务发生各种材料费的支出,借记"主营业务成本——物业管理成本（公共性服务成本）"账户,贷记"库存现金"、"银行存款"、"原材料"、"周转材料"等账户。

【例11-12】　甲公司管理的 A 小区 2 号楼公共通道照明 1 月份耗电 600 元已通过银行转账支付,维修部门领用照明开关价值 80 元。编制会计分录如下:

借:主营业务成本——物业管理成本（公共性服务成本）　　　　680
　　贷:银行存款　　　　　　　　　　　　　　　　　　　　600
　　　　原材料　　　　　　　　　　　　　　　　　　　　　80

（2）人工费的核算

公共性服务人工费的核算,一般应根据物业服务企业的"工资结算汇总表"进行。分配属于公共性服务成本的人工费时,借记"主营业务成本——物业管理成本（公共性服务成本）"账户,贷记"应付职工薪酬"账户。

【例11-13】　甲公司 1 月份根据"工资结算汇总表",分配公共性服务人员工资为130 000 元。编制会计分录如下:

借:主营业务成本——物业管理成本（公共性服务成本）　130 000
　　贷:应付职工薪酬　　　　　　　　　　　　　　　130 000

（3）间接费用的核算

物业服务企业提供公共性服务发生间接费用时,借记"主营业务成本——物业管理成本(公共性服务成本)"账户,贷记"库存现金"、"银行存款"、"原材料"、"周转材料"、"累计折旧"等账户。

【例11－14】　甲公司在A小区的公共性服务部门1月份应计提固定资产折旧1 000元。编制会计分录如下:

借:主营业务成本——物业管理成本(公共性服务成本)　　　1 000
　　贷:累计折旧　　　　　　　　　　　　　　　　　　　　　　1 000

(4)公共性服务出包的核算

物业服务企业对于某些需要专业知识或专业技术很强的公共性服务内容,可以采用出包方式。如小区内的房屋建筑物外墙体的保洁与维修、小区内的环境绿化等。物业服务企业按签订的服务承包合同付款,其成本即为合同标的结算款。

合同价款可以按月预付,年终结算差额;也可以采用年度终了一次性结算等其他方式。支付合同价款时,借记"主营业务成本——物业管理成本(公共性服务成本)"账户,贷记"银行存款"等账户。

【例11－15】　甲公司将A小区内的房屋建筑物外墙体的保洁出包给保洁公司,按合同规定每月支付保洁费2 000元。年度终了结算本年度A小区内的房屋建筑物外墙体的保洁费共计25 000元。编制会计分录如下:

(1)每月预付保洁费:

借:主营业务成本——物业管理成本(公共性服务成本)　　　2 000
　　贷:银行存款　　　　　　　　　　　　　　　　　　　　　　2 000

(2)年终结算补付差额:

借:主营业务成本——物业管理成本(公共性服务成本)　　　1 000
　　贷:银行存款　　　　　　　　　　　　　　　　　　　　　　1 000

2. 公众代办性服务成本的核算

公众代办性服务成本指物业服务企业接受物业产权人、使用人委托代收代缴水电费、煤气费、有线电视费、电话费等服务而发生的各项支出。其成本一般仅为分摊的人工费,根据"作业派工单"和"工资结算汇总表"所列人工费进行核算。

物业服务企业发生公众代办性服务成本时,借记"主营业务成本——物业管理成本(公众代办性服务成本)"账户,贷记"应付职工薪酬"等账户。

【例11－16】　甲公司管理的A小区物业管理部门所属服务组1月份发生工资总额6 000元。根据"作业派工单"和"工资结算汇总表",本月实际总工时为300工时,其中公众代办性服务为20工时,经计算,工资总额中应分配400元为公众代办性服务成本。编制会计分录如下:

借:主营业务成本——物业管理成本(公众代办性服务成本)　　400
　　贷:应付职工薪酬　　　　　　　　　　　　　　　　　　　　　400

3. 特约服务成本的核算

特约服务成本指物业服务企业为管辖区内的物业产权人、使用人提供特殊服务所发生的各项支出。特约服务成本的主要内容是人工费和所需材料费,人工费按服务所需时间和难易程度、物业服务企业的具体规定和"作业派工单"、"工资结算汇总表"所列人工费成本核算;所耗材料根据领料单和购料单实际成本计算。

物业服务企业发生特约服务成本时,借记"主营业务成本——物业管理成本(特约服务成本)"账户,贷记"应付职工薪酬"、"原材料"、"周转材料"等账户。

【例 11-17】　甲公司 1 月为 A 小区 1 号楼 303 室业主修理灯具及开关,实耗材料 80 元,应分摊人工费 100 元。编制会计分录如下:

借:主营业务成本——物业管理成本(特约服务成本)		180
贷:原材料		80
应付职工薪酬		100

(二)物业经营成本的核算

物业经营成本指物业服务企业经营业主委员会或物业产权人、使用人提供的房屋建筑物和公共设施,为保证物业产权人、使用人提供的各种建筑物和附属设备正常运营而发生的各项费用支出。如房屋出租、停车场的管理支出等。主要包括经营中经营管理人员的工资及福利费,耗用的材料费以及应支付给物业产权人、使用人的租赁费、承包费等。

物业服务企业发生物业经营成本时,应借记"主营业务成本——物业经营成本"账户,贷记"应付职工薪酬"、"原材料"、"周转材料"、"银行存款"、"应付账款"等账户。

【例 11-18】　甲公司管理 A 小区停车库,1 月份支付停车库管理人员工资 4 000 元。编制会计分录如下:

借:主营业务成本——物业经营成本	4 000
贷:应付职工薪酬	4 000

(三)物业大修成本的核算

物业大修成本指物业服务企业受物业产权人、使用人的委托,对房屋共用部位、共用设备进行大修所支付的各项支出。该类大修业务一种是由物业服务企业自行组织工程维修组对其进行修理,另一种是将工程出包,委托专业队伍进行维修。

无论采用哪一种方式修理,物业服务企业发生物业大修成本均借记"主营业务成本——物业大修成本"账户,贷记"原材料"、"周转材料"、"应付职工薪酬"、"银行存款"、"在建工程"、"长期应付款——维修基金"等账户。

【例 11-19】　甲公司 1 月份自行对所管理的 A 小区内的水泵进行大修理,共领用材料 5 000 元,分配工资 3 000 元。编制会计分录如下:

借:主营业务成本——物业大修成本	8 000
贷:原材料	5 000
应付职工薪酬	3 000

【例 11-20】　甲公司将所管理的 A 小区内的花园改造工程出包给某公司,工程款为 10 000 元,先预付 50%,工程完工、验收合格后,支付剩余的 50%。编制会计分录如下:

(1)预付工程款:

借:预付账款	5 000
贷:银行存款	5 000

（2）工程完工、验收合格，付余款：

借：主营业务成本——物业大修成本　　　　　　　　10 000

　　贷：银行存款　　　　　　　　　　　　　　　　　5 000

　　　　预付账款　　　　　　　　　　　　　　　　　5 000

三、其他业务成本的核算

为了核算和监督物业服务企业的其他业务成本的发生和结转情况，企业应设置"其他业务成本"账户。该账户属于损益类账户，借方登记企业发生的其他业务成本；贷方登记其他业务成本的结转数，即期末将当期发生的全部其他业务成本结转到"本年利润"账户；期末无余额。该账户应按其他业务成本的类别设置明细账，一般包括"房屋中介代销成本"、"材料物资销售成本"、"废品回收成本"、"商业用房经营成本"、"无形资产使用权转让成本"等明细账户。

（一）房屋中介代销成本的核算

房屋中介代销成本是指物业服务企业在从事物业维修和服务的同时，受房地产开发商的委托，对其开发的房屋从事代理销售活动所发生的各项费用支出。

物业服务企业发生房屋中介代销成本时，借记"其他业务成本——房屋中介代销成本"账户，贷记"库存现金"、"银行存款"、"应付职工薪酬"、"原材料"等账户。

【例11-21】　甲公司接受某房地产开发公司委托销售房屋，1月份应分配销售人员工资5 000元，以现金支付交通费、电话费等400元。编制会计分录如下：

借：其他业务成本——房屋中介代销成本　　　　　　5 400

　　贷：应付职工薪酬　　　　　　　　　　　　　　　5 000

　　　　库存现金　　　　　　　　　　　　　　　　　400

（二）材料物资销售成本的核算

材料物资销售成本是指物业服务企业将不需要的材料物资对外转让、出售所发生的材料物资成本。

物业服务企业对外出售、转让材料物资结转成本时，借记"其他业务成本——材料物资销售成本"账户，贷记"原材料"、"周转材料"等账户。

【例11-22】　甲公司1月份将一批积压的水泥出售，月末结转水泥成本700元。编制会计分录如下：

借：其他业务成本——材料物资销售成本　　　　　　700

　　贷：原材料　　　　　　　　　　　　　　　　　　700

（三）废品回收成本的核算

废品回收成本是指物业服务企业在从事物业经营管理过程中形成或回收废旧物资时所发生的各项费用支出。

物业服务企业发生废品回收成本时，借记"其他业务成本——废品回收成本"账户，贷记"库存现金"、"银行存款"等账户。

【例11-23】　甲公司回收废品一批，用现金支付300元。编制会计分录如下：

借:其他业务成本——废品回收成本　　　　　　　　　　　　300
　　贷:库存现金　　　　　　　　　　　　　　　　　　　　　　　　300

(四) 商业用房经营成本的核算

商业用房经营成本是指物业服务企业对物业产权人、使用人提供的商业用房进行改造、增添设施设备的成本,以及从事经营活动所发生的成本。

物业服务企业发生商业用房经营成本时,借记"其他业务成本——商业用房经营成本"账户,贷记"库存现金"、"银行存款"、"应付职工薪酬"、"原材料"、"周转材料"、"库存商品"、"累计折旧"等账户。

【例 11 - 24】 甲公司经营的彩印扩洗店 1 月份消耗原材料 3 000 元,结算职工工资 2 000 元,计提固定资产折旧 800 元。编制会计分录如下:

借:其他业务成本——商业用房经营成本　　　　　　　　　　5 800
　　贷:原材料　　　　　　　　　　　　　　　　　　　　　　　　3 000
　　　　应付职工薪酬　　　　　　　　　　　　　　　　　　　　　2 000
　　　　累计折旧　　　　　　　　　　　　　　　　　　　　　　　　800

四、营业税金及附加的核算

物业服务企业的营业税金及附加主要包括营业税、城市维护建设税和教育费附加。

为了核算和监督营业税金及附加的计征与实际交纳情况,企业应设置"营业税金及附加"账户。该账户属于损益类账户,借方登记企业按规定计征的营业税、城市维护建设税和教育费附加;贷方登记营业税金及附加的结转数,即期末将当期的营业税金及附加结转到"本年利润"账户;期末无余额。

企业按规定计征营业税金及附加时,借记"营业税金及附加"账户,贷记"应交税费"账户;实际交纳时,借记"应交税费"账户,贷记"银行存款"账户。

【例 11 - 25】 甲公司 1 月各种服务费收入共计 200 000 元,适用营业税税率 5%,城市维护建设税税率 7%,教育费附加费率 3%。编制会计分录如下:

(1) 计算应交各项税金及附加:

借:营业税金及附加　　　　　　　　　　　　　　　　　　　11 000
　　贷:应交税费——应交营业税　　　　　　　　　　　　　　　10 000
　　　　　　　　——应交城市维护建设税　　　　　　　　　　　　700
　　　　　　　　——应交教育费附加　　　　　　　　　　　　　　300

(2) 上交税费:

借:应交税费——应交营业税　　　　　　　　　　　　　　　10 000
　　　　　　——应交城市维护建设税　　　　　　　　　　　　　700
　　　　　　——应交教育费附加　　　　　　　　　　　　　　　300
　　贷:银行存款　　　　　　　　　　　　　　　　　　　　　11 000

第三节　期间费用

期间费用是物业服务企业在提供物业管理服务过程中发生的,与物业管理服务活动没有直接联系,应直接计入当期损益的各项费用。物业服务企业的期间费用包括管理费用和财务费用。

一、管理费用

管理费用是物业服务企业行政管理部门为组织和管理物业管理服务活动所发生的各项费用,包括企业在筹建期间内发生的开办费、董事会和行政管理部门在企业的经营管理中发生的或者应当由企业统一负担的公司经费(包括行政管理部门职工工资及福利费、物料消耗、低值易耗品摊销、办公费和差旅费等)、工会经费、董事会费、聘请中介机构费、咨询费(含顾问费)、诉讼费、业务招待费、房产税、车船税、土地使用税、印花税、技术转让费、矿产资源补偿费、研究费用、排污费以及企业行政管理部门发生的固定资产修理费用等。

为了核算和监督管理费用的发生和结转情况,企业应设置"管理费用"账户。该账户属于损益类账户,借方登记发生的各项管理费用,期末将本账户余额全部转入"本年利润"账户,结转后应无余额。

【例11-26】　甲公司1月份发生各项办公费用3 200元,以银行存款支付。编制会计分录如下:

借:管理费用　　　　　　　　　　　　　　　　　　　　　3 200
　贷:银行存款　　　　　　　　　　　　　　　　　　　　　3 200

【例11-27】　甲公司总经理办公室工作人员报销差旅费2 200元,原已预支2 500元,余额归还现金。编制会计分录如下:

借:管理费用　　　　　　　　　　　　　　　　　　　　　2 200
　库存现金　　　　　　　　　　　　　　　　　　　　　　300
　贷:其他应收款　　　　　　　　　　　　　　　　　　　　2 500

【例11-28】　结算1月份甲公司管理人员工资28 000元。编制会计分录如下:

借:管理费用　　　　　　　　　　　　　　　　　　　　　28 000
　贷:应付职工薪酬　　　　　　　　　　　　　　　　　　　28 000

【例11-29】　甲公司1月份发生业务招待费800元,以现金支付。编制会计分录如下:

借:管理费用　　　　　　　　　　　　　　　　　　　　　800
　贷:库存现金　　　　　　　　　　　　　　　　　　　　　800

二、财务费用

财务费用是物业服务企业为筹措资金而发生的各项费用,包括应当作为期间费用的利息支出(减利息收入)、汇兑损失(减汇兑收益)以及相关的手续费、企业发生的现金折扣或收到的现金折扣等。

为了核算和监督财务费用的发生和结转情况,企业应设置"财务费用"账户。该账户属于损益类账户,借方登记发生的各项财务费用,贷方登记应冲减财务费用的利息收入、汇兑收益、现金折扣等,期末将本账户余额全部转入"本年利润"账户,结转后应无余额。

【例 11 - 30】 甲公司 1 月份收到开户银行通知,已从企业的存款账户中扣收银行结算业务手续费 500 元。编制会计分录如下:

借:财务费用　　　　　　　　　　　　　　　　　　500
　贷:银行存款　　　　　　　　　　　　　　　　　　500

【例 11 - 31】 甲公司 1 月 31 日计提应由本月负担的短期借款利息 1 000 元。编制会计分录如下:

借:财务费用　　　　　　　　　　　　　　　　　　1 000
　贷:应付利息　　　　　　　　　　　　　　　　　　1 000

第四节　利　润

一、利润的构成

利润是企业在一定会计期间的经营成果,是衡量企业经营管理水平、评价企业经济效益的一项重要指标。

利润包括收入减去费用后的净额、直接计入当期利润的利得和损失等。因此企业的利润既有通过日常经营活动取得的,又有与经营活动无直接关系的事项所形成的利得和损失。

利润相关计算公式如下:

(一) 营业利润

$$营业利润＝营业收入－营业成本－营业税金及附加$$
$$－管理费用－财务费用$$
$$－资产减值损失$$
$$＋公允价值变动收益(－公允价值变动损失)$$
$$＋投资收益(－投资损失)$$

其中:

(1) 营业收入是企业从事物业管理和其他经营活动所取得的各项收入,包括主营业务收入和其他业务收入。

(2) 营业成本是企业从事物业管理和其他经营活动所发生的各项支出,包括主营业务成本和其他业务成本。

(3) 营业税金及附加是企业经营活动应缴纳的营业税、城市维护建设税和教育费附加等。

（4）管理费用和财务费用是企业在提供物业管理服务过程中发生的，与物业管理服务活动没有直接联系，应直接计入当期损益的各项费用。

（5）资产减值损失是企业计提各项资产减值准备所形成的损失。

（6）公允价值变动收益（或损失）是企业持有的交易性金融资产等公允价值变动形成的应计入当期损益的利得（或损失）。

（7）投资收益（或损失）是指企业以各种方式对外投资所取得的收益（或发生的损失）。

（二）利润总额

$$利润总额＝营业利润＋营业外收入－营业外支出$$

其中，营业外收入（或支出）是企业发生的与其日常经营活动无直接关系的各项利得（或损失）。

（三）净利润

$$净利润＝利润总额－所得税费用$$

其中，所得税费用是企业确认的应从当期利润总额中扣除的所得税费用。

二、营业外收支的核算

利润形成的核算涉及多个损益类的会计账户，其中大部分账户的核算内容和方法已在前面有关章节中作了介绍，以下介绍营业外收支的核算。

（一）营业外收入的核算

营业外收入指企业发生的与日常经营活动没有直接关系的各项利得。营业外收入并不是由企业的经营资金耗费所产生的，不需要付出代价，实际上是一种纯收入，不可能也不需要与有关费用进行配比。因此，在会计核算上，应当严格区分营业外收入与营业收入的界限。

营业外收入的内容包括：非流动资产处置利得、非货币性资产交换利得、债务重组利得、政府补助、盘盈利得、捐赠利得以及其他与日常经营活动没有直接关系的利得。

为了核算和监督营业外收入的发生和结转情况，企业应设置"营业外收入"账户。该账户属于损益类账户，贷方登记企业取得的各项营业外收入，借方登记期末转入"本年利润"账户的营业外收入，结转后应无余额。

【例 11－32】　甲公司出售一台多余车辆，净收益为 10 000 元。编制会计分录如下：

借：固定资产清理　　　　　　　　　　　　　　　　10 000
　　贷：营业外收入　　　　　　　　　　　　　　　　10 000

【例 11－33】　甲公司所管理的 A 小区内一业主违反规定进行装修，从其原交纳的装修保证金 4 000 元中扣除 1 600，余款退还业主。编制会计分录如下：

借：其他应付款　　　　　　　　　　　　　　　　4 000
　　贷：库存现金　　　　　　　　　　　　　　　　2 400
　　　　营业外收入　　　　　　　　　　　　　　　1 600

(二) 营业外支出的核算

营业外支出指企业发生的与日常经营活动没有直接关系的各项损失。

营业外支出的内容包括：非流动资产处置损失、非货币性资产交换损失、债务重组损失、公益性捐赠支出、非常损失、盘亏损失以及其他与日常经营活动没有直接关系的损失。

为了核算和监督营业外支出的发生和结转情况，企业应设置"营业外支出"账户。该账户属于损益类账户，借方登记企业发生的各项营业外支出，贷方登记期末转入"本年利润"账户的营业外支出，结转后应无余额。

【例11-34】甲公司向希望工程基金会捐款30 000元。编制会计分录如下：

借：营业外支出　　　　　　　　　　　　　　　30 000
　　贷：银行存款　　　　　　　　　　　　　　　　30 000

【例11-35】甲公司因未按借款合同约定的用途使用借款，按规定向银行支付罚金2 000元。编制会计分录如下：

借：营业外支出　　　　　　　　　　　　　　　2 000
　　贷：银行存款　　　　　　　　　　　　　　　　2 000

需要注意的是，营业外收入和营业外支出应当分别核算。在具体核算时，不得以营业外支出直接冲减营业外收入，也不得以营业外收入冲减营业外支出。

三、所得税费用的核算

所得税指国家对境内企业生产、经营所得和其他所得依法征收的一种税。由于"递延所得税"的存在，企业当期的"应交所得税"会与利润表中的"所得税费用"不相一致。

(一) 当期应交所得税的计算

当期应交所得税指企业按照税法规定计算确定的针对当期发生的交易和事项，应交纳给税务部门的所得税金额。

当期应交所得税并不是直接根据税前会计利润（即利润总额）来计算的，而应以适用的税收法规为基础计算确定。企业在确定当期应交所得税时，对于当期发生的交易或事项，会计处理与税收处理不同的，应在税前会计利润的基础上，按照适用税收法规的要求进行调整，计算出当期应纳税所得额，按照应纳税所得额与适用所得税税率计算确定当期应交所得税。

计算公式为：

$$\text{应纳税所得额} = \text{税前会计利润} + \text{纳税调整增加额} - \text{纳税调整减少额}$$

当期应交所得税＝应纳税所得额×所得税税率

纳税调整增加额主要包括税法规定允许扣除项目中，企业已计入当期费用但超过税法规定扣除标准的金额（如超过税法规定的业务招待费支出），以及企业已计入当期损失但税法规定不允许扣除项目的金额（如税收滞纳金、罚金、罚款、被没收财物的损失等）。

纳税调整减少额主要包括按税法规定允许弥补的损失和准予免税的项目，如5年内的未弥补亏损和国债利息收入等。

【例 11-36】 甲公司 2013 年度的税前会计利润(利润总额)为 2 560 000 元,当年营业外支出中有 30 000 元为税收滞纳金,本年国库券利息收入为 50 000 元,所得税税率为 25%。假定无其他纳税调整事项。则:

应纳税所得额＝2 560 000＋30 000−50 000＝2 540 000(元)

当期应交所得税＝2 540 000×25%＝635 000(元)

（二）递延所得税的计算

我国企业采用资产负债表债务法对所得税进行会计处理。企业在取得资产、负债时,应当分别确定它们的计税基础,每个资产负债表日应当分析比较资产、负债的账面价值与其计税基础,两者之间存在差异的,确认递延所得税资产、递延所得税负债及相应的递延所得税(费用)。

递延所得税,指按照《企业会计准则》规定应予确认的递延所得税资产和递延所得税负债在期末应有的金额相对于原已确认金额之间的差额,即递延所得税资产及递延所得税负债的当期发生额,但不包括直接计入所有者权益的交易或事项及企业合并的所得税影响。

计算公式为:

递延所得税＝当期递延所得税负债的增加＋当期递延所得税资产的减少

−当期递延所得税负债的减少−当期递延所得税资产的增加

（三）所得税费用的核算

利润表中的所得税费用由两个部分组成:当期应交所得税和递延所得税。即:

所得税费用＝当期应交所得税＋递延所得税

为了核算和监督所得税费用的发生和结转情况,企业应设置"所得税费用"账户。该账户属于损益类账户,借方登记所得税费用的增加,贷方登记所得税费用的减少,期末将余额转入"本年利润"账户,结转后应无余额。该账户可按"当期所得税费用"、"递延所得税费用"设置明细账户。

资产负债表日,企业按照税法规定计算确定当期应交所得税,借记"所得税费用——当期所得税费用"账户,贷记"应交税费——应交所得税"账户。根据递延所得税资产的应有余额大于"递延所得税资产"账户余额的差额,借记"递延所得税资产"账户,贷记"所得税费用——递延所得税费用"、"资本公积——其他资本公积"等账户;递延所得税资产的应有余额小于"递延所得税资产"账户余额的差额做相反的会计分录。企业应予确认的递延所得税负债,应当比照上述原则调整"所得税费用——递延所得税费用"、"递延所得税负债"账户及有关账户。

【例 11-37】 承例 11-36,甲公司递延所得税负债年初数为 40 000 元,年末数为 50 000 元,递延所得税资产年初数为 25 000 元,年末数为 20 000 元。

甲公司所得税费用的计算如下:

递延所得税＝(50 000−40 000)＋(25 000−20 000)＝15 000(元)

所得税费用＝635 000＋15 000＝650 000(元)

编制会计分录如下:

借:所得税费用　　　　　　　　　　　　　　650 000

　　贷:应交税费——应交所得税　　　　　　　　635 000

　　　　递延所得税负债　　　　　　　　　　　　10 000

　　　　递延所得税资产　　　　　　　　　　　　5 000

四、利润形成的核算

为了核算和监督净利润(或净亏损)的形成情况,企业应设置"本年利润"账户。该账户属于所有者权益类账户,贷方登记期末由各收入、利得类账户转入的各项收入、利得;借方登记期末由各费用、损失类账户转入的各项费用、损失。年度终了,企业应将本年收入、利得和费用、损失相抵之后结出"本年利润"账户的余额,如果"本年利润"账户为贷方余额,反映企业本年度累计实现的净利润;如果为借方余额,反映企业本年度累计发生的净亏损。无论是实现的净利润还是发生的净亏损,最终都应转入"利润分配——未分配利润"账户,结转后应无余额。

计算本月利润和本年累计利润可以采用"账结法"或"表结法"。

(一)账结法

账结法是通过编制记账凭证来完成损益结转工作的方法。每月末将各损益类账户的余额转入"本年利润"账户,通过"本年利润"账户结出当月利润或亏损金额以及本年累计利润或亏损总额。年内"本年利润"账户有余额,年度终了时应将"本年利润"账户的余额(即全年净利润或净亏损)一次转入"利润分配——未分配利润"账户,结转后"本年利润"账户无余额。本教材中计算本月利润和本年累计利润采用"账结法"。

【例 11 - 38】　甲公司采用"账结法"核算利润。2013 年 12 月 1 日"本年利润"账户的贷方余额为 2 700 000 元。12 月 31 日各损益类账户的余额如表 11 - 1 所示:

表 11 - 1　损益类账户余额表

单位:元

账户名称	借方余额	贷方余额
主营业务收入		1 250 000
其他业务收入		80 000
投资收益		31 500
营业外收入		50 000
主营业务成本	850 000	
其他业务成本	35 000	
营业税金及附加	15 000	
管理费用	158 000	
财务费用	4 800	
资产减值损失	20 000	
营业外支出	9 700	
所得税费用	52 000	

（1）月末结转各收入、利得类账户的余额。编制会计分录如下：

借：主营业务收入　　　　　　　　　　　　　1 250 000
　　其他业务收入　　　　　　　　　　　　　　 80 000
　　投资收益　　　　　　　　　　　　　　　　 31 500
　　营业外收入　　　　　　　　　　　　　　　 50 000
　　贷：本年利润　　　　　　　　　　　　　 1 411 500

（2）月末结转各费用、损失类账户的余额。编制会计分录如下：

借：本年利润　　　　　　　　　　　　　　　1 144 500
　　贷：主营业务成本　　　　　　　　　　　　850 000
　　　其他业务成本　　　　　　　　　　　　　 35 000
　　　营业税金及附加　　　　　　　　　　　　 15 000
　　　管理费用　　　　　　　　　　　　　　　158 000
　　　财务费用　　　　　　　　　　　　　　　 4 800
　　　资产减值损失　　　　　　　　　　　　　 20 000
　　　营业外支出　　　　　　　　　　　　　　 9 700
　　　所得税费用　　　　　　　　　　　　　　 52 000

（3）年末结转"本年利润"账户的余额（即全年的净利润）。编制会计分录如下：

借：本年利润　　　　　　　　　　　　　　　2 967 000
　　贷：利润分配——未分配利润　　　　　　 2 967 000

（二）表结法

表结法是利用"利润表"结转损益类项目，计算期末财务成果的方法。每月结账时，不需要把各损益类账户的余额结转到"本年利润"账户，只有到年度终了时，才将各损益类账户的余额转入"本年利润"账户，"本年利润"账户反映全年利润的形成情况。每月结账时，结出各损益类账户的累计余额，根据各损益类账户的累计余额，填制利润表，通过利润表计算出本年累计利润数额。用本年累计利润数额减去上月末利润表中的本年累计利润，得出本月份利润（或亏损）总额。

采用表结法的企业，平时不使用"本年利润"账户，只有到年终时才使用该账户。

第五节　利 润 分 配

利润分配是指企业按照有关规定，对当年实现的净利润（税后利润）和以前年度未分配的利润所进行的分配。

一、利润分配的顺序

企业实现的净利润应按照有关规定进行分配，一般企业的利润分配顺序如下：

1. 弥补以前年度亏损

企业发生的年度亏损,可以用下一年度的税前利润弥补;下一年度利润不足弥补的,可以在5年以内延续弥补,如延续5年未弥补完,用税后利润弥补。

2. 提取法定盈余公积

法定盈余公积是企业为巩固企业财产基础、增强企业信用、弥补意外亏损、扩大业务规模等目的,而于资本额之外所保留的一部分金额。法定盈余公积按照当年税后利润的10%提取,法定盈余公积累计达到注册资本的50%时可不再提取。

3. 向投资者分配利润

企业实现的净利润在扣除上述项目后,再加上期初未分配利润,即为可供投资者分配的利润,企业可按投资各方的出资比例分配给各投资者。

股份制企业的利润分配顺序为:

(1) 弥补以前年度亏损;

(2) 提取法定盈余公积;

(3) 支付优先股股利。

优先股股利指企业按照利润分配方案分配给优先股股东的现金股利。

4. 提取任意盈余公积

任意盈余公积是企业经股东大会或类似机构批准按一定比例从净利润中提取的盈余公积。它与法定盈余公积的区别在于其提取比例由企业自主决定。

5. 支付普通股股利

普通股股利是指企业按照利润分配方案分配给普通股股东的现金股利。

6. 转作资本(或股本)的普通股股利

转作资本(或股本)的普通股股利是指企业按照利润分配方案以分派股票股利的形式转作的资本(或股本)。

可供投资者分配的利润,在经过上述分配后,即为未分配利润(或未弥补亏损)。未分配利润可留待以后年度进行分配。企业如发生亏损,可以按规定由以后年度利润进行弥补。

二、利润分配的核算

为了核算和监督利润的分配情况,企业应设置"利润分配"账户。该账户属于所有者权益类账户,用来核算企业利润的分配(或亏损的弥补)和历年利润分配(或亏损弥补)后的结存余额。其贷方登记转入的本年利润数额和用盈余公积弥补的亏损额;借方登记分配的利润数额和转入的本年亏损额;年末贷方余额反映历年积存的未分配利润,年末借方余额反映历年积存的未弥补亏损。企业通常应在本账户下设置"提取法定盈余公积"、"提取任意盈余公积"、"应付现金股利或利润"、"转作股本的股利"、"盈余公积补亏"和"未分配利润"等明细账户进行明细分类核算。

年度终了,企业除了应将全年实现的净利润,自"本年利润"账户转入"利润分配"账户外,同时还应将"利润分配"账户下的其他明细账户的余额转入"利润分配——未分配利润"明细账户。结转后,除"利润分配——未分配利润"明细账户外,"利润分配"的其他明细账户应无余额。

【例 11-39】 承例 11-38,甲公司以前年度无亏损,2013 实现的净利润为 2 967 000元。按净利润的 10%提取法定盈余公积,并向投资者分配利润 1 200 000 元,通过银行转账支付。编制会计分录如下:

(1)提取法定盈余公积:

借:利润分配——提取法定盈余公积　　　　　　　　　　296 700

　　贷:盈余公积——法定盈余公积　　　　　　　　　　　296 700

(2)向投资者分配利润:

借:利润分配——应付现金股利或利润　　　　　　　　1 200 000

　　贷:应付股利　　　　　　　　　　　　　　　　　　1 200 000

(3)实际通过银行转账支付分配的利润:

借:应付股利　　　　　　　　　　　　　　　　　　　1 200 000

　　贷:银行存款　　　　　　　　　　　　　　　　　　1 200 000

(4)年终结转"利润分配"各明细账户余额:

借:利润分配——未分配利润　　　　　　　　　　　　1 496 700

　　贷:利润分配——提取法定盈余公积　　　　　　　　　296 700

　　　　　　　　——应付现金股利或利润　　　　　　　1 200 000

★★★★★ 练习题 ★★★★★

一、单项选择题

1. 物业服务企业的主营业务收入不包括(　　)。

　　A. 物业管理收入　　　　　　　　　B. 房屋中介代销手续费收入

　　C. 物业经营收入　　　　　　　　　D. 物业大修收入

2. 物业服务企业结转的销售原材料实际成本,应计入(　　)。

　　A. 主营业务成本　　　　　　　　　B. 销售费用

　　C. 其他业务成本　　　　　　　　　D. 营业外支出

3. 物业服务企业的营业税金及附加不包括(　　)。

　　A. 营业税　　　　　　　　　　　　B. 所得税

　　C. 城市维护建设税　　　　　　　　D. 教育费附加

4. 下列费用中,不属于管理费用列支范围的是(　　)。

　　A. 印花税　　　　　　　　　　　　B. 董事会费

　　C. 咨询费　　　　　　　　　　　　D. 银行结算业务手续费

5. 在计算营业利润时,不会涉及的损益项目是(　　)。

　　A. 资产减值损失　　　　　　　　　B. 公允价值变动净损益

　　C. 投资净损益　　　　　　　　　　D. 所得税费用

6. 企业一定期间的利润总额是指(　　)。

A. 营业利润加投资收益

B. 营业利润加公允价值变动净损益

C. 营业利润加营业外收支净额

D. 营业利润加营业外收支净额减所得税费用

7. 企业一定期间的净利润是指(　　)。

A. 营业利润加投资收益

B. 营业利润加公允价值变动净损益

C. 营业利润加营业外收支净额

D. 营业利润加营业外收支净额减所得税费用

8. 企业出售固定资产取得的净收入,属于(　　)。

A. 主营业务收入　　　　　　　　B. 其他业务收入

C. 投资收益　　　　　　　　　　D. 营业外收入

9. 企业下列活动形成的经济利益流入中,不应列入当期营业外收入的是(　　)。

A. 接受捐赠　　　　　　　　　　B. 出售固定资产

C. 固定资产盘盈　　　　　　　　D. 出售无形资产

10. 法定盈余公积应当按照(　　)进行提取。

A. 当期营业利润的 10%　　　　　B. 当期利润总额的 10%

C. 当期净利润的 10%　　　　　　D. 当期可供分配利润的 10%

二、多项选择题

1. 物业服务企业公共性服务成本的成本项目包括(　　)。

A. 直接人工费　　　　　　　　　B. 直接材料费

C. 间接费用　　　　　　　　　　D. 管理费用

E. 财务费用

2. 应计入物业服务企业财务费用的项目包括(　　)。

A. 利息支出　　　　　　　　　　B. 发生的现金折扣

C. 银行结算业务手续费　　　　　D. 汇兑损失

E. 业务招待费

3. 物业服务企业的期间费用一般包括(　　)。

A. 销售费用　　　　　B. 管理费用　　　　　　　C. 财务费用

D. 所得税费用　　　　E. 间接费用

4. 在计算利润总额时涉及的收入或利得项目包括(　　)。

A. 营业外收入　　　　　　　　　B. 其他业务收入

C. 公允价值变动损益　　　　　　D. 投资收益

E. 主营业务收入

5. 物业服务企业发生的损失中,应计入营业外支出的有(　　)。

A. 出售无形资产的净损失　　　　B. 公益性捐赠支出

C. 坏账损失　　　　　　　　　　D. 债务重组损失

E. 罚款支出

三、判断题

1. 公共性服务费收入是以物业产权人或使用人的该套房屋的套内建筑面积为依据,根据测算的物业管理服务收费标准计算核定的。（　　）

2. 物业服务企业将从事物业经营管理过程中所形成或回收的废旧物资对外出售所取得的收入应计入营业外收入。（　　）

3. 物业服务企业为业主疏通下水道而发生的费用应作为其他业务成本。（　　）

4. "财务费用"账户核算企业为筹集生产经营所需资金等而发生的筹资费用。在产生利息收入时应从发生的利息支出中扣减。（　　）

5. 期末时应将"管理费用"和"财务费用"账户的余额全部转入"本年利润"账户。（　　）

6. 影响营业利润的收支项目必然会影响利润总额,但影响利润总额的收支项目不一定会影响营业利润。（　　）

7. 利润总额不仅仅指营业利润,还包括营业外收支净额。（　　）

8. 企业本年度的利润分配完毕之后,"利润分配"账户应无余额。（　　）

四、实训题

习题一

（一）目的:练习营业收入的核算。

（二）资料:乙物业服务企业负责 B 小区的物业管理工作,3 月份的部分经营业务如下:

1. 小区中 4 号楼的建筑面积共为 32 000 平方米,其中各套房屋自用建筑面积总和为 26 000 平方米,公用建筑面积为 6 000 平方米。则公用建筑面积分摊系数是多少?

2. 4 号楼 301 室的自用建筑面积为 150 平方米,如果公共性服务收费标准为 1.5 元/(月·m²),则该套房屋业主每月应交多少公共性服务费?

3. 预收 4 号楼 301 室业主第二季度的公共性服务费。

4. 为各房屋业主和租住户代交 2 月份的电费 60 000 元,按 1‰收取代办服务费存入银行。

5. 接受 1 号楼 503 室特约委托对其二室二厅房屋进行装修,出包给某房屋装饰工程公司,其预算额为 70 000 元,乙公司按 2%收取特约服务费存入银行。

6. 收取本月地下室租金共计 4 000 元存入银行。

7. 接受某业主委托,代管 2 号楼 601 和 602 室,按照委托合同,本月应收取这两套房屋的管理服务费 400 元,存入银行。

8. 对小区配电房进行大修,工程验收完工,工程价款 8 000 元,经业主委员会签字认可。

9. 将一批积压的钢材出售,收到 5 000 元存入银行。

10. 所属洗衣店于 31 日交来现金收入 6 500 元。

（三）要求:根据以上资料对 1、2 题进行相关计算,根据 3～10 题中的经济事项编制会计分录。

习题二

（一）目的:练习营业成本、营业税金及附加和期间费用的核算。

(二)资料:乙物业服务企业负责 B 小区的物业管理工作,3 月份的部分经营业务如下:

1. 每季末的小区水箱清洗工作,共耗用材料 300 元。

2. 检修小区内路灯,发现损坏灯泡 4 个。配置灯泡支出 60 元,以现金支付。

3. 公司将小区内的绿化服务工作出包给某公司,合同规定每季末结算一次费用。第一季度实际发生的花草树木费及人工费共 6 700 元,以银行存款支付。

4. 2 号楼 101 室住户下水道堵塞,公司派临时工疏通,以现金支付人工费 40 元。

5. 配电房大修,领用材料 5 000 元。

6. 公司副总经理出差预支现金 3 000 元。

7. 月末结转出售钢材的成本 4 600 元。

8. 回收废品一批,用现金支付 900 元。

9. 本月洗衣店耗用材料 2 200 元,月末结转成本。

10. 公司经理室本月复印资料费 260 元,以现金支付。

11. 公司副总经理出差回来,报销差旅费 2 700 元,余款退回。

12. 收到开户银行通知,已从企业的存款账户中扣收银行结算业务手续费 350 元。

13. 分配本月应付职工工资。其中,公共性服务成本应负担 200 000 元,公众代办性服务成本应负担 2 000 元,特约服务成本应负担 3 600 元,物业经营成本应负担 3 000 元,物业大修成本应负担 1 000 元,洗衣店应负担 1 800 元,管理部门应负担 80 000 元。

14. 本月各种服务收入 950 000 元,适用营业税税率 5%,城市维护建设税税率 7%,教育费附加费率 3%。

15. 以银行存款上缴 14 题中各种税费。

(三)要求:根据上述经济事项编制会计分录。

习题三

(一)目的:练习期间费用的核算。

(二)资料:某物业服务企业本月发生下列与期间费用有关的经济业务:

1. 管理部门购入办公用品 500 元,以现金支付。

2. 以银行存款支付排污费 2 000 元。

3. 本月应付管理人员的工资总额 27 000 元。

4. 管理人员报销差旅费 1 200 元,原已预支 1 500 元,余额归还现金。

5. 计提公司总部的固定资产折旧额 6 000 元。

6. 以银行存款支付业务招待费 1 200 元。

7. 计提应由本月负担的短期借款利息 850 元。

8. 收到开户银行通知,已从企业的存款账户中扣收银行结算业务手续费 360 元。

(三)要求:根据上述经济业务编制会计分录。

习题四

(一)目的:练习利润及利润分配的核算。

(二)资料:某物业服务企业采用"账结法"核算利润。2013 年 12 月 1 日"本年利润"账户的贷方余额为 2 653 000 元。12 月 31 日各损益类账户的余额如下表所示:

损益类账户余额表　　　　　　　　　　　　　单位:元

会计账户	借方余额	会计账户	贷方余额
主营业务成本	310 700	主营业务收入	667 600
其他业务成本	110 000	其他业务收入	197 400
营业税金及附加	73 100	投资收益	17 700
管理费用	63 600	营业外收入	10 000
财务费用	2 800		
营业外支出	5 000		
所得税费用	82 000		

（三）要求:为以下经济业务编制会计分录。

1. 结转各损益类账户余额。

2. 年末结转全年净利润("本年利润"账户的余额)。

3. 按全年净利润的10％提取法定盈余公积。

4. 向投资者分配利润1 000 000元,通过银行转账支付。

5. 年末结转"利润分配"各明细账户的余额。

第十二章
财务会计报告

本章导学

一、学习目标与要求

通过本章的学习,应了解财务会计报告的概念、组成和分类,了解各种财务报表的作用,掌握资产负债表、利润表、现金流量表及所有者权益变动表的编制原理和编制方法。

二、重点与难点

● 资产负债表的编制方法。

● 利润表的编制方法。

● 经营活动现金流量的直接法。

第一节　财务会计报告概述

一、财务会计报告的概念

财务会计报告指企业对外提供的反映企业某一特定日期财务状况和某一会计期间经营成果、现金流量等会计信息的文件。

企业日常发生的经济业务,经过会计的确认、计量、记录后,已经反映在会计账簿中。账簿中的会计资料虽然比会计凭证更加系统化、条理化,但是仍然比较分散,它只能反映某一个账户或企业经营活动某一个方面的情况,不能集中概括地表现企业经济活动的全貌,也无法对外报送,以满足不同使用者的要求。因此,还需要对账簿中的核算资料做进一步的加工提炼,以表格或文字的形式即财务会计报告表现出来,使之成为能够全面概括地反映企业财务状况、经营成果和现金流量的综合会计信息。

编制财务会计报告是对会计核算工作的总结,财务会计报告是会计核算工作的最终产品。财务会计报告的目标是向财务会计报告使用者提供与企业财务状况、经营成果和现金流量等有关的会计信息,反映企业管理层受托责任履行情况,有助于财务会计报告使用者作出经济决策。

二、财务会计报告的组成和分类

财务会计报告包括财务报表(也叫会计报表)和其他应当在财务会计报告中披露的相关信息和资料。

财务报表是对企业财务状况、经营成果和现金流量的结构性表述,至少应当包括资产负债表、利润表、现金流量表、所有者权益(或股东权益,下同)变动表和附注。小企业编制的财务报表可以不包括现金流量表。财务报表可以按照不同的标准进行分类:

按财务报表编报期间的不同,可以分为中期财务报表和年度财务报表。中期财务报表是以短于一个完整会计年度的报告期间为基础编制的财务报表,包括月报、季报和半年报等。

按财务报表编报主体的不同,可以分为个别财务报表和合并财务报表。个别财务报表是由企业在自身会计核算基础上对账簿记录进行加工而编制的财务报表,它主要用以反映企业自身的财务状况、经营成果和现金流量情况。合并财务报表是以母公司和子公司组成的企业集团为会计主体,根据母公司和所属子公司的财务报表,由母公司编制的综合反映企业集团财务状况、经营成果及现金流量的财务报表。

三、编制财务报表的基本要求

为了充分发挥财务报表的作用,让会计信息使用者清楚地了解企业的财务状况、经营成果和现金流量情况,企业编制财务报表应当遵循下列基本要求:

第一,企业应当以持续经营为基础,根据实际发生的交易和事项,按照《企业会计准则——基本准则》和其他各项会计准则的规定进行确认和计量,在此基础上编制财务报表。企业不应以附注披露代替确认和计量。

第二,财务报表项目的列报应当在各个会计期间保持一致,不得随意变更,但下列情况除外:(1)会计准则要求改变财务报表项目的列报;(2)企业经营业务的性质发生重大变化后,变更财务报表项目的列报能够提供更可靠、更相关的会计信息。

第三,性质或功能不同的项目,应当在财务报表中单独列报,但不具有重要性的项目除外。性质或功能类似的项目,其所属类别具有重要性的,应当按其类别在财务报表中单独列报。

第四,财务报表中的资产项目和负债项目的金额、收入项目和费用项目的金额不得相互抵销,但其他会计准则另有规定的除外。

资产项目按扣除减值准备后的净额列示,不属于抵销。非日常活动产生的损益,以收入扣减费用后的净额列示,不属于抵销。

第五,当期财务报表的列报,至少应当提供所有列报项目上个可比会计期间的比较数据,以及与理解当期财务报表相关的说明,但其他会计准则另有规定的除外。

财务报表项目的列报发生变更的,应当对上期比较数据按照当期的列报要求进行调整,并在附注中披露调整的原因和性质,以及调整的各项目金额。对上期比较数据进行调整不切实可行的,应当在附注中披露不能调整的原因。

第六,企业应当在财务报表的显著位置至少披露下列各项:(1)编报企业的名称;(2)资产负债表日或财务报表涵盖的会计期间;(3)人民币金额单位;(4)财务报表是合并财务报表的,应当予以标明。

第七,企业至少应当按年编制财务报表。年度财务报表涵盖的期间短于一年的,应当披露年度财务报表的涵盖期间,以及短于一年的原因。

第二节　资 产 负 债 表

一、资产负债表的概念和作用

资产负债表是反映企业在某一特定日期财务状况的会计报表。这里的"某一特定日期"一般是指月末、季末、半年末、年末;"财务状况"是指全部资产、负债和所有者权益的情况。资产负债表是企业的主要会计报表之一,主要有以下作用:

第一,资产负债表可以提供某一日期资产的总额及其结构,表明企业拥有或控制的资源及其分布情况,使用者可以一目了然地从资产负债表上了解企业在某一特定日期所拥有的资产总量及其结构。

第二,资产负债表可以提供某一日期的负债总额及其结构,表明企业未来需要用多少资产或劳务清偿债务以及清偿时间。

第三,资产负债表可以反映所有者所拥有的权益,据以判断资本保值、增值的情况以及对负债的保障程度。

　　第四,资产负债表可以提供进行财务分析的基本资料,如将流动资产与流动负债进行比较,计算出流动比率。

二、资产负债表的结构

(一) 资产负债表的结构

　　在我国,资产负债表采用账户式结构,报表分为左右两方,左方列示资产各项目,反映全部资产的分布及存在形态;右方列示负债和所有者权益各项目,反映全部负债和所有者权益的内容及构成情况。资产负债表左右双方平衡,资产总计等于负债和所有者权益总计,即"资产=负债+所有者权益"。

　　此外,为了使报表使用者通过比较不同时点资产负债表的数据,掌握企业财务状况的变动情况及发展趋势,企业需要提供比较资产负债表,资产负债表还就各项目再分为"年初余额"和"期末余额"两栏分别填列。

　　资产负债表的具体格式如表 12-1 所示。

表 12-1　资产负债表

会企 01 表

编制单位:　　　　　　　　　___年___月___日　　　　　　　　单位:元

资　产	期末余额	年初余额	负债和股东权益	期末余额	年初余额
流动资产:			流动负债:		
货币资金			短期借款		
交易性金融资产			交易性金融负债		
应收票据			应付票据		
应收账款			应付账款		
预付款项			预收款项		
应收利息			应付职工薪酬		
应收股利			应交税费		
其他应收款			应付利息		
存货			应付股利		
一年内到期的非流动资产			其他应付款		
其他流动资产			一年内到期的非流动负债		
流动资产合计			其他流动负债		
非流动资产:			流动负债合计		
可供出售金融资产			非流动负债:		
持有至到期投资			长期借款		

续　表

资　　产	期末余额	年初余额	负债和股东权益	期末余额	年初余额
长期应收款			应付债券		
长期股权投资			长期应付款		
投资性房地产			专项应付款		
固定资产			预计负债		
在建工程			递延所得税负债		
工程物资			其他非流动负债		
固定资产清理			非流动负债合计		
生产性生物资产			负债合计		
油气资产			股东权益：		
无形资产			股本		
开发支出			资本公积		
商誉			减：库存股		
长期待摊费用			盈余公积		
递延所得税资产			未分配利润		
其他非流动资产			股东权益合计		
非流动资产合计					
资产总计			负债及股东权益总计		

（二）资产负债表项目的列示

资产和负债应当分别流动资产和非流动资产、流动负债和非流动负债列示。

满足下列条件之一的资产，应当归类为流动资产：（1）预计在一个正常营业周期中变现、出售或耗用；（2）主要为交易目的而持有；（3）预计在资产负债表日起一年内（含一年）变现；（4）自资产负债表日起一年内，交换其他资产或清偿负债的能力不受限制的现金或现金等价物。

流动资产以外的资产应当归类为非流动资产。

满足下列条件之一的负债，应当归类为流动负债：（1）预计在一个正常营业周期中清偿；（2）主要为交易目的而持有；（3）自资产负债表日起一年内到期应予清偿；（4）企业无权自主地将清偿推迟至资产负债表日后一年以上。

流动负债以外的负债应当归类为非流动负债。

三、资产负债表的填列方法

（一）"年初余额"的填列方法

表中"年初余额"栏内各项目数字，应根据上年末资产负债表"期末余额"栏内所列数字填列。如果本年度资产负债表规定的各个项目的名称和内容同上年度不相一致,应对上年年末资产负债表各项目的名称和数字按照本年度的规定进行调整,按调整后的数字填入"年初余额"栏内。

(二)"期末余额"的填列方法

1. 直接根据总账账户的余额填列

例如,交易性金融资产、固定资产清理、长期待摊费用、递延所得税资产、短期借款、交易性金融负债、应付票据、应付职工薪酬、应交税费、应付利息、应付股利、其他应付款、递延所得税负债、实收资本、资本公积、库存股、盈余公积等项目,应当根据相关总账账户的余额直接填列。

2. 根据几个总账账户的余额计算填列

例如,"货币资金"项目,应当根据"库存现金"、"银行存款"、"其他货币资金"等账户期末余额合计填列。

3. 根据有关明细账户的余额计算填列

例如,"应付账款"项目,应当根据"应付账款"、"预收账款"等账户所属明细账户期末贷方余额合计填列。

4. 根据总账账户和明细账户的余额分析计算填列

例如,"长期借款"项目,应当根据"长期借款"总账账户余额扣除"长期借款"账户所属明细账户中将于一年内到期的部分填列;"应付债券"项目,应当根据"应付债券"总账账户余额扣除"应付债券"账户所属明细账户中将于一年内到期的部分填列。

5. 根据有关账户余额减去其备抵账户余额后的净额填列

例如,"固定资产"项目,应当根据"固定资产"总账账户的期末余额减去"累计折旧"、"固定资产减值准备"备抵账户余额后的净额填列。

6. 综合运用上述填列方法分析填列

例如,"存货"项目,需要根据"原材料"、"库存商品"、"委托加工物资"、"周转材料"、"材料采购"、"在途物资"、"发出商品"、"材料成本差异"等总账账户期末余额的分析汇总数,再减去"存货跌价准备"账户余额后的净额填列。

(三)"期末余额"各项目的内容与填列说明

资产负债表中资产、负债和所有者权益主要项目的填列说明如下:

1. 资产项目的填列说明

(1)"货币资金"项目,反映企业库存现金、银行结算账户存款、外埠存款、银行汇票存款、银行本票存款、信用卡存款、信用证保证金存款和在途资金等的合计数。本项目应根据"库存现金"、"银行存款"、"其他货币资金"账户期末余额的合计数填列。

(2)"交易性金融资产"项目,反映企业持有的以公允价值计量且其变动计入当期损益的、为交易目的所持有的债券投资、股票投资、基金投资、权证投资等金融资产。本项目应根据"交易性金融资产"账户的期末余额填列。

(3)"应收票据"项目,反映企业收到的未到期收款、也未向银行贴现的应收票据,包括银行承兑汇票和商业承兑汇票。本项目应根据"应收票据"账户的期末余额,减去"坏账准备"账户中有关应收票据计提的坏账准备期末余额后的金额填列。

（4）"应收账款"项目，反映企业应收的与企业经营业务有关的各项款项。本项目应根据"应收账款"和"预收账款"账户所属各明细账户的期末借方余额合计数，减去"坏账准备"账户中有关应收账款计提的坏账准备期末余额后的金额填列。如"应收账款"账户所属明细账户期末有贷方余额的，应在本表"预收款项"项目内填列。

（5）"预付款项"项目，反映企业按照购货合同规定预付给供应单位的款项等。本项目应根据"预付款项"和"应付账款"账户所属各明细账户的期末借方余额合计数，减去"坏账准备"账户中有关预付款项计提的坏账准备期末余额后的金额填列。如"预付款项"账户所属各明细账户期末有贷方余额的，应在本表"应付账款"项目内填列。

（6）"应收利息"项目，反映企业应收取的债券投资等的利息。本项目应根据"应收利息"账户的期末余额填列。

（7）"应收股利"项目，反映企业应收取的现金股利和应收取其他单位分配的利润。本项目应根据"应收股利"账户的期末余额填列。

（8）"其他应收款"项目，反映企业对其他单位和个人的各种应收、暂付的款项。本项目应根据"其他应收款"账户的期末余额，减去"坏账准备"账户中有关其他应收款计提的坏账准备期末余额后的金额填列。

（9）"存货"项目，反映企业期末在库、在途和在加工中的各项存货的成本与其可变现净值中较低的那个金额。本项目应根据"材料采购"、"在途物资"、"原材料"、"材料成本差异"、"库存商品"、"周转材料"、"委托加工物资"等账户的期末余额，减去"存货跌价准备"账户期末余额后的金额填列。

（10）"一年内到期的非流动资产"项目，反映企业将于一年内到期的非流动资产项目金额。本项目应根据有关账户的期末余额填列。

（11）"其他流动资产"项目，反映企业除以上流动资产项目外的其他流动资产的实际成本，应根据有关账户的期末余额填列。

（12）"流动资产合计"项目，将以上各项流动资产项目相加计算出的数额填入本项目。

（13）"可供出售金融资产"项目，反映企业持有的以公允价值计量、可供出售的债券投资、股票投资、基金投资等金融资产。本项目应根据"可供出售金融资产"账户的期末余额减去"可供出售金融资产减值准备"账户的期末余额后的金额填列。

（14）"持有至到期投资"项目，反映企业持有的以摊余成本计量的持有至到期投资。本项目应根据"持有至到期投资"账户的期末余额，减去"持有至到期投资减值准备"账户的期末余额后的金额填列。

（15）"长期应收款"项目，反映企业融资租赁产生的应收款项、采用递延方式具有融资性质的销售商品和提供劳务等产生的长期应收款项。本项目应根据"长期应收款"账户期末余额，减去相应的"未实现融资收益"账户和"坏账准备"账户所属相关明细账户余额后的金额填列。

（16）"长期股权投资"项目，反映企业持有的对子公司、联营企业和合营企业的长期股权投资。本项目应根据"长期股权投资"账户的期末余额，减去"长期股权投资减值准备"账户的期末余额后的金额填列。

（17）"投资性房地产"项目，反映企业持有的投资性房地产。企业采用成本模式计量投资性房地产的，本项目应根据"投资性房地产"账户的期末余额，减去"投资性房地产累计折旧(摊销)"和"投资性房地产减值准备"账户期末余额后的金额填列。企业采用公允价值模式计量投资性房地产的，本项目应根据"投资性房地产"账户的期末余额填列。

（18）"固定资产"项目，反映企业各种固定资产原价减去累计折旧和累计减值准备后的净额。本项目应根据"固定资产"账户的期末余额，减去"累计折旧"和"固定资产减值准备"账户期末余额后的金额填列。

（19）"在建工程"项目，反映企业期末各项未完工程的实际支出，包括交付安装的设备价值、未完建筑安装工程成本，已经建筑安装完毕但尚未交付使用的建筑安装工程成本等。本项目应根据"在建工程"账户的期末余额，减去"在建工程减值准备"账户期末余额后的金额填列。

（20）"工程物资"项目，反映企业尚未使用的各项工程物资的实际成本。本项目应根据"工程物资"账户的期末余额填列。

（21）"固定资产清理"项目，反映企业因出售、毁损、报废等原因转入清理但尚未清理完毕的固定资产净值，以及固定资产清理过程中所发生的清理费用和变价收入等各项金额的差额。本项目应根据"固定资产清理"账户的期末借方余额填列，如"固定资产清理"期末为贷方余额，本项目以"－"号填列。

（22）"无形资产"项目，反映企业持有的无形资产的原价扣除摊销后的净额。本项目应根据"无形资产"账户的期末余额，减去"累计摊销"和"无形资产减值准备"账户期末余额后的金额填列。

（23）"开发支出"项目，反映企业开发无形资产过程中能够资本化形成无形资产成本的支出部分。本项目应根据"研发支出"账户中所属的"资本化支出"明细账户期末余额填列。

（24）"商誉"项目，反映企业合并中形成的商誉的价值。本项目应根据"商誉"账户期末余额，减去相应减值准备后的金额填列。

（25）"长期待摊费用"项目，反映企业已经发生的应由本期和以后各期负担的摊销期限在1年以上(不含1年)的各种费用，长期待摊费用中在1年内(含1年)摊销的部分，在本表"一年内到期的非流动资产"项目填列。本项目应根据"长期待摊费用"账户的期末余额减去1年内(含1年)摊销的数额后的金额填列。

（26）"递延所得税资产"项目，反映企业确认的可抵扣暂时性差异产生的递延所得税资产。本项目应根据"递延所得税资产"账户的期末余额填列。

（27）"其他非流动资产"项目，反映企业除以上资产以外的其他非流动资产。本项目应根据有关账户的期末余额填列。

（28）"非流动资产合计"项目，将以上各项非流动资产项目相加计算出的金额填入本项目。

（29）"资产总计"项目，将"流动资产合计"和"非流动资产合计"两个项目的合计数填入本项目。

2. 负债项目的填列说明

（1）"短期借款"项目，反映企业向银行或其他金融机构等借入的期限在1年以下(含

1年)的各种借款。本项目应根据"短期借款"账户的期末余额填列。

（2）"应付票据"项目，反映企业购买材料、商品和接受劳务供应等而开出、承兑的尚未到期付款的商业汇票，包括银行承兑汇票和商业承兑汇票。本项目应根据"应付票据"账户的期末余额填列。

（3）"应付账款"项目，反映企业因购买材料、商品和接受劳务供应等经营活动应支付的款项。本项目应根据"应付账款"和"预付账款"账户所属各明细账户的期末贷方余额合计数填列。如"应付账款"账户所属明细账户期末有借方余额的，应在本表"预付款项"项目内填列。

（4）"预收款项"项目，反映企业按照合同规定预收客户的款项。本项目应根据"预收账款"和"应收账款"账户所属各明细账户的期末贷方余额合计数填列。如"预收账款"账户所属各明细账户期末有借方余额，应在本表"应收账款"项目内填列。

（5）"应付职工薪酬"项目，反映企业根据有关规定应付给职工的各种薪酬。本项目应根据"应付职工薪酬"账户期末贷方余额填列。"应付职工薪酬"账户期末如为借方余额，本项目以"－"号填列。

（6）"应交税费"项目，反映企业应交未交的各种税费。本项目应根据"应交税费"账户的期末贷方余额填列。如"应交税费"账户期末为借方余额，本项目以"－"号填列。

（7）"应付利息"项目，反映企业按照规定应付未付的利息。本项目应根据"应付利息"账户的期末余额填列。

（8）"应付股利"项目，反映企业应付未付给投资者的现金股利或利润。本项目应根据"应付股利"账户的期末余额填列。

（9）"其他应付款"项目，反映企业应付、暂收其他单位或个人的款项。本项目应根据"其他应付款"账户的期末余额填列。

（10）"一年内到期的非流动负债"项目，反映企业非流动负债中将于资产负债表日后一年内到期部分的金额，如将于一年内偿还的长期借款。本项目应根据有关账户的期末余额填列。

（11）"其他流动负债"项目，反映企业除以上流动负债以外的其他流动负债。本项目应根据有关账户的期末余额填列。

（12）"流动负债合计"项目，将以上各流动负债项目的数额相加以合计数填入本项目。

（13）"长期借款"项目，反映企业向银行或其他金融机构借入的期限在1年以上（不含1年)的各项借款。本项目应根据"长期借款"账户的期末余额填列。

（14）"应付债券"项目，反映企业发行的尚未偿还的各种债券的本金和利息。本项目应根据"应付债券"账户的期末余额，减去1年内到期的部分填列。

（15）"长期应付款"项目，反映企业的各种长期应付款项。本项目应根据"长期应付款"账户的期末余额，减去1年内到期的部分填列。

（16）"预计负债"项目，反映企业预计负债的期末余额。本项目应根据"预计负债"账户的期末余额填列。

（17）"递延所得税负债"项目，反映企业确认的可抵扣暂时性差异产生的递延所得税负债。本项目应根据"递延所得税负债"账户的期末余额填列。

(18)"其他非流动负债"项目,反映企业除以上非流动负债项目以外的其他非流动负债。本项目应根据有关账户期末余额减去将于1年内(含1年)到期偿还数后的余额填列。

非流动负债各项目中将于1年内(含1年)到期的非流动负债,应在"一年内到期的非流动负债"项目内单独反映。上述非流动负债各项目均应根据有关账户期末余额扣除将于1年内到期偿还数后的余额填列。

(19)"非流动负债合计"项目,将以上各非流动负债项目的数额相加以合计数填入本项目。

(20)"负债合计"项目,将"流动负债合计"和"非流动负债合计"项目的合计数填入本项目。

3. 所有者权益(或股东权益)项目的填列说明

(1)"实收资本(或股本)"项目,反映企业各投资者实际投入的资本(或股本)总额。本项目应根据"实收资本(或股本)"账户的期末余额填列。

(2)"资本公积"项目,反映企业资本公积的期末余额。本项目应根据"资本公积"账户的期末余额填列。

(3)"盈余公积"项目,反映企业盈余公积的期末余额。本项目应根据"盈余公积"账户的期末余额填列。

(4)"未分配利润"项目,反映企业尚未分配的利润数额。1~11月,本项目应根据"本年利润"账户的余额和"利润分配"账户的余额计算填列,如果以上两个账户均为贷方余额,则将二者之和填入本项目;如果以上两个账户中有一个为贷方余额另一个为借方余额,则以二者的差额填入本项目,贷方余额大于借方余额之差,直接填列,贷方余额小于借方余额之差,用"－"号填列;如果以上两个账户均为借方余额,则将二者之和填入本项目,并用"－"号填列。年末,则根据"利润分配"账户的年末贷方余额直接填列本项目,该账户年末如为借方余额(未弥补亏损),则以"－"号填列。

(5)"所有者权益(或股东权益)合计"项目,将"实收资本(或股本)"、"资本公积"、"盈余公积"和"未分配利润"四个项目的合计数填入本项目。

(6)"负债和所有者权益(或股东权益)总计"项目,将"负债合计"和"所有者权益(或股东权益)合计"两个项目的合计数填入本项目。

此外,资产负债表的补充资料部分应根据有关的明细账户账簿记录资料或备查簿的记录资料填列。

第三节　利　润　表

一、利润表的概念和作用

利润表是反映企业一定会计期间经营成果的会计报表。这里的"一定会计期间"一般是指月度、季度、半年度、年度;"经营成果"是指利润或亏损。

利润表是企业的主要会计报表之一,主要有以下作用:

(1) 利润表能反映企业在一定期间的收入和费用情况以及获得利润或发生亏损的数额,表明企业收入与产出之间的关系;

(2) 通过利润表提供的不同时期的比较数字,可以分析判断企业损益发展变化的趋势,预测企业未来的盈利能力;

(3) 通过利润表可以考核企业的经营成果以及利润计划的执行情况,分析企业利润增减变化原因。

(4) 将利润表中的信息与资产负债表中的信息相结合,可以提供进行财务分析的基本资料,如将净利润与资产总额进行比较,计算出资产收益率。

二、利润表的结构

利润表常见的格式有单步式和多步式两种。多步式的利润表把利润的计算分解为多个步骤,把不同性质的收入与其相应的耗费、支出进行比较,分别计算出其收益。我国采用多步式结构,主要反映以下几方面的内容:

(一) 营业收入

营业收入由主营业务收入和其他业务收入组成。

(二) 营业利润

营业收入减去营业成本(主营业务成本、其他业务成本)、营业税金及附加、管理费用、财务费用、资产减值损失,加上公允价值变动收益、投资收益,即为营业利润。

(三) 利润总额

营业利润加上营业外收入,减去营业外支出,即为利润总额。

(四) 净利润

利润总额减去所得税费用,即为净利润。

(五) 每股收益

每股收益包括基本每股收益和稀释每股收益两项指标。

此外,为了使报表使用者通过比较不同期间利润的实现情况,判断企业经营成果的未来发展趋势,企业需要提供比较利润表,利润表还就各项目再分为"本期金额"和"上期金额"两栏分别填列。

利润表的具体格式如表 12-2 所示。

表 12-2　利润表

会企 02 表

编制单位:　　　　　　　　　　　____年____月　　　　　　　　　　　单位:元

项　　目	本期金额	上期金额
一、营业收入		
减:营业成本		

续　表

项　目	本期金额	上期金额
营业税金及附加		
管理费用		
财务费用		
资产减值损失		
加:公允价值变动收益(损失以"-"号填列)		
投资收益(亏损以"-"号填列)		
其中:对联营企业和合营企业的投资收益		
二、营业利润(亏损以"-"号填列)		
加:营业外收入		
减:营业外支出		
其中:非流动资产处置损失		
三、利润总额(亏损总额以"-"号填列)		
减:所得税费用		
四、净利润(净亏损以"-"号填列)		
五、每股收益:		
(一)基本每股收益		
(二)稀释每股收益		

三、利润表的填列方法

(一)"上期金额"的填列方法

利润表"上期金额"栏内各项数字,应根据上年该期利润表"本期金额"栏内所列数字填列。如果上年该期利润表规定的各个项目的名称和内容同本期不相一致,应对上年该期利润表各项目的名称和数字按本期的规定进行调整,填入利润表"上期金额"栏内。

(二)"本期金额"的填列方法

利润表"本期金额"栏内各项数字,除"每股收益"项目外,主要根据损益类账户的发生额分析填列。

各项目的填列说明如下:

(1)"营业收入"项目,反映企业经营主要业务和其他业务所确认的收入总额,本项目应根据"主营业务收入"和"其他业务收入"账户的发生额分析填列。

(2)"营业成本"项目,反映企业经营主要业务和其他业务所发生的成本总额。本项目应根据"主营业务成本"和"其他业务成本"账户的发生额分析填列。

(3)"营业税金及附加"项目,反映企业经营业务应负担的营业税、城市建设维护税和教育费附加等税费。本项目应根据"营业税金及附加"账户的发生额分析填列。

（4）"管理费用"项目,反映企业为组织和管理生产经营发生的管理费用。本项目应根据"管理费用"的发生额分析填列。

（5）"财务费用"项目,反映企业筹集生产经营所需资金等而发生的筹资费用。本项目应根据"财务费用"账户的发生额分析填列。

（6）"资产减值损失"项目,反映企业各项资产发生的减值损失。本项目应根据"资产减值损失"账户的发生额分析填列。

（7）"公允价值变动收益"项目,反映企业应当计入当期损益的资产或负债公允价值变动收益。本项目应根据"公允价值变动损益"账户的发生额分析填列,如为净损失,本项目以"－"号填列。

（8）"投资收益"项目,反映企业以各种方式对外投资所取得的收益。本项目应根据"投资收益"账户的发生额分析填列。如为投资损失,本项目用"－"号填列。

（9）"营业利润"项目,反映企业实现的营业利润。如为亏损,本项目以"－"号填列。

（10）"营业外收入"项目,反映企业发生的与经营业务无直接关系的各项收入。本项目应根据"营业外收入"账户的发生额分析填列。

（11）"营业外支出"项目,反映企业发生的与经营业务无直接关系的各项支出。本项目应根据"营业外支出"账户的发生额分析填列。

（12）"利润总额"项目,反映企业实现的税前利润总数。如为亏损,本项目用"－"号填列。

（13）"所得税费用"项目,反映企业应从当期利润总额中扣除的所得税费用。本项目应根据"所得税费用"账户的发生额分析填列。

（14）"净利润"项目,反映企业实现的净利润。如为亏损,本项目以"－"号填列。

第四节　现 金 流 量 表

一、现金流量表的概念和作用

现金流量表是反映企业在一定会计期间内现金和现金等价物的流入和流出情况的会计报表。这里的"一定会计期间"一般是指年度,也可以是月度、季度和半年度;"现金"是指企业的库存现金和可以随时用于支付的存款;"现金等价物"是指企业持有的期限短（一般指从购买日起,三个月内到期）、流动性强、易于转换为已知金额现金、价值变动风险很小的投资。现金等价物通常包括三个月内到期的债券投资等。权益性投资变现的金额通常不确定,因而不属于现金等价物。企业应当根据具体情况,确定现金等价物的范围,一经确定不得随意变更。

现金流量表是企业的主要会计报表之一,主要有以下作用:

第一,现金流量表可以反映企业一定时期内现金流入与流出的原因。现金流量表以收付实现制为基础,真实地反映了企业当期实际收入的现金及其来源、实际支出的现金及其用途以及现金流入流出相抵后的净额,从而分析利润表中净利润与现金流量之间的差异,说明了有的企业为什么利润表上反映盈利,但却偿还不了到期债务的原因,有利于正确评价企业的经营成果。

第二,现金流量表可以帮助报表使用者分析企业的偿债能力和支付能力。企业的偿债能力和支付能力虽然可以通过对资产负债表和利润表的分析体现,但是,它们主要取决于企业获取现金的能力,因此,现金流量表的反映更为直接。

第三,现金流量表可以反映企业产生未来现金流量的能力,以帮助企业潜在的投资者作出正确的投资决策。

第四,通过现金流量表可以了解那些虽然与现金收付无关,但却对企业有重要影响的投资和筹资活动。这些活动在它们发生当期虽然不产生现金流量,但却会对企业未来的经营成果和财务状况产生重要的影响。

二、现金流量表的结构

我国企业的现金流量表包括正表和补充资料两部分。

（一）现金流量表正表

正表是现金流量表的主体,企业一定会计期间现金流量的信息主要由正表提供。正表采用报告式的结构,按照现金流量的性质,依次分类反映经营活动产生的现金流量、投资活动产生的现金流量和筹资活动产生的现金流量,最后汇总反映企业现金及现金等价物净增加额。在有外币现金流量及境外子公司的现金流量折算为人民币的企业,正表中还应单设"汇率变动对现金的影响"项目。

（二）现金流量表补充资料

补充资料包括三部分内容:(1)将净利润调节为经营活动的现金流量(即按间接法编制的经营活动现金流量);(2)不涉及现金收支的重大投资和筹资活动;(3)现金及现金等价物净变动情况。

现金流量表及补充资料的具体格式如表 12-3、12-4 所示。

表 12-3　现金流量表

编制单位：　　　　　　　　　　　　　　　　　____年度

会企 03 表
单位:元

项　　　目	本期金额	上期金额
一、经营活动产生的现金流量:		
销售商品、提供劳务收到的现金		
收到的税费返还		
收到其他与经营活动有关的现金		
经营活动现金流入小计		
购买商品、接受劳务支付的现金		
支付给职工以及为职工支付的现金		
支付的各项税费		

续　表

项　目	本期金额	上期金额
支付其他与经营活动有关的现金		
经营活动现金流出小计		
经营活动产生的现金流量净额		
二、投资活动产生的现金流量：		
收回投资收到的现金		
取得投资收益收到的现金		
处置固定资产、无形资产和其他长期资产所收回的现金净额		
处置子公司及其他营业单位收到的现金净额		
收到其他与投资活动有关的现金		
投资活动现金流入小计		
购建固定资产、无形资产和其他长期资产所支付的现金		
投资支付的现金		
取得子公司及其他营业单位支付的现金净额		
支付其他与投资活动有关的现金		
投资活动现金流出小计		
投资活动产生的现金流量净额		
三、筹资活动产生的现金流量：		
吸收投资收到的现金		
取得借款收到的现金		
收到其他与筹资活动有关的现金		
筹资活动现金流入小计		
偿还债务支付的现金		
分配股利、利润或偿付利息所支付的现金		
支付其他与筹资活动有关的现金		
筹资活动现金流出小计		
筹资活动产生的现金流量净额		
四、汇率变动对现金及现金等价物的影响		
五、现金及现金等价物净增加额		
加：期初现金及现金等价物余额		
六、期末现金及现金等价物余额		

表 12 - 4　现金流量表补充资料

补 充 资 料	本期金额	上期金额
1. 将净利润调节为经营活动现金流量:		
净利润		
加:资产减值准备		
固定资产折旧、油气资产折耗、生产性生物资产折旧		
无形资产摊销		
长期待摊费用摊销		
处置固定资产、无形资产和其他长期资产的损失(收益以"一"号填列)		
固定资产报废损失(收益以"一"号填列)		
公允价值变动损失(收益以"一"号填列)		
财务费用(收益以"一"号填列)		
投资损失(收益以"一"号填列)		
递延所得税资产减少(增加以"一"号填列)		
递延所得税负债增加(减少以"一"号填列)		
存货的减少(增加以"一"号填列)		
经营性应收项目的减少(增加以"一"号填列)		
经营性应付项目的增加(减少以"一"号填列)		
其他		
经营活动产生的现金流量净额		
2. 不涉及现金收支的重大投资和筹资活动:		
债务转为资本		
一年内到期的可转换公司债券		
融资租入固定资产		
3. 现金及现金等价物净增加情况:		
现金的期末余额		
减:现金的期初余额		
加:现金等价物的期末余额		
减:现金等价物的期初余额		
现金及现金等价物净增加额		

三、现金流量表的填列方法

(一) 经营活动产生的现金流量

编制现金流量表时,列报经营活动产生的现金流量有两种方法:直接法和间接法。 直接法是通过现金收入和支出的主要类别,反映来自企业经营活动的现金流量;间接法是根据利润表中的净收益,调整为现金流量,即从净收益中加上未支付现金的支出,如折旧、摊销等,再减去未收到现金的应收款等项目,求出实际的现金流量。《企业会计准则第31号——现金流量表》要求企业采用直接法报告经营活动的现金流量,同时要求在补充资料中用间接法来计算现金流量。有关经营活动现金流量的信息,可通过以下途径之一取得:

第一,直接根据企业有关账户的会计记录分析填列。

第二,对当期业务进行分析并对有关项目进行调整:

● 将权责发生制下的收入、成本和费用转换为现金基础;

● 将资产负债表和现金流量表中的投资、筹资项目,反映为投资和筹资活动的现金流量;

● 将利润表中有关投资和筹资方面的收入和费用列入现金流量表的投资、筹资现金流量中去。

其主要项目填列方法如下:

(1)"销售商品、提供劳务收到的现金"项目,反映企业销售商品、提供劳务实际收到的现金,包括本期销售商品、提供劳务收到的现金,以及前期销售和前期提供劳务本期收到的现金和本期预收的账款,扣除本期退回本期销售的商品和前期销售本期退回的商品支付的现金。企业销售材料等其他业务活动所收到的现金,也在本项目中反映。本项目可以根据"库存现金"、"银行存款"、"应收账款"、"应收票据"、"预收账款"、"主营业务收入"、"其他业务收入"等账户的记录分析填列。

(2)"收到的税费返还"项目,反映企业收到返还的各项税费。本项目可以根据"库存现金"、"银行存款"、"营业外收入"、"其他应收款"等账户的记录分析填列。

(3)"收到的其他与经营活动有关的现金"项目,反映企业除了上述各项目外,收到的其他与经营活动有关的现金流入,如罚款收入等。其他现金流入如价值较大,应单列项目反映。本项目可以根据"库存现金"、"银行存款"、"营业外收入"等账户的记录分析填列。

(4)"购买商品、接受劳务支付的现金"项目,反映物业管理企业购买商品、接受劳务实际支付的现金,包括本期购入商品、接受劳务支付的现金(包括增值税进项税额),以及本期支付前期购入商品、接受劳务的未付款项和本期预付款项,减去本期发生的购货退回收到的现金。企业代购代销业务支付的现金,也在本项目反映。本项目可以根据"库存现金"、"银行存款"、"应付账款"、"应付票据"、"预付账款"、"主营业务成本"、"其他业务成本"等账户的记录分析填列。

(5)"支付给职工以及为职工支付的现金"项目,反映企业实际支付给职工以及为职工支付的现金,包括本期实际支付给职工的工资、奖金、各种津贴和补贴等,以及为职工支付的养老保险、待业保险、补充养老保险、住房公积金、支付给职工的住房困难补助等。不包括支付给离退休人员的各项费用和支付给在建工程人员的工资及相关费用。企业支付给离退休人员的各项费用,包括支付的统筹退休金以及未参加统筹的退休人员的费用,在"支付的其他与经营活动有关的现金"项目中反映;支付给在建工程人员的工资及相关费用在"购建固定资产、无形资产和其他长期资产所支付的现金"项目中反映。本项目可以根据"应付职工薪酬"、"库存现金"、"银行存款"等账户的记录分析填列。

(6)"支付的各项税费"项目,反映企业当期实际上缴税务部门的各种税金,以及支付的教育费附加、印花税、车船税等。不包括计入固定资产价值、实际支付的耕地占用税,也不包括本期退回的增值税、所得税。本期退回的增值税、所得税在"收到的税费返还"项目反映。本项目可以根据"应交税费"、"库存现金"、"银行存款"等账户的记录分析填列。

(7)"支付的其他与经营活动有关的现金"项目,反映企业除了上述各项目外,支付的其他与经营活动有关的现金支出,如罚款支出、业务招待费支出、支付差旅费、支付保险费等。其他现金流出如价值较大,应单列项目反映。本项目可以根据"库存现金"、"银行存款"、"管理费用"、"营业外支出"等账户的记录分析填列。

(二)投资活动产生的现金流量

现金流量表中的投资活动范围较广,除了通常所指的对外投资以外,还包括购买与处置固定资产、无形资产和其他长期资产。

(1)"收回投资所收到的现金"项目,反映企业出售、转让或到期收回除现金等价物以外的对其他企业的权益工具、债务工具和合营中的权益等投资收到的现金。收回债务工具实现的投资收益、处置子公司及其他营业单位收到的现金净额不包括在本项目内。本项目可以根据"可供出售金融资产"、"持有至到期投资"、"长期股权投资"、"库存现金"、"银行存款"等账户的记录分析填列。

(2)"取得投资收益所收到的现金"项目,反映企业因各种投资而分得的现金股利、利润、利息等,不包括股票股利。本项目可以根据"库存现金"、"银行存款"、"投资收益"等账户的记录分析填列。

(3)"处置固定资产、无形资产和其他长期资产收到的现金净额"项目,反映企业处置固定资产、无形资产和其他长期资产收回的现金,扣除为处置这些资产而支付的有关费用后的净额。由于自然灾害所造成的固定资产等长期资产损失而收到的保险赔偿收入,也在本项目中反映。本项目可以根据"固定资产清理"、"库存现金"、"银行存款"等账户的记录分析填列。

(4)"处置子公司及其他营业单位收到的现金净额"项目,反映企业处置子公司及其他营业单位所取得的现金,减去相关处置费用以及子公司及其他营业单位持有的现金和现金等价物后的净额。本项目可以根据"长期股权投资"、"银行存款"、"库存现金"等账户的记录分析填列。

(5)"收到的其他与投资活动有关的现金"项目,反映企业除了上述各项以外,收到的其他与投资活动有关的现金流入。收到购买股票和债券时支付的已宣告但尚未领取的现金股利或已到付息期但尚未领取的债券利息,应在本项目中反映。其他现金流入如价值较大,应单列项目反映。本项目可以根据"应收股利"、"应收利息"、"银行存款"、"库存现金"等账户的记录分析填列。

(6)"购建固定资产、无形资产和其他长期资产所支付的现金"项目,反映企业购买、建造固定资产,取得无形资产和其他长期资产支付的现金,不包括为购建固定资产而发生的借款利息资本化的部分,以及融资租入固定资产支付的租赁费。借款利息和融资租入固定资产支付的租赁费,在筹资活动中产生的现金流量中单独反映。以分期付款方式购建的固定资产,其首次付款支付的现金作为投资活动的现金流出,以后各期支付的现金作为筹资活动的现金流出。本项目可以根据"固定资产"、"在建工程""无形资产"、"库存现金"、"银行存款"等账户的记录分析填列。

（7）"投资所支付的现金"项目，反映企业取得除现金等价物以外的对其他企业的权益工具、债务工具和合营中的权益投资所支付的现金，以及支付的佣金、手续费等交易费用，但取得子公司及其他营业单位支付的现金净额除外。本项目可以根据"可供出售金融资产"、"持有至到期投资"、"长期股权投资"、"库存现金"、"银行存款"等账户的记录分析填列。

（8）"取得子公司及其他营业单位支付的现金净额"项目，反映企业购买子公司及其他营业单位购买出价中以现金支付的部分，减去子公司及其他营业单位持有的现金和现金等价物后的净额。本项目可以根据"长期股权投资"、"库存现金"、"银行存款"等账户的记录分析填列。

（9）"支付的其他与投资活动有关的现金"项目，反映企业除了上述各项以外所支付的其他与投资活动有关的现金流出。企业购买股票和债券时，实际支付的价款中包含的已宣告但尚未领取的现金股利或已到付息期但尚未领取的债券利息，应在本项目中反映。其他现金流出如价值较大，应单列项目反映。本项目可以根据"应收股利"、"应收利息"、"银行存款"、"库存现金"等账户的记录分析填列。

（三）筹资活动产生的现金流量

现金流量表需要单独反映筹资活动产生的现金流量，通过现金流量中反映的筹资活动的现金流量，可以帮助投资者和债权人预计对企业未来现金流量的要求权，以及获得前期现金流入而付出的代价。

（1）"吸收投资所收到的现金"项目，反映企业收到的投资者投入的现金，包括以发行股票方式筹集资金实际收到的股款净额（发行收入减去支付的佣金等发行费用后的净额）、发行债券实际收到的现金净额等。以发行股票方式筹集资金而由企业直接支付的审计、咨询等费用，以及发行债券支付的发行费用在"支付的其他与筹资活动有关的现金"项目反映。本项目可以根据"实收资本（或股本）"、"库存现金"、"银行存款"等账户的记录分析填列。

（2）"借款所收到的现金"项目，反映企业向银行或其他金融机构等举借的各种短期、长期借款所收到的现金。本项目可以根据"短期借款"、"长期借款"、"库存现金"、"银行存款"等账户的记录分析填列。

（3）"收到的其他与筹资活动有关的现金"项目，反映企业除上述各项目外，收到的其他与筹资活动有关的现金流入，如接受现金捐赠等。其他现金流入如价值较大，应单列项目反映。本项目可以根据"银行存款"、"库存现金"、"营业外收入"等账户的记录分析填列。

（4）"偿还债务所支付的现金"项目，反映企业以现金偿还债务的本金，包括偿还银行或其他金融机构等的本金、偿还债券本金等。企业偿还的借款利息、债券利息，在"偿付利息所支付的现金"项目中反映，不包括在本项目中。本项目可以根据"短期借款"、"长期借款"、"应付债券"、"库存现金"、"银行存款"等账户的记录分析填列。

（5）"分配股利、利润和偿付利息所支付的现金"项目，反映企业实际支付的现金股利、利润，以及支付给其他投资的利息。本项目可以根据"应付股利"、"应付利息"、"财务费用"、"库存现金"、"银行存款"等账户的记录分析填列。

(6)"支付的其他与筹资活动有关的现金"项目,反映企业除了上述各项目外,支付的其他与筹资活动有关的现金流出,如捐赠现金支出等。其他现金流出如价值较大,应单列项目反映。本项目可以根据"营业外支出"、"长期应付款"、"银行存款"、"库存现金"等账户的记录分析填列。

(四) 汇率变动对现金及现金等价物的影响

该项目反映企业外币现金流量以及境外子公司的现金流量折算为人民币时,所采用的现金流量发生日的即期汇率或按照系统合理的方法确定的、与现金流量发生日即期汇率近似汇率折算的人民币金额与"现金及现金等价物净增加额"中的外币现金净增加额按期末汇率折算的人民币金额之间的差额。

在编制现金流量表时,可逐笔计算外币业务发生的汇率变动对现金的影响,也可不必逐笔计算而采用简化的计算方法,即通过现金流量表补充资料中"现金及现金等价物净增加额"数额与现金流量表中"经营活动产生的现金流量净额"、"投资活动产生的现金流量净额"、"筹资活动产生的现金流量净额"三项之和比较,其差额即为"汇率变动对现金及现金等价物的影响"项目的金额。

(五) 现金流量表补充资料

补充资料中的"将净利润调节为经营活动的现金流量",实际上是以间接法编制的经营活动的现金流量。间接法是以净利润为出发点,净利润是利润表上反映的数字,是按照权责发生制确定的,其中有些收入、费用项目并没有实际发生现金流入和流出,通过对这些项目的调整,即可将净利润调解为经营活动的现金流量。采用间接法将净利润调节为经营活动的现金流量时,需要调整的项目可分为四大类:

(1)实际没有支付现金的费用;

(2)实际没有收到现金的收益;

(3)不属于经营活动的损益;

(4)经营性应收应付项目的增减变动。

目前我国大多数物业服务企业的经营规模较小、业务相对集中,涉及现金流量表补充资料项目并不多,本书就不再对这些项目逐一阐述其填列方法。

第五节 所有者权益变动表

一、所有者权益变动表的概念和作用

所有者权益变动表是反映企业在一定期间内构成所有者权益的各组成部分当期增减变动情况的报表。所有者权益变动表是年度报表。

所有者权益变动表是企业的主要会计报表之一,主要有以下作用:

第一,所有者权益变动表可以反映企业一定期间的综合收益引起的所有者权益的变动,包括经营收益和直接计入所有者权益的利得和损失。

第二,所有者权益变动表可以反映企业在一定期间内发生的资本的变动业务,如所有者投入资本和向所有者分配利润等。

第三,所有者权益变动表可以反映企业在一定期间内进行的所有者权益内部结构的调整变动,如提取盈余公积。

二、所有者权益变动表的结构

企业在所有者权益变动表中至少应当单独列示反映下列信息的项目:(1)净利润;(2)直接计入所有者权益的利得和损失项目及其总额;(3)会计政策变更和差错更正的累积影响金额;(4)所有者投入资本和向所有者分配利润等;(5)提取的盈余公积;(6)实收资本(或股本)、资本公积、盈余公积、未分配利润的期初和期末余额及其调节情况。

所有者权益变动表采用矩阵形式列报。

该表的横行按照导致所有者权益变动的交易或事项设置,包括上年年末余额、本年年初余额、本年增减变动金额、本年年末余额四部分内容。其中本年增减变动金额又分别按净利润、直接计入所有者权益的利得和损失、所有者投入和减少资本、利润分配、所有者权益内部结转列示,每部分又包括若干明细项目,以便从所有者权益来源的角度对一定时期内所有者权益的变动情况进行全面反映。

该表的纵列按照所有者权益各组成部分设置,包括实收资本、资本公积、库存股、盈余公积、未分配利润,反映所有者权益各组成部分及其总额,以及交易或事项对所有者权益的影响。根据《企业会计准则》的规定,企业需要提供比较所有者权益变动表,因此所有者权益变动表各项目还分别列示了"本年金额"和"上年金额"。

所有者权益变动表的具体格式如表12-5所示。

三、所有者权益变动表的填列方法

(一)"上年年末余额"项目

反映企业上年资产负债表中实收资本(或股本)、资本公积、盈余公积、未分配利润的年末余额。

(二)"会计政策变更"和"前期差错更正"项目

分别反映企业采用追溯调整法处理的会计政策变更的累积影响金额和采用追溯重述法处理的会计差错更正的累积影响金额。

为了体现会计政策变更和前期差错更正的影响,企业应当在上期期末所有者权益余额的基础上进行调整得出本期期初所有者权益,根据"盈余公积"、"利润分配"、"以前年度损益调整"等账户的发生额分析填列。

(三)"本年增减变动额"项目

1."净利润"项目,反映企业当年实现的净利润(或净亏损)金额,并对应列在"未分配利润"栏。

2."直接计入所有者权益的利得和损失"项目,反映企业当年直接计入所有者权益的利得和损失金额。其中:

表 12-5　所有者权益变动表

编制单位：　　　　　　　　　　　　　　　　　　　　　年度　　　　　　　　　　　　　会企 04 表　单位：元

项　目	本年金额						上年金额					
	实收资本（或股本）	资本公积	减：库存股	盈余公积	未分配利润	所有者权益合计	实收资本（或股本）	资本公积	减：库存股	盈余公积	未分配利润	所有者权益合计
一、上年末余额												
加：会计政策变更												
前期差错更正												
二、本年年初余额												
三、本年增减变动金额（减少以"—"号填列）												
（一）净利润												
（二）直接计入所有者权益的利得和损失												
1. 可供出售金融资产公允价值变动净额												
2. 权益法下被投资单位其他所有者权益变动的影响												
3. 与计入所有者权益项目相关的所得税影响												
4. 其他												
上述（一）和（二）小计												
（三）所有者投入和减少资本												

续 表

项　目	本年金额						上年金额					
	实收资本（或股本）	资本公积	减：库存股	盈余公积	未分配利润	所有者权益合计	实收资本（或股本）	资本公积	减：库存股	盈余公积	未分配利润	所有者权益合计
1. 所有者投入资本												
2. 股份支付计入所有者权益的金额												
3. 其他												
（四）利润分配												
1. 提取盈余公积												
2. 对所有者（或股东）的分配												
3. 其他												
（五）所有者权益内部结转												
1. 资本公积转赠资本（或股本）												
2. 盈余公积转赠资本（或股本）												
3. 盈余公积弥补亏损												
4. 其他												
四、本年末余额												

（1）"可供出售金融资产公允价值变动净额"项目,反映企业持有的可供出售金融资产当年公允价值变动的金额,并对应列在"资本公积"栏。

（2）"权益法下被投资单位其他所有者权益变动的影响"项目,反映企业对按照权益法核算的长期股权投资,在被投资单位除当年实现的净损益以外其他所有者权益当年变动中应享有的份额,并对应列在"资本公积"栏。

（3）"与计入所有者权益项目相关的所得税影响"项目,反映企业根据《企业会计准则第18号——所得税》规定应计入所有者权益项目的当年所得税影响金额,并对应列在"资本公积"栏。

3."净利润"和"直接计入所有者权益的利得和损失小计"项目,反映企业当年实现的净利润(或净亏损)金额和当年直接计入所有者权益的利得和损失金额的合计额。

4."所有者投入和减少资本"项目,反映企业当年所有者投入的资本和减少的资本。其中:

（1）"所有者投入资本"项目,反映企业接受投资者投入形成的实收资本(或股本)和资本溢价或股本溢价,并对应列在"实收资本"和"资本公积"栏。

（2）"股份支付计入所有者权益的金额"项目,反映企业处于等待期中的权益结算的股份支付当年计入资本公积的金额,并对应列在"资本公积"栏。

5."利润分配"下各项目,反映当年对所有者(或股东)分配的利润(或股利)金额和按照规定提取的盈余公积金额,并对应列在"未分配利润"和"盈余公积"栏。其中:

（1）"提取盈余公积"项目,反映企业按照规定提取的盈余公积。

（2）"对所有者(或股东)的分配"项目,反映对所有者(或股东)分配的利润(或股利)金额。

6."所有者权益内部结转"下各项目,反映不影响当年所有者权益总额的所有者权益各组成部分之间当年的增减变动,包括资本公积转增资本(或股本)、盈余公积转增资本(或股本)、盈余公积弥补亏损等项金额。为了全面反映所有者权益各组成部分的增减变动情况,所有者权益内部结转也是所有者权益变动表的重要组成部分,主要指不影响所有者权益总额、所有者权益的各组成部分当期的增减变动。其中:

（1）"资本公积转增资本(或股本)"项目,反映企业以资本公积转增资本或股本的金额。

（2）"盈余公积转增资本(或股本)"项目,反映企业以盈余公积转增资本或股本的金额。

（3）"盈余公积弥补亏损"项目,反映企业以盈余公积弥补亏损的金额。

第六节　附　注

一、附注的概念和作用

附注是对资产负债、利润表、现金流量表和所有者权益变动表等报表中列示项目的文字描述或明细资料,以及对未能在这些报表中列示项目的说明等。附注是财务报表的重要组成部分,对财务报表中未包括的内容或披露不详尽的内容作进一步的解释与说明,以有助于信息使用者理解会计信息,充分发挥会计信息的作用。

二、附注披露的顺序和内容

附注应当按照一定的结构进行系统合理的排列和分类,有顺序地披露信息。一般应按如下顺序披露有关内容:

（一）企业的基本情况

（1）企业注册地、组织形式和总部地址;

（2）企业的业务性质和主要经营活动;

（3）母公司以及集团最终母公司的名称;

（4）财务报告的批准报出者和财务报告批准报出日。

（二）财务报表的编制基础

企业应当说明财务报表的编制是否以持续经营为基础,如未以持续经营为基础编制,应说明不能持续经营的理由。

（三）遵循企业会计准则的声明

企业应当明确说明编制的财务报表符合企业会计准则体系的要求,真实、完整地反映了企业的财务状况、经营成果和现金流量。

（四）重要会计政策和会计估计

企业应当披露采用的重要会计政策和会计估计,不重要的会计政策和会计估计可以不披露。在披露重要会计政策和会计估计时,应当披露重要会计政策的确定依据和财务报表项目的计量基础,以及会计估计中所采用的关键假设和不确定因素。

企业至少应当披露的重要会计政策包括:存货、长期股权投资、投资性房地产、固定资产、无形资产、非货币性资产交换、资产减值、职工薪酬、企业年金基金、股份支付、债务重组、或有事项、收入、建造合同、政府补助、借款费用、所得税、外币折算、企业合并、租赁、金融工具确认和计量、金融资产转移、套期保值、合并财务报表、每股收益、分部报告、金融工具列报等。

（五）会计政策、会计估计变更和差错更正的说明

企业应当按照《企业会计准则第28号——会计政策、会计估计变更和差错更正》及其应用指南的规定进行披露。

（六）重要报表项目的说明

企业应当尽可能以列表形式披露重要报表项目的构成或当期增减变动情况。

对重要报表项目的明细说明,应当按照资产负债表、利润表、现金流量表、所有者权益变动表的顺序以及报表项目列示的顺序进行披露,采用文字和数字描述相结合的方法进行披露,并与报表项目相互参照。

（七）或有事项的说明

（1）预计负债的种类、形成原因以及经济利益流出不确定性的说明;

（2）与预计负债有关的预期补偿金额和本期已确认的预期补偿金额；

（3）或有负债的种类、形成原因及经济利益流出不确定性的说明；

（4）或有负债预计产生的财务影响，以及获得补偿的可能性；无法预计的，应当说明原因；

（5）或有资产很可能会给企业带来经济利益的，其形成的原因、预计产生的财务影响等；

（6）在涉及未决诉讼、未决仲裁的情况下，披露全部或部分信息预期对企业造成重大不利影响的，披露该未决诉讼、未决仲裁的性质以及没有披露这些信息的事实和原因。

（八）资产负债表日后事项的说明

每项重要的资产负债表日后非调整事项的性质、内容，及其对财务状况和经营成果的影响。无法作出估计的，应当说明原因。

（九）关联方关系及其交易的说明

（1）母公司和子公司的名称。母公司不是该企业最终控制方的，说明最终控制方名称。母公司和最终控制方均不对外提供财务报表的，说明母公司之上与其最相近的对外提供财务报表的母公司名称。

（2）母公司和子公司的业务性质、注册地、注册资本（或实收资本、股本）及其当期发生的变化。

（3）母公司对该企业或者该企业对子公司的持股比例和表决权比例。

（4）企业与关联方发生关联方交易的，该关联方关系的性质、交易类型及交易要素。交易要素至少应当包括：①交易的金额；②未结算项目的金额、条款和条件，以及有关提供或取得担保的信息；③未结算应收项目的坏账准备金额；④定价政策。

（5）企业应当分别关联方以及交易类型披露关联方交易。

★★★★★ 练习题 ★★★★★

一、单选题

1. 资产负债表中的"未分配利润"项目，应依据（　　）进行填列。

　　A．"利润分配"账户余额　　　　　　B．"本年利润"账户余额

　　C．"本年利润"和"利润分配"账户的余额　D．"盈余公积"账户余额

2. "预付账款"账户明细账中若有贷方余额，应将其记入资产负债表的（　　）项目。

　　A．应收账款　　　B．预收款项　　　C．应付账款　　　D．其他应付款

3. 某企业2013年12月31日固定资产账户余额为2 000万元，累计折旧账户余额为800万元，固定资产减值准备账户余额为100万元，在建工程账户余额为200万元。该企业2013年12月31日资产负债表中"固定资产"项目列报的金额为（　　）。

　　A．1 200万元　　　B．90万元　　　C．1 100万元　　　D．1 300万元

4. 下列不影响营业利润的项目是（　　）。

　　A．财务费用　　　B．投资收益　　　C．资产减值损失　　　D．营业外支出

5. 下列经济业务所产生的现金流量中，属于"投资活动产生的现金流量"的是（　　）。

　　A．收到的现金股利　　　　　　B．支付的各种税费

C．吸收投资收到的现金　　　　　　D．支付货款

6．企业偿还的长期借款利息,在编制现金流量表时,应列报的项目是(　　)。

A．偿还债务支付的现金

B．分配股利、利润和偿付利息支付的现金

C．支付其他与筹资活动有关的现金

D．支付的各项税费

7．下列各项中,不属于筹资活动产生的现金流量的是(　　)。

A．吸收权益性投资收到的现金　　　B．收回债券投资收到的现金

C．分配现金股利　　　　　　　　　D．借入资金收到的现金

8．下列经济业务所产生的现金流量中,属于"经营活动产生的现金流量"的是(　　)。

A．变卖固定资产所产生的现金流量

B．取得债券利息收入所产生的现金流量

C．支付经营租赁费用所产生的现金流量

D．支付融资租赁费用所产生的现金流量

9．资产负债表的下列项目中,只需要根据一个总分类账账户直接填列的项目是(　　)。

A．货币资金　　　B．短期借款　　　C．预付款项　　　D．预收款项

10．下列经济业务所产生的现金流量中,属于"投资活动产生的现金流量"的是(　　)。

A．收回投资的现金流量　　　　　　B．销售商品、提供劳务收到的现金

C．收到的税费返还　　　　　　　　D．购买商品、提供劳务支付的现金

11．下列经济业务所产生的现金流量中,属于"筹资活动产生的现金流量"的是(　　)。

A．收回投资的现金流量　　　　　　B．吸收投资收到的现金

C．收到的税费返还　　　　　　　　D．购买商品、提供劳务支付的现金

二、多项选择题

1．以下账户余额中,影响资产负债表中的"存货"项目的是(　　)。

A．原材料　　　　　　B．存货跌价准备　　　　　C．委托加工物资

D．材料采购　　　　　E．库存商品

2．下列各项中,应计入资产负债表"应收账款"项目的有(　　)。

A．"应收账款"账户所属明细账户的借方余额

B．"应收账款"账户所属明细账户的贷方余额

C．"预收账款"账户所属明细账户的借方余额

D．"预收账款"账户所属明细账户的贷方余额

E．"其他应收款"总账余额

3．资产负债表中的"应付账款"项目应根据(　　)填列。

A．"应付账款"账户所属明细账的贷方余额合计

B．"预付账款"所属明细账的贷方余额合计

C．"应付账款"所属明细账的借方余额合计

D．"预付账款"所属明细账的借方余额合计

E．"应付账款"总账余额

4. 下列资产中,属于"流动资产"项目的有(　　)。

    A. 一年内到期的非流动资产　　　　B. 交易性金融资产

    C. 货币资金　　　　　　　　　　　D. 开发支出

    E. 商誉

5. 下列各项中,影响利润表中营业利润的有(　　)。

    A. 营业外收入　　　　　　　　　　B. 财务费用

    C. 投资收益　　　　　　　　　　　D. 公允价值变动损益

    E. 资产减值损失

6. 现金流量表中的"支付给职工以及为职工支付的现金"项目包括(　　)。

    A. 支付给职工的工资和奖金　　　　B. 支付给退休人员的福利费

    C. 支付给职工的津贴　　　　　　　D. 支付给在建工程人员的工资

    E. 为物业服务部门职工支付的商业保险

7. 在下列事项中,影响筹资活动现金流量的项目是(　　)。

    A. 支付费用化借款利息　　　　　　B. 发行债券收到现金

    C. 融资租入固定资产　　　　　　　D. 支付发行债券印刷费

    E. 支付资本化的借款利息

8. 下列各项中,应作为现金流量表中经营活动产生的现金流量的有(　　)。

    A. 接受其他企业捐赠的资金

    B. 取得短期股票投资而支付的现金

    C. 收到供货方未履行合同而交付的违约金

    D. 为管理人员缴纳商业保险而支付的现金

    E. 发行股票时由证券商支付的股票印刷费用

三、判断题

1. 利润表中各项目主要根据各损益类账户的发生额分析填列。　　　　　　　(　　)

2. 投资活动包括取得和收回投资、购建和处置固定资产、购买和处置无形资产等。

                                                   (　　)

3. 资产负债表"年初余额"栏内各项目数字,应根据上年末资产负债表"期末余额"栏内所列数字填列。　　　　　　　　　　　　　　　　　　　　　　　　　　　(　　)

4. "应付账款"项目,应当根据"应付账款"、"预收账款"等账户所属明细账户期末贷方余额合计填列。　　　　　　　　　　　　　　　　　　　　　　　　　　　(　　)

5. "固定资产"项目,应当根据"固定资产"账户期末余额,减去"累计折旧"、"固定资产减值准备"等账户期末余额后的金额填列。　　　　　　　　　　　　　　　(　　)

6. 营业收入减去营业成本(主营业务成本、其他业务成本)、营业税金及附加即为营业利润。　　　　　　　　　　　　　　　　　　　　　　　　　　　　　　(　　)

7. 在我国,企业利润表采用的基本上是单步式结构。　　　　　　　　　　　(　　)

8. 营业利润加上营业外收入,减去营业外支出,即为利润总额。　　　　　　　(　　)

9. 利润总额减去所得税费用,即为净利润。　　　　　　　　　　　　　　　(　　)

10. 企业应当根据具体情况,确定现金等价物的范围,一经确定不得随意变更。

( )

11. 现金等价物,是指企业持有的期限短、流动性强、易于转换为已知金额现金、价值变动风险很小的投资。期限短,一般是指从购买日起六个月内到期。 ( )

12. 现金等价物通常包括六个月内到期的债券投资等。权益性投资变现的金额通常不确定,因而属于现金等价物。 ( )

四、实训题

习题一

(一)目的:练习资产负债表的编制。

(二)资料:某物业服务企业 2013 年度 12 月 31 日各账户的余额如下表所示:

账户余额表 单位:元

账户名称	借方余额	账户名称	贷方余额
库存现金	1 240	坏账准备	2 200
银行存款	3 100 800	累计折旧	784 000
应收票据	500 000	累计摊销	100 000
应收账款	780 000	短期借款	2 000 000
其他应收款	60 000	应付票据	1 800 000
原材料	2 140 000	应付账款	2 200 000
周转材料	280 000	应付职工薪酬	276 000
长期股权投资	2 240 000	应交税费	194 000
固定资产	5 800 000	其他应付款	38 000
无形资产	200 000	应付股利	658 500
		长期借款	1 200 000
		实收资本	4 000 000
		盈余公积	510 376
		利润分配	1 338 964
合 计	15 102 040	合 计	15 102 040

其中:

1. 坏账准备因应收账款发生减值而提取。

2. 长期借款中无一年内到期的债务。

(三)要求:根据以上资料编制资产负债表。

习题二

(一)目的:练习利润表的编制。

(二)资料:某物业服务企业 2013 年度 11 月份损益类账户发生额如下表所示:

损益类账户发生额　　　　　　　　　　　　　　单位:元

账户名称	借方发生额	贷方发生额
主营业务收入		921 700
其他业务收入		50 000
投资收益		12 000
营业外收入		2 000
主营业务成本	532 000	
其他业务成本	28 000	
营业税金及附加	50 000	
管理费用	222 000	
财务费用	4 000	
资产减值损失	6 700	
营业外支出	8 000	
所得税费用	47 000	

（三）要求:根据上述资料,编制该企业 11 月份的利润表。

主要参考文献

［1］财政部会计资格评价中心.20134年度全国会计专业技术资格考试辅导教材——初级会计实务.北京：中国财政经济出版社,2013.

［2］财政部会计资格评价中心.2014年度全国会计专业技术资格考试辅导教材——中级会计实务.北京：经济科学出版社,2014.

［3］许群、吴永民.物业管理企业会计.北京：中国财政经济出版社,2012.

［4］中国注册会计师协会.2014年度注册会计师全国统一考试辅导教材——会计［M］.北京：中国财政经济出版社,2014.

［5］中华人民共和国财政部.企业会计准则［M］.北京：经济科学出版社,2006.

［6］中华人民共和国财政部.企业会计准则——应用指南［M］.北京：经济科学出版社,2006.